U0928239

CAIWU GUANLIXUE
ANLI YU SHIXUN JIAOCHENG

财务管理学
案例与实训教程

主编 杨颖

山东省
基于四位一体理念的创业教育创新实验区系列教材
编　委　会

总序

人才培养的质量是大学的生命线，人才培养模式的改革是大学发展永恒的主题。作为一所地方性、应用型本科院校，人才培养的优势和特色，决定着学校的发展方向和前途。自2007年3月起，德州学院组织全体教师认真学习并研究了《教育部、财政部实施高等学校本科教学质量与教学改革工程的意见》和《教育部关于进一步深化本科教学改革，全面提高教学质量的若干意见》两个重要文件，并先后出台了《德州学院关于深化教学改革，全面提高教学质量的意见》、《德州学院关于人才培养模式改革的实施意见》和《德州学院人才培养模式创新实验区建设与管理办法（试行)》三个执行文件。2009年年初，德州学院决定集全校之力，开展经管类创业型人才培养模式创新实验区建设工作。

德州学院于2011年3月17日制定了《关于培养创新性应用型人才的实施意见》，提出了创新性应用型人才的教育改革思路。2011年10月，德州学院决定以经管类创业型人才培养模式创新实验区的建设为试点，集全校之力，开展创新创业型人才培养模式创新实验区建设工作。同时明确经管类创业型人才培养模式创新实验区的任务：扎实开展经管类创业型人才培养模式的理论研究和实践探索，总结培养创新性应用型人才的经验和教训，为创建山东省应用型人才培养特色名校提供理论支撑和工作经验。2012年8月，该实验区（基于四位一体理念的创业教育创新实验区）被山东省教育厅评为“省级人才培养模式创新实验区”。

从国家与山东省经济发展战略来看，当前的社会、经济等现实情况急需培养经管类创新性应用型人才。目前，我国经济正处在从工业化初期向工业化中后期转变的过程中，以培养基础扎实的专业型人才为主要目标的人才培养模式暴露出了不能满足社会多元化需求的缺陷，从而造成了大量经管类学生就业困难的局面。经管类人才培养模式的改革要注意以下几个方面。首先，需要转变教育理念。教育不能局限于知识的传授，教师的作用应该是培养学生的自学能力，注重发掘学生的特长，形成良好的个性品质，要树立培养学生创新与创业精神的教育理念。其次，要调整培养目标。应该以适应地方经济和社会发展变化的岗位工作需要为导向，把培养目标转向为培养知识面宽、能力强、素质高、适应能力强的复合型创业人才上来；同时，把质量标准从单纯的学术专业水平标准转变为社会适应性标准。最后，要改变培养方式。要从封闭式走向开放式，要与社会对接和交流；同时，应该加快素质教育和能力培养的内容与方法的改革，以全面提升学生的社会适应能力和应变能力。经管类人才培养模式的改革，旨在把学生培养成为具有较高的创新意识、善于行动、敢担风险，勇担责任、百折不挠的创新创业型人才。

人才培养方案的改革是人才培养模式改革的首要工作。创新实验区课题工作小组对德州学院经管类创业型人才培养目标从政治方向、知识结构、应用能力、综合素质、就业岗位、办学定位、办学特色七个方面进行了综合描述，从经管类人才培养的知识结构、能力结构和综合素质三个方面进行了规格设计，针对每一项规格制定了相应的课程、实验、实习实训、专业创新设计、科技文化竞赛等教学培养方案，形成了以能力为主干，创新为核心，知识、能力和素质和谐统一的理论教学体系、实践教学体系和创新创业教学体系。

人才培养内容与方法的改革是人才培养模式改革的核心内容。创新实验区课题工作小组提出，要以经管类创业型人才培养模式创新系列教材的编写与使用为突破口，利用3~5年时间初步实现课堂教学从知识传授向能力培养的转型：这标志着德州学院人才培养模式改革进入核心和攻坚阶段。既是良好的机遇，更面临巨大的挑战。

这套经管类创业型人才培养模式创新系列教材的编写基于以下逻辑过程：德州学院经济管理系率先完成了创新性应用型人才培养理论教学体系、实践教学体系和创新创业教学体系的框架构建，其中，理论课程内容的创新在理论教学体系改革中居于核心和统领地位。该人才培养内容与方法的创新之处在于把专业课程划分为核心课程、主干课程、特色课程和一般课程四类，并采取不同的建设方案与建设措施；其中，核心课程建设按照每个专业遴选3~5门课程作为专业核心课程进行团队建设。例如，会计学专业确定了管理学、初级会计、中级财务会计、财务管理和审计学五门专业核心课程。每一门核心课程按照强化专业知识、培养实践能力和提高教学素质的标准，划分为经典课程教材选用、案例与实训教程设计和教师教学指导设计三个环节。而特色课程也是在培养知识、能力、素质和创新精神四位一体的创业型人才培养中专门开设的课程，其目的是增强创业型人才培养的针对性和可操作性。

这套经管类创业型人才培养模式创新系列教材是在许许多多的人，包括部分学生以及家长的共同努力下完成的，凝聚了大家的心血和智慧。希望这套教材能为德州学院的人才培养模式创新工作探索出一条成功的道路。

季桂起

2012年10月

前 言

随着德州学院创建山东省应用型特色名校步伐的加快和经管类创业型人才培养模式创新实验区改革的发展，探索和编写一套适合会计学专业创新性应用型人才培养模式的经管类系列教材的需求显得更为迫切。经过反复思考，在借鉴已出版教材的经验基础上，根据会计学专业创新性应用型人才培养目标的要求，编写组决定编写一本适用于地方性、应用型本科院校会计学专业特点的《财务管理学案例与实训》① 教材。

“财务管理学”作为会计学专业中的核心课程，教学内容和教学方法的改革直接影响会计学专业人才培养质量的高低。自 2007 年会计学专业开展了一系列人才培养方案、人才培养内容和方法的改革工作以来，编写组按照经济管理类创新性应用型人才培养模式改革教材编委会提出的“从理论到实践、从知识到能力，最终实现综合素质全面提升”的总体要求，认真思考“财务管理学”的理论教学需求，系统分析了《财务管理学》不同版本教材的特点，最终选用了荆新、王化成、刘俊彦教授主编的《财务管理学》（中国人民大学出版社，第五版）作为理论教材。以此教材为主线，拟定了不同的教学模块和教材编写大纲，配套编写了《财务管理学案例与实训教程》一书。

本书整体结构如下：

第一部分，案例与作业思考题。案例旨在设置论题，引发学生的思考，实现理论与实践的结合。这部分要求任课教师在各模块讲授之前，在对模块知识体系介绍的基础上，提前布置给学生，要求学生运用理论知识和案例素材进行团队讨论，并以团队合作的方式完成案例分析和展示。作业与练习题要求学生课后完成，作为平时成绩进行考核。

第二部分，实训。这部分内容根据各章节的特点进行设置，对设置实训的章节要求在完成理论教学后，按照专业人才培养方案的要求安排 4 ~ 6 学时的实训课程，加强学生专业技能训练，提升学生实践动手能力，实现理论学习与实践动手的有机融合。

本书由杨颖副教授负责全书写作框架的拟定和编写的组织、审核工作，并负责全书总纂。具体分工如下：第一、二、三章由汤志强副教授撰写；第四章由王艳芹副教

① 本书是山东省教育厅批准的 2012 年度省级人才培养模式创新实验区——基于“‘四位一体’理念的创业教育创新实验区”项目的阶段性成果。

授撰写；第五、六章由孙志胜老师撰写；第七章由许本强老师撰写；第八、九章由姜英华老师撰写；第十、十一章由杨颖副教授撰写。

由于水平有限，加之时间仓促，本书不当之处在所难免，欢迎广大读者和同行给予我们指导、批评。

《财务管理学案例与实训教程》编写组

2013 年 1 月

目录

第一部分　案例及作业思考题

第二部分　实训

第一部分
案例与作业思考题

专题一　财务管理学基础理论

第一章　总论

一、教学案例

【案例一】由雷曼兄弟破产看企业财务管理目标的选择及后果

2008 年 9 月 15 日，拥有 158 年历史的美国第四大投资银行——雷曼兄弟（Lehman Brothers）公司依据以重建为前提的美国联邦破产法第十一章所规定的程序正式申请破产，即所谓破产保护。雷曼兄弟这一曾经在美国金融界叱咤风云的巨人的轰然倒闭创下美国历史上最大规模的破产案。倒闭前，雷曼兄弟的资产规模达到 6 390 亿美元，业务覆盖全球逾 40 个国家。在全球金融危机的考验中，雷曼兄弟公司无奈破产，这不仅与过度的金融创新和乏力的金融监管等外部环境有关，同时也与雷曼公司本身的财务管理目标有着某种内在的联系，也折射出财务管理目标的选择对公司治理和长久发展的影响。

（一）公司简介

来自德国的移民——雷曼兄弟于 1850 年成立了雷曼兄弟公司，公司前身主营棉花和咖啡买卖。成立 100 多年来雷曼兄弟已在全球范围内建立起了创造新颖产品、探索最新融资方式、提供最佳优质服务的良好声誉。作为全球性多元化的投资银行，雷曼兄弟公司于 2000 年被《商业周刊》评为“最佳投资银行”，整体调研实力高居《机构投资者》排名榜首；2002 年被《国际融资评论》授予“年度最佳投资银行”称号。

“雷曼兄弟”是华尔街的老字号，在其成长发展的百余年历史中，雷曼兄弟公司经历了 1929 年的股市崩盘、1973 年的大额投资损失和 1984 年被运通并购等的多次考验。1998 年全球金融动荡之时，自 1993 年就成为雷曼兄弟首席执行官的富尔德以其出色的管理才能带领雷曼兄弟安然度过了资金极度短缺的危险期。富尔德也以其大胆、泼辣的管理才能得到市场的认可，不仅为自己赢得“大猩猩”的绰号，他也成为当时华尔街在职时间最长的首席执行官。

自 2006 年始，雷曼兄弟开始进入中国市场。2006 年 11 月，雷曼兄弟与 IBM（国际商业机器公司）联合启动一项初始注资金额为 1.8 亿美元的“中国投资基金”，双方分别为该基金注入9 000万美元的初始资金。随后于 2007 年 6 月，雷曼兄弟携手 IBM 公司投资约 1.32 亿港元购入金蝶国际约 7.7% 的股份；同年 11 月，雷曼兄弟私人股权合伙公司联合数家风险投资机构向“去哪儿旅游搜索”网站注资，投入资金达千万美元级别。2008年5月，雷曼兄弟与中铁二局联手，拟在成都设立合资公司，雷曼兄弟出资约1.5亿元人民币，占该合资公司49%的股份。

（二）案情简介

2008年3月，雷曼兄弟计划裁员5 300人，同时期其股价大起大落；4月，其旗下三基金步入清算；5月，英国第三大银行巴克莱拟收购雷曼兄弟；6月，二季度报出的28亿美元亏损使雷曼撤换总裁；7月，雷曼兄弟的股价八年来首次跌破20美元；8月，雷曼兄弟推出将出售400亿美元资产的计划；在9月高层频频洗牌的现状下，资产出售事宜仍未解决，相继披露的三季度巨亏39亿美元使雷曼兄弟的股价一日暴跌45%。自9月12日晚间开始，美国政府官员和银行业巨头召开紧急会议，讨论雷曼兄弟公司的前途问题，并试图通过采取相关行动和措施来恢复市场信心。由于美国政府拒绝为这次收购提供保证，9月14日，包括美国银行、巴克莱银行在内的相关潜在收购者相继退出谈判，同时也预示着，拥有158年历史总债务为6 130亿美元的雷曼兄弟面临破产，遍布全球的2.5万名雷曼兄弟员工前途未卜。在历经三年的复杂谈判以后，雷曼兄弟的债权人偿付计划终于在2011年12月获得美国破产法庭批准，这项计划也得到了雷曼兄弟95%债权人的支持。根据该计划，雷曼兄弟自2012年4月17日起向债权人偿付首批105亿美元的债务，最终偿付规模约为650亿美元，预计完成全部清偿需要数年时间。

（三）案情剖析

1. 雷曼兄弟财务管理目标的选择

雷曼兄弟公司成立之初主要从事利润比较丰厚的棉花、咖啡等商品的贸易，作为家族企业，在规模相对较小的发展初期自然会选择利润最大化作为其财务管理目标，这也符合公司当时发展的实际。在雷曼兄弟公司从经营干洗、兼营小件寄存的小店逐步转型为金融投资公司的同时，公司的性质也从一个地道的家族企业逐渐成长为在美国乃至世界都名声显赫的上市公司。公司性质的转变也带来了财务管理目标定位的变化。在美国这样一个市场经济比较成熟的国家，其拥有完善的市场经济制度和资本市场体系，因此，雷曼兄弟的财务管理目标由利润最大化向股东财富最大化转变具备了良好的市场环境和制度背景。此外，股东财富最大化与传统的利润最大化目标比较而言，考虑了不确定性、时间价值和股东资金的成本，无疑更具科学性和合理性。在完善的资本市场可以提供即时公司股价的优越量化环境下，股东财富最大化显然比企业价值最大化更具操作性和便捷性。因此，从某种意义上讲，股东财富最大化成为雷曼兄弟公司财务管理目标的现实选择。

2. 雷曼兄弟破产的直接原因：股东财富最大化理财目标的选择

对雷曼兄弟的破产原因，各方声音不一，有专家认为不顾风险追求高额投资利润是雷曼兄弟落败的根本原因。雷曼兄弟是2006年次贷证券产品的最大认购方，占有11%的市场份额。2007年，华尔街不少公司因为投资次贷产品不当蒙受损失，但雷曼兄弟仍然盈利41亿美元，富尔德因此得到超过4 000万美元的奖励。“雷曼兄弟”股票价格在2007年年初涨至每股86.18美元的最高点，而12日收盘时却只能售得每股3.65美元。这已经显现出金融创新工具的泡沫与潜在的风险。雷曼兄弟对投资利润的追求和风险的忽视正体现出了股东财富最大化存在的缺陷。在股东财富最大化的目标下，其直接的价值体现为公司的股价，而良好的业绩又是推进和保持股价上升的关键因素。因此在股东财富最大化目标的引导下，公司逐步涉足股票承销、证券交易、金融投资等业务。在1899—1906年的七年间，雷曼兄弟公司从一个金融门外汉逐步成长为纽约当时最有影响力的股票承销商之一，也促使其不断加大金融工具投资的比例，使其每一次业务转型都充分表现出资本追逐利润的投资诉求。在利润不断提升的喜悦中，雷曼兄弟忽视了资本市场的风险，放松了对其经营风险的控制，从而为此后的破产埋下了伏笔。因此，雷曼兄弟公司破产的原因，从表面上看是美国过度的金融创新和乏力的金融监管所导致的全球性的金融危机，但从实质上看，则是由于公司一味地追求股东财富最大化，忽视对风险的有效控制的结果。

3. 雷曼兄弟破产的推进剂：过度追求股价而偏离经营重心

在股份制经济制度下，股东财富由其所拥有的股票数量和股票市场价格两因素决定。如果股票数量一定，则股东财富最大化就取决于每股股票价格的最大化，即当股票价格达到最高时，股东财富达到最大，这就使股价成为实现股东财富最大化财务管理目标的直接诉求目标。因此，为了使公司的股价保持在一个比较高的水平上，雷曼兄弟公司自2000年开始，连续七年将公司税后利润的92%用于购买自己的股票，这一行为有效地提高了公司的股价，但同时也耗费了公司大量的现金，降低了其应对风险的能力。同时，从投资风险分散化的原则来审核这一投资行为，显然将税后利润的92%全部集中购买自己公司而放弃对其他公司投资的行为是选择了“把鸡蛋放在同一个篮子里”的投资决策，这一决策不但不利于分散公司的投资风险，并且加剧了公司潜在的投资风险；而对公司股价短期涨跌的过分关注，弱化了公司在实务经营上精力的投入，从而使公司的经营重心发生偏移，使股价失去高位运行的经济基础。因此，过分关注股价而使公司偏离了经营重心是雷曼兄弟公司破产的推进剂。

4. 雷曼兄弟破产的内在原因：过分强调股东利益而忽视其他利益相关者的利益

在建立了现代公司制度之后，股东的所有权与经营者的经营权实现了两权分离，股东与经理人之间形成了委托代理关系。然而由于股东与经理人利益诉求的不一致，必然导致经理人逆向选择、道德风险行为的发生。同时，现代企业作为一个多种契约关系的集合体，其利益相关者不仅包括股东，还包括债权人、经理层、职工、顾客、政府等不同主体。股东财富最大化对股东利益的片面强调，忽视了其他利益相关者的利益，从而引发了雷曼兄弟公司内部各利益主体的矛盾冲突。尽管其员工持股比例高达37%，但公司员工主人翁意识淡薄，工作积极性不高，这必将影响工作质量，降低整个公司的效益。而且，由于雷曼兄弟公司对股东利益的过分关注而忽视了公司应该承担的一些社会责任，也加剧了其与社会之间的矛盾，这也是雷曼兄弟破产的原因之一。

（四）启示

1. 财务管理目标的重要性

企业财务管理目标作为企业从事财务管理活动的根本指引，是企业财务管理活动最终实现的根本目的，是企业财务管理活动的终极诉求。企业选择怎样的财务管理目标，将会直接影响企业财务管理组织的建立、财务指标体系的选择和各项财务决策。因此，财务管理目标的选择是具有经济后果的，对企业今后的发展和日常运营举足轻重，制定并选择合适的财务管理目标具有十分重要的意义。

2. 财务管理目标选择的科学性

财务管理目标的选择关乎企业的生存和长远发展。因此，在当前日渐复杂的社会环境和经济环境下，财务管理目标的选择必须从企业实际出发，重点考虑企业发展面临的经营风险、投资风险和融资风险，综合企业发展战略形成科学的选择，以尽可能降低因企业目标选择错误可能引发的隐患。

思考题：

1. 常见的财务管理目标有几种？不同目标存在什么差异？
2. 股东财富最大化目标如何引发代理问题？
3. 什么是道德风险和逆向选择？

【案例二】财务管理目标的层次性

研究企业财务管理目标，既应考虑财务活动本身的特点，又要结合我国的国情和企业的客观实际，使之具有实用性和可操作性。由于存在不同的企业利益群体，而不同利益群体具有不同的利益目标诉求，这些不同的利益目标诉求体现在企业财务管理目标上也存在较大的差异，因此，财务管理目标具有层次性。

（一）前言

众所周知，企业是盈利性组织，其出发点和归宿均是获利。企业一旦成立，就会面临竞争，并始终处于生存和倒闭、发展和萎缩的矛盾之中。尤其是加入世贸组织后，企业更是面临国际国内竞争的双重压力。因此必须加强企业管理，确定合理的财务管理目标。财务管理目标是企业理财活动所希望实现的结果，是评价企业理财活动是否合理的基本标准。财务管理目标作为企业财务运行的导向力量，影响着企业财务运行的发展方向。财务管理目标的设置如果有偏差，财务管理的运行机制就很难合理。近年来，关于这一问题，我国财务管理理论界和实务界进行了广泛的探讨。企业财务管理目标的研究，应综合企业财务活动自身特点、企业客观实际及我国国情三方面考虑，因此，企业的财务管理目标也要分层次去理解，去制定。

（二）企业员工层次

过去，企业经常忽视员工的作用，但是随着经济的发展和人力资本的广泛应用，企业员工的地位和作用逐渐凸显出来。可口可乐公司有“为员工服务”的宗旨，摩托罗拉公司对一些基层员工下放一定权力，还有我国著名的“鞍钢宪法”中有针对员工的“两参一改三结合”。因此，企业员工的财务管理目标，对于整个企业的生产发展有着巨大的影响。

1. 员工的财务管理目标

总体而言，企业员工的财务管理目标是实现自身收入的最大化。影响企业员工收入的因素主要是两个方面。第一，企业整体运行和盈利状况，这是决定企业员工收入的根本因素。企业的整体情况稳定，发展态势良好，那么企业员工收入的稳定和增长也有了保障。第二，企业员工在本职岗位的考核标准和奖励措施。一个企业员工按照考核标准完成了自己的工作任务，就可以拿到自己的收入，如果他（她）还因为某些行为符合了奖励要求，那么他（她）就会得到一笔额外的奖金，增加了他（她）的总收入。根据上面的分析，我们可以看出，企业员工为了达到自己的财务管理目标，追求自身收入的最大化，他们会积极地参与到企业的日常管理和创新中，通过自己的技术创新或者严谨的管理，提高工作效率，降低成本：一方面自己符合拿到基本收入和奖金的标准，另一方面也促进了企业的利润增长，企业也有能力提供更好的收入水平给企业的员工。

2. 实例分析

这里主要分析与企业员工有紧密联系的企业产品成本中的因素。实例：A 企业是一家生产某种汽车零件的专业工厂，其单位标准成本为：直接材料共 30 元（10 千克 × 3 元/千克），直接人工 16 元（4 小时 ×4 元/小时），变动制造费用 6 元（4 小时 ×1.5 元/小时），固定制造费用 4 元（4 小时 ×1 元/小时），单位产品标准成本共 56 元。本月生产及销售情况为：生产工时 11 000 小时，月初在产品数量 600 件，本月投产数量 2 500 件,本月完工入库数量 2 400 件，月末在产品数量 700 件。企业员工为了实现自己的财务管理目标，经过创新和节约努力，本月生产领用原材料 24 500 千克，实际耗用工时 9 750 小时；应付生产工人工资 38 000 元；实际发生变动制造费用 12 000 元，实际发生固定制造费用 8 000 元。

经过计算，可以得到直接材料、直接人工、变动制造费用和固定制造费用的实际成本和标准成本的对比，它们分别是 138 700 元和 131 500 元。从中可以看到，企业员工为了达到他们的财务管理目标而付出的努力，使得企业本月的成本降低了 7200 元，进而提高了企业的利润。

（三）*企业经营者层次*

现在越来越多的企业采用所有权与经营权相分离的管理模式，企业的日常经营管理由专业的职业经理人来进行。作为企业的经营者，他们的努力方向或者说财务管理目标，对于企业的发展是有直接影响的。

1. 企业经营者财务管理目标

作为企业经营者，其财务管理目标是企业利润最大化，这主要是因为：

（1）作为企业经营者，他们是受雇于企业所有者的，他们也有具体的考核标准；而利润指标有明确含义，容易计量，实用性、可操作性强。

（2）有利于把企业经营者的经济利益与企业的经济效益联系起来，激发经营者的积极性和创造性。

2. 实例分析

为了实现自身的财务管理目标，企业所有者必须给企业经营者制定业绩考核标准，同时，企业经营者也必须对企业进行合理的财务管理。假设某企业只产销一种产品，盈亏临界点销售量为 600 件，单价为 150 元，单位成本为 130 元，其中单位变动成本为 120 元。企业所有者给企业经营者制定的利润目标是本年利润比上年增长 20%，为了实现目标利润，即此时的利润最大化，企业经营者应采取合理的管理措施。首先，经过计算，上年的固定成本 = 600 × （150 - 120） = 18 000（元），上年销量 = 1 800（件），上年利润 = 1 800 × （150 - 120） - 18 000 = 36 000（元），因此本年利润目标为 43 200 元。针对企业的目标利润，企业经营者可以采取的措施有：

（1）提高单价。因为 43 200 = 1 800 × （P - 120） - 18 000，所以，P = 154 元，因此提高单价的百分比是 2.67%，利润敏感系数为 7.49。

（2）降低单位变动成本。因为 43 200 = 1 800 × （150 - V） - 18 000，所以，V = 116 元，因此单位变动成本降低百分比是 -3.33%，利润敏感系数为 -6.01。

（3）提高销售量。因为 43 200 = Q（150 - 120） - 18 000，所以，Q = 2 040 件，因此销售量提高的百分比是 13.33%，利润敏感系数为 1.5。

（4）降低固定成本。因为 43 200 = 1 800 × （150 - 120） - F，所以，F = 10 800 元，因此固定成本的降低百分比是 -40%，利润敏感系数为 -0.5。

因此，企业经营者可以采用以上的四种措施来分别实现利润目标，并且通过比较其各自利润敏感系数的大小，来选择应该主要采用哪种措施。同时，我们可以看到，在实施这些措施后，企业的利润实现了最大化，即企业经营者的财务管理目标得以实现，企业也得到了发展。

（四）结论

从上面的分析可以看出，财务管理目标不是单层次的，而是多层次的。企业员工的财务管理目标是自身收入的最大化；企业经营者的财务管理目标是企业利润最大化；企业所有者（股东）的财务管理目标就是要实现自身财富的最大化。借助于有效的公司治理结构、财务管理的合理配置及高效的监督和激励机制，企业的三个利益群体的财务管理目标是层层递进，互相配合的，其最终都会保证企业的良性运转，促进企业的发展与增值，进而有利于整个经济的全面发展。财务管理目标多层论的提出，为企业的管理提供了路径指导；也可以作为企业文化建设的一个方面，在整个企业中推开，从而促进企业的全面发展。

【案例三】公司治理案例：国美之争折射的公司治理问题①

（一）国美发展简史

1987 年，黄光裕在北京创立了第一家国美电器店（不足 100 多平方米），经营进口家电产品。1999 年，国美电器率先走出北京，在行业内首次迈出了异地连锁的步伐，最早并且成功地实现了跨区域连锁经营，并长期保持先发优势。2004 年，国美电器在中国香港成功借壳上市（注册地为百慕大），成为知名的大型上市公司。之后，黄光裕先后四次被评为中国富豪榜首富。2005 年开始，国美在全国掀起并购狂潮，先后成功收购哈尔滨黑天鹅、广州易好家、中商家电、常州金太阳、上海永乐、北京大中、山东三联等公司。2006 年，上海永乐创始人兼董事长陈晓被黄光裕任命为国美 CEO（首

① 整理自姜哲所著的《国美之争折射的公司治理问题》。

席执行官)。2008 年 3 月,中国连锁经营协会发布“2007 年中国连锁百强”经营业绩,国美电器以 1 023.5 亿元位列首位(1 200 多家直营店);睿富全球最有价值品牌中国榜评定国美电器品牌价值为 490 亿元,国美电器成为中国家电连锁零售第一品牌。2008 年 12 月,黄光裕因涉嫌经济犯罪被拘留调查,国美出现危机。2009 年 1 月 16 日,黄光裕辞去董事职务,并被终止董事会主席的身份;陈晓临危受命接任董事会主席的职务,兼任行政总裁,国美电器正式进入陈晓时代。

(二)国美之争来龙去脉

贝恩资本引入

1. 贝恩资本的引入

(1)2008 年 11 月 18 日,国美电器宣布临时停牌,香港证券交易所(以下简称“港交所”)的公告内容是“黄光裕和财务总监周亚飞已于 17 日被相关部门带走调查”。据国美 2008 年度的财报显示,当时国美的速动资产包括现金、银行存款、短期投资、应收账款等共计 130 亿元,其所持现金及现金等价物仅为 30 亿元,不及 2007 年的一半,且比苏宁少 70 亿元。

(2)贝恩准备增持并重仓介入国美的时间是 2009 年。2008 年 9 月,美国发生次贷危机,市场现金几乎枯竭。如果当时收购国美,市场价只有 1 港元多一点,是最低价位。显然国美的资产更值钱,具备远高于股价所能体现的价值。贝恩的主要任务是帮助国美改善速动资产状况(内地的说法是改善财务状况)。当时国美电器财务相当麻烦;国美此前在 2007 年 5 月,发行过 46 亿元的可转换债,这笔债券转股价为 4.96 港元,于 2014 年到期,但持有人可于 2010 年 5 月,提前要求国美赎回。贝恩介入后,短期就要面临债券赎回压力,但当时只能由董事会决策是否出售国美的部分股权。

(3)贝恩举牌之后,国美电器按规定停牌,收盘价为 1.12 港元。不过,当时市场跌到面目全非的股票遍地都是,不止国美一家如此,花旗银行的股价也跌到 1 美元附近,一度跌穿 1 美元。国美当时的方案,要求增发 20% 的新股,以解决资金问题。2009 年 4 月 6 日,经黄光裕同意,国美电器曾发出公告,公布债务重组的人选分别是:贝恩资本、华平基金、KKR(科尔伯格—克拉维斯);其中,以贝恩的规模最大。华平基金是国美重要股东之一,2006 年 2 月,华平基金通过认购国美发行的 1.25 亿美元可转债及 2 500 万美元认股权证的形式入股国美,最高曾持有国美约 9.71% 的股权。2008 年年底,华平实际持有国美的股票比率低于 5%。除贝恩等三家机构之外,国美曾经披露,也联系过其他机构如弘毅投资和中信资本。由于当时的市况极度低迷,很多潜在的买方机构最后都知难而退,由此也令贝恩的机会大增。贝恩当时向国美递交方案,隐含着“保证黄氏家族的控股地位”以及“贝恩不会绝对控股国美”的两个前提,贝恩以此才有可能谈成最后的合约。贝恩接手之后,贝恩最多的持股比例大约将会增至 14.6%,全部投资额将增至 23.52 亿元。如果计入小部分不供股的小股东的股权由贝恩包销,当时市场估计,贝恩最多可持有 16% 股权,仍然只是第二大股东。对于贝恩来说,风险很大。贝恩资本董事总经理竺稼事后在接受媒体采访时说:“我们其实最关注的有两个问题,第一,我们的注资是否能解决国美的资金需求;第二,我们入股之后对于公司是否有足够的影响力。”

（4）2009 年 6 月 22 日，国美电器宣布，与贝恩投资达成投资协议，贝恩以 18.04 亿元认购国美的可转换债券，可兑换 16.28 亿股，均价约为 1.11 港元。这批股票，有 12 个月的禁售期。该笔交易，涉及可转换债券资 18.04 亿港元及现有股东配资 15.43 亿港元，贝恩包销，即贝恩资本最少会投资国美 18.04 亿元，可转换债券行使后持 16.28 亿股，占扩大后股本的 9.8%；如果原有股东全部不行使供股权，贝恩全数包销后持股比例将增至 23.5%，投资额也将增至 33.47 亿元，扣除费用后，国美实收资金 32.36 亿元。6 月 23 日，国美电器在停牌 7 个月后恢复交易，首日大涨 69%，停牌前国美每股股价为 1.12 港元，复牌后国美收盘价为每股 1.89 港元，超过大市同期升幅。可见，对于当时贝恩的解决方案，市场是认可的，贝恩因此而获利。9 月 27 日，国美现价收于 2.40 港元。2009 年 3 月，国美董事会在引入贝恩投资的同时，确定了未来对公司内部管理进行变革，而变革的核心之一就是推行股权激励措施。

2. 贝恩投资介入的影响

（1）美国的私募股权基金贝恩投资的介入，有助于陈晓对于国美完成利益分享与权力分散的部分目标，长期而言，也将起到制约黄氏家族的作用；但对于当时的国美，却是及时雨、活命钱。

（2）2009 年 6 月 6 日，国美电器召开董事会，全票通过了贝恩资本注资国美电器的方案。据有关媒体透露，签署该协议并未听取大股东黄光裕的意见，且协议包括了“极为苛刻的绑定条款”。该条款包括：

a. 陈晓的董事会主席至少任期 3 年。

b. 确保贝恩的 3 名非执行董事和 1 名独立董事进入国美董事会。

c. 陈晓、王俊洲、魏秋立 3 名执行董事中至少 2 名不被免职。

d. 陈晓以个人名义为国美做贷款担保，如果离职将很有可能触及违约条款。

以上事项一旦违约，贝恩就有权要求国美以 1.5 倍的代价即 24 亿元赎回可转债。

（3）黄光裕股权被稀释。图 1－1、图 1－2 为国美引入贝恩资本前后的股权结构图。引入贝恩资本前，国美的大股东依次为黄光裕及杜鹃、摩根大通、T. Rowe Price Associates. Inc（普莱斯联营公司）、摩根士丹利、Capital Research Management Company（资本研究管理公司）、陈晓等；引入贝恩资本后，贝恩资本取代 Capital Research Management Company（资本研究管理公司）成为大股东，而黄光裕及杜鹃持股比例下降。

3. 国美之争之伏笔

（1）国美之争之伏笔——股权激励

2009 年 7 月 7 日，国美电器董事会公布了总计 7.3 亿港元的股权激励方案，所涉及的股权占总股本的 3%，获得股权激励的管理人员包括分公司总经理，大区总经理，以及集团总部各中心总监、副总监以上级别，共有 105 人。股权激励方案规定，获得认购权的高管在今后十年内，可以按照 2009 年 7 月 7 日的国美电器收盘价 1.9 港元，买入相应数量的公司股份。黄光裕认为陈晓用股权激励收买人心，指责陈晓“慷股东之慨”，并将其他董事和高管绑上了自己的“战车”。

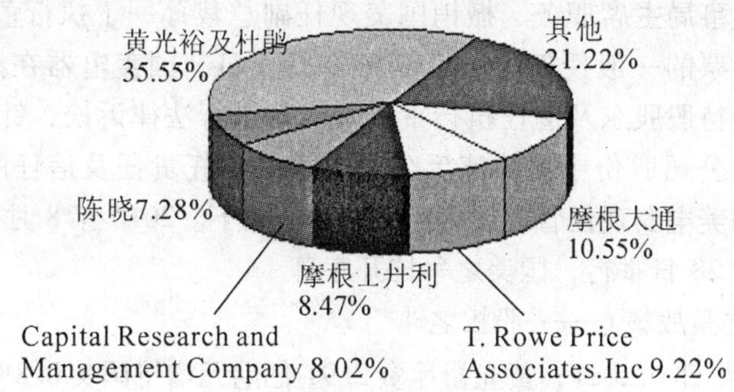

图 1－1　引入贝恩资本前国美股权结构

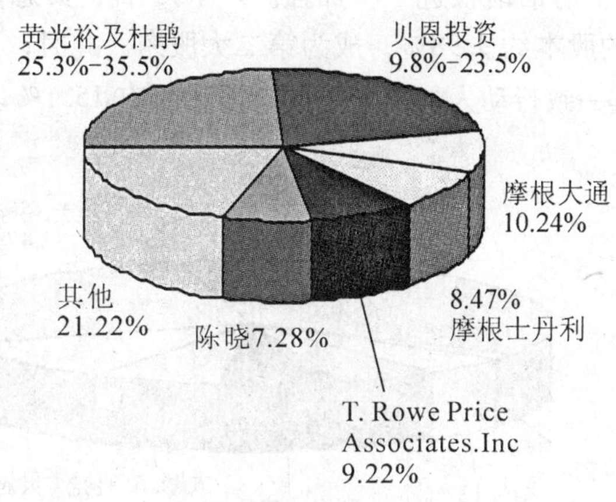

注：再融资后增加股权30%

图 1－2　引入贝恩资本后国美股权结构

（2）国美之争之伏笔——发展思路冲突

公司愿景：2015 年前成为受尊重的世界家电零售企业。

黄光裕发展思路：圈地模式。以提高市场占有率为指导，大量开店，提倡连锁零售规模化。

陈晓发展思路：效率业绩优先路线。大量关闭效益差的门店，着力提升现有门店的盈利能力。

4. 国美之争之导火索——5・11 事件

2010 年 5 月 11 日，国美电器在中国香港召开股东周年大会，黄光裕全资子公司 Shinning Crown（耀冠控股）提起否决权，罢免贝恩资本在国美董事会的三个席位。当晚，以董事会主席陈晓为首的国美电器董事会以“投票结果并没有真正反映大部分股东的意愿”为由，在当晚董事会召开的紧急会议上一致否决了股东投票结果，并重新委任贝恩包括竺稼在内的三名前任董事加入国美董事会。董事会胆敢推翻股东大会决议，于是国美之争拉开序幕。黄光裕与陈晓由过去的惺惺相惜演变为现在的公开决裂。

5. 国美之争之拉开序幕——8・4 函件

2010 年 8 月 4 日，董事局主席陈晓收到黄光裕代表公司的函件，要求召开临时股东大会撤销陈晓董事局主席职务、撤销国美现任副总裁孙一丁执行董事职务，同时收回对董事会增发股票的一般授权等。2010 年 8 月 5 日，国美电器在港交所发布公告，宣布将对公司间接持股股东及前任执行董事黄光裕进行法律诉讼，针对其于 2008 年 1 月及 2 月前后回购公司股份中被称违反公司董事的信托责任及信任的行为寻求赔偿。至此，黄光裕与国美电器现任管理层的矛盾大白于天下。2010 年 8 月 23 日国美宣布股东特别大会于 9 月 28 日举行，国美之争拉开序幕。

6. 国美之争之激战核心——股权之斗

2010 年 8 月 24 日 ~25 日，黄光裕斥资 2.91 亿港元增持国美 0.8% 的股权。8 月 30 日至 31 日，黄光裕再度斥资 4 亿港元，买进 1.77 亿股，至此，黄光裕持股总量增至 35.98%，在股东大会中的话语权进一步加强。9 月 15 日，贝恩如约履行债转股的承诺，持有国美扩大后的股本约 9.98%，成为第二大股东。此时，黄氏家族股权已摊薄到 32.47%，陈晓及其一致行动人加上贝恩的持股比例有 15.1%。图 1－3 为“大战”前夕国美股权结构。

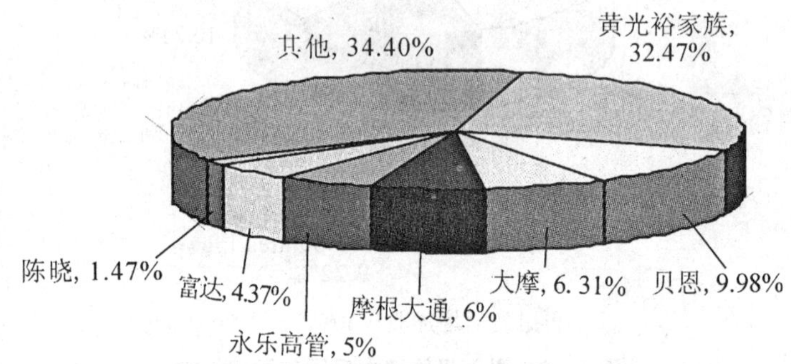

图 1－3　股权之争前国美股权结构

黄光裕方的底牌仍然是第一大股东，占股 32.74%，可收回 372 间非上市门店，且持有“国美电器”商标所有权。多数中国网民指责董事局主席陈晓违背大股东黄光裕的信任，窃取这间具有家族企业色彩的上市公司控制权。

陈晓底牌为，陈晓阵营控制股权约 16%，拥有管理层的坚定支持；如果陈晓出局，国美将赔贝恩 24 亿元；陈晓经营期间，国美业绩优秀，国美电器 2010 年上半年销售收入达到人民币 248.73 亿元，同比增长 21.55%，其中第二季度销售收入创国美上市以来的最高点，实现经营利润人民币 12.49 亿元，同比增长 86.14%。

7. 国美大战之暂时落幕

9 月 28 日决战，陈晓胜出，国美大战暂时落幕。特别股东大会决议的 8 项普通决议案结果：

a. 重选竺稼为非执行董事【通过】。

b. 重选伊恩·安德鲁·雷诺兹（Ian Andrew Reynolds）为非执行董事【通过】。

c. 重选王励弘为非执行董事【通过】。

d. 即时撤销本公司于 2010 年 5 月 11 日召开的股东周年大会上通过的配发、发行及买卖本公司股份之一般授权【通过】（黄光裕唯一胜利）。

e. 即时撤销陈晓作为本公司执行董事兼董事会主席之职务【被否决】。

f. 即时撤销孙一丁作为本公司执行董事职务【被否决】。

g. 即时委任邹晓春作为本公司的执行董事【被否决】。

h. 即时委任黄燕虹作为本公司的执行董事【被否决】。

激战近两个月的国美控制权之争告一段落。大股东黄光裕提出的五项议案，除了撤销配发、发行和买卖国美股份的一般授权获通过以外，其余四项涉及人事任免的提案均被否决。黄光裕方面代言人对《每日经济新闻》表示，取消定向增发授权，相当于“将陈晓手中的刀夺下”，这对于大股东的未来极为有利。

国美董事会对投票结果非常开心。国美董事会在给记者发来的一份声明中表示，公司的稳定是符合全体股东、公司员工、社会及其他利益相关方的最佳利益。黄光裕方面发来的声明则表示，创始股东对投票结果表示失望，将计划继续积极参与国美相关事务。国美已偏离了快速、健康发展的轨道，正在丧失核心竞争力和行业领先地位，大股东方面对不具代表性的董事会之忧虑依然没变，也将保留采取适当行动的权利，保障自己及其他股东的利益。双方依然对峙，但并非无缓和的可能。《每日经济新闻》记者注意到，贝恩资本的3名董事被重新委任为非执行董事，其中贝恩资本董事总经理竺稼的通过率为94.26%，这意味着大股东也投了赞成票。

投票结果表明，出席国美“9·28”股东大会的股东的“整体意志”是：不同意给予公司董事会通过增发股份以稀释现有股东权益的自由裁量权；与黄光裕方面提出的董事会人员构成相比，全体股东更愿意选择陈晓方面提出的董事会人员构成。这体现妥协精神，资本的逐利性赢得胜利。

2010年12月17日召开第二次特别股东大会，通过三项议案：第一，增加许可的董事最高人数，从11人增加至13人；第二，委任邹晓春先生为公司的执行董事，并即时生效；第三，委任黄燕虹女士为本公司的非执行董事，并即时生效。

（三）思考与解析

1. 国美之争的性质

国美之争的定性问题是保姆联合外援侵占主人资产，即“董事会主席陈晓+一致行动人（董事会众高管+外部投资机构）”与创始人兼大股东的黄光裕家族之争。

争的是什么？是利益之争，股权之争，控制权之争。什么是控制权？股权+灵魂人物影响力“黄光裕和陈晓双方争夺的主要是第三方国美股东在临时股东大会上的投票支持，这是一种‘股份代理权争夺’（Proxy Contest），本质上是争夺第三方股东的信任。”

——仲继银（中国社会科学院经济研究所研究员）

2. 何谓公司治理（Corporate Governance）

（1）公司治理的概念

狭义的公司治理解决的是在法律保障的条件下，因所有权和控制权分离而产生的代理问题，它处理的是公司股东与公司高层管理人员之间的关系问题。广义的公司治理是关于企业组织方式，控制机制，利益分配的一系列法律、机构、文化和制度安排，它界定的不仅是企业与其所有者的关系，还包括企业与其所有利益相关者之间的关系。从法学角度来说，公司治理结构就是为维护股东、公司债权人以及社会公共利益，保证公司正常有效地经营，由法律和公司章程规定的有关公司组织机构之间权力分配与制衡的制度体系。内容上：公司治理涉及公司的股权结构，公司的独立法人地位，公司股东董事和经理人员之间权力的分配及利益的制衡，对公司经营管理者的监督和激励以及相应的社会责任等一系列法律和经济问题。

（2）现代企业法人治理结构

现代企业法人治理结构由四个部分组成：股东会，由全体股东组成，体现所有者对公司的最终所有权，是公司的最高权力机构；董事会，由股东会选举和更换成员，对股东会负责，对公司的发展目标和重大经营管理活动作出决策，维护股东的权益；监事会，由股东会选举和更换成员，是公司的监督机构，有检查财务的权力，对董事、高级管理人员执行公司职务的行为进行监督；职业经理人，也表现为公司高管团队，由董事会决定聘任或者解聘，对董事会负责，是经营者和执行者。公司治理结构的精髓在于权力分立、互相制衡，以期实现最大效益。

（3）公司治理结构的主要模式

a. 单层委员会制

英美法系国家包括英国、美国，其特点为只设有股东会与董事会，即“董事会中心主义”。

b. 双层委员会制

大陆法系国家包括德国、奥地利，监事会居于董事会之上，具有监督权、决策权等，强调职工参与公司管理。

c. 单层二元委员会制

源于日本，传入中国（现行），董事会与监事会并列，以股东会中心主义，图1－4为单层二元委员会制结构图。

3. 争斗折射公司治理问题的主要表现

“董事会中心主义”＋董事会与股东会的权力制衡问题。

“独立董事”的失声＋是否引入监事会?

“管家逼宫东家?”——职业经理人“有多牛”?

“内部人控制”。

“信托责任”。

“我的权利谁做主?”

中小股东权益保护＋尊重创始股东权利。

针对以上公司治理问题可以从以下几个方面理解：

（1）争斗的游戏规则

国美在百慕大注册，在中国香港上市，在大陆经营，受到境内外多重法律框架的规制。本案所涉及：英美法系，《百慕大公司法 1981》及其修订法，《香港公司条例》等其他相关法规包括中国香港证券方面的法律法规、判例等。国美公司章程强调自治

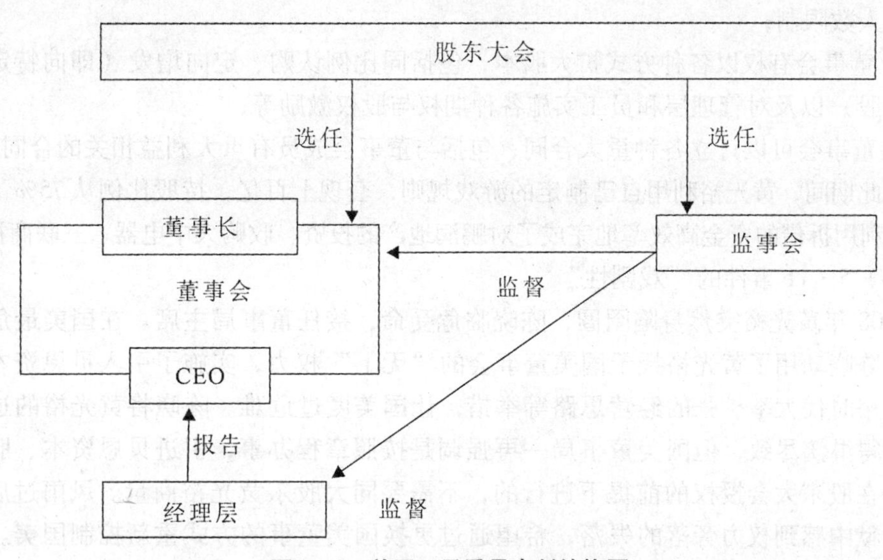

图 1－4 单层二元委员会制结构图

是公司的“宪法”。动议、协议与决议的内容和程序始终是在规则框架的允许下运行。

黄光裕召开临时股东大会的动议是按公司组织章程及《百慕大公司法 1981》做出的。按照《百慕大公司法 1981》规定，国美电器自 8 月 4 日起有不超过 21 天的时间考虑回复这一要求，此后若董事会不召集临时股东大会，黄光裕可召集临时股东大会。黄光裕、陈晓都应该感谢中国香港（国美上市地）和英属百慕大群岛（国美注册地），在其健全的法制体系和资本市场的环境下，这场商战才得以开展。这也会鼓励更多的中国企业重视规则、了解规则和遵守规则。黄光裕、陈晓之争，不会打断家族企业向现代企业制度转型的步伐，相反，它会让人们重视公司法和公司章程，遵守规则，更加科学稳健地进行企业制度转型。

——宁向东（清华大学公司治理研究中心执行主任）

（2）黄光裕“作茧自缚”？——“史上最牛”董事会

国美遵循的是英美法系的董事会中心主义，股东会的权利事实上仅限于公司法和章程明文列举的部分，其他权力都可以默认配置给董事会行使；董事会内部实行经营权与监督权的分离。董事会被赋予很高的权力和责任，这避免了公司大股东经营能力欠缺以及单方面维护大股东利益的弊病。譬如中国香港，对公司的控制及日常管理，通常由公司董事会负责。《香港公司法 1981》在公司机构设计上没有采取完整的分权制衡和权力平衡规则，而是采取董事会中心主义的管理模式，侧重于管理效率。按照《百慕大公司法》规定，董事会有权推荐董事，而不是像内地一样必须由股东大会推荐和决定董事会人选。2004—2006 年，黄光裕个人于国美持股比例，一度超过 75%，是黄光裕绝对控制的时代。正是在这一时期，黄光裕凭借其绝对控股地位，对国美的公司章程进行了多次修改。2006 年，国美电器股东大会对公司章程进行了一次最重大的修改：

a. 董事会可以随时调整董事会结构，无需股东大会批准，可随时任免、增减董事，并不受人数限制；

b. 董事会有权以各种方式扩大股本，包括同比例认购、定向增发（即向特定股东发行新股）以及对管理层和员工实施各种期权与股权激励等；

c. 董事会可以订立各种重大合同，包括与董事会成员有重大利益相关的合同。

在此期间，黄光裕利用自己制定的游戏规则，套现上百亿，持股比例从75%下降至34%，利用拆借的资金高效率地完成了对鹏润地产的投资、收购大中电器、三联商社。

（3）5·11事件的“戏剧性”

2008年黄光裕突然身陷囹圄，陈晓临危受命，接任董事局主席。在国美最危急的时刻，陈晓动用了黄光裕授予国美董事会的“无上”权力，实施了引入贝恩资本、调整黄光裕时代大举扩张的经营思路等举措，让国美度过危难。陈晓将黄光裕的这些政策运用得淋漓尽致，但国美董事局一再强调是按照章程办事，引进贝恩资本、股权激励都是在股东大会授权的前提下进行的，不需要同大股东黄光裕商量。风雨过后，黄光裕在狱中感到权力旁落的失落，希望通过更换国美董事的方式重新控制国美。但陈晓并没有配合黄光裕的请求自动辞职退出，而是选择站在中小股东一边，与管理团队一起坚守董事席位，于是国美帝国的“战争”由此而起。假若当初黄光裕不因一己私利建立了权力结构失衡的国美股东会和董事会，陈晓等管理团队在原则上就没有与持有30%以上股权的大股东较量的机会，命运的确给黄光裕开了一个不大不小的玩笑。图1-5为国美电器总部组织架构图。

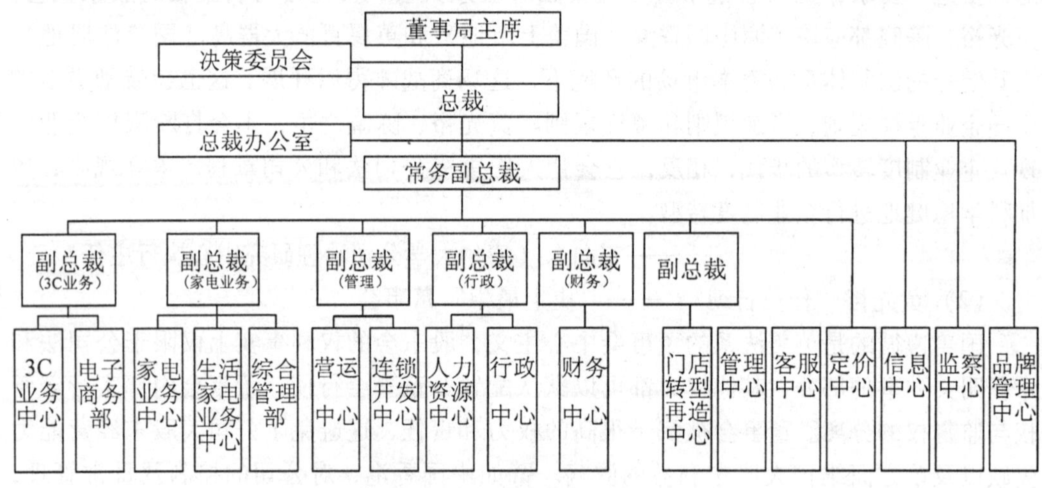

图1-5 国美电器总部组织架构

（4）“独立董事”的失声，是否引入监事会

表1-1为国美电器的董事会成员。

表1-1 国美电器的董事会成员

主席	陈晓
主要股东	黄光裕

表1-1(续)

董事会成员	
陈晓	主席兼执行董事
王俊洲	总裁兼执行董事
孙一丁	副总裁兼执行董事
伍健华	执行董事
魏秋立	执行董事
竺稼	非执行董事
伊恩·安德鲁·雷诺兹(Ian Andrew Reynolds)	非执行董事
王励弘	非执行董事
史习平	独立非执行董事
陈玉生	独立非执行董事
托马斯·约瑟夫·曼宁(Thomas Joseph Manning)	独立非执行董事
董秘	胡家骠

国际上，上市公司独立董事除具备董事的一般职责外，还具备以下四项职责：①确保董事会考虑到所有股东的利益，而非某一特定部分或团体的利益；②就公司战略、业绩、资源等问题做出独立判断并发表意见，包括主要人员的任命和操守标准；③考核董事会和执行董事的表现；④在执行董事可能存在利益冲突时介入。

因此，独立董事的治理作用主要表现在三个方面：第一，强化董事会，包括监督管理者、参与公司战略规划、提出和甄别公司价值判断的标准；第二，评价董事会；第三，促进信息公开。

美国于20世纪90年代率先创造并采用独立董事制度，希望以此来改变经营者决策权力的结构，达到监督、制衡的作用，从而保证经营者不会背离所有者的目标，促进代理与委托双方利益的协调一致，提高运营效益。独立董事（Independent Director），是指独立于公司股东且不在公司内部任职，有权与公司或公司经营管理者没有重要的业务或专业联系，有权对公司事务做出独立判断的董事，包括内部董事和外部董事。但是经各国实践证明，独立董事往往是靠不住的，因为独立董事在利益的漩涡之中，难免不被收买或被利用，一旦独立董事变节，股东的利益就容易受到侵害。中国公司治理结构照搬美国模式，模糊了决策权与执行权之间的分野，在董事会之中既有代表股东的独立董事，也有代表职业经理人的独立董事。在这样混杂的大环境中每个人都心怀鬼胎，相互提防对方侵害自身利益，于是发生了国美这样的事件：董事会可以自己任命董事，在大股东不同意的情况下依然可以引进投资者，通过增资扩股来稀释大股东的股份等事情，三位独立董事却无所作为。

(5) 是否借鉴德国模式，引入监事会

德国公司的治理结构由上而下分别为：股东大会、监事会、董事会。其中监事会虽然有职工代表，但仍主要代表股东的利益。除了煤钢企业存在特殊的平等共决制，即职工代表与股东代表具有相等的共决权外，在其他企业中股东均占据优势地位，这对股东利益无疑是可靠的制度保障。监事会负责审核企业的发展方向、做出重大决策并对董事会进行监督。而董事会则是监事会下属的执行机构，董事和董事长由监事会任命。在董事失职时监事会有权罢免董事、撤换董事长。德国公司的治理结构虽然存在决策效率低下的弊端，但不容易引发股东与职业经理人之间的矛盾，更不可能发生职业经理人驱赶股东这样的怪事。

（6）“管家逼宫东家?”——职业经理人“有多牛”?

a. 职业经理人

职业经理人是什么角色？职业经理人是指在一个所有权、法人财产权和经营权分离的企业中承担法人财产的保值增值责任，全面负责企业经营管理，对法人财产拥有绝对经营权和管理权，由企业在职业经理人市场中聘任，而其自身以受薪、股票期权等主要方式获得报酬的职业化企业经营管理专家。职业经理人最基本的职能是靠自己的知识、创新能力及良好的职业道德来经营企业，为企业创造更多的利润。职业经理人与企业主之间的关系就是企业的保姆与生母之间的关系。然而正像国美一样，并不是所有“生母”与“保姆”之间，都能形成良好的关系。造成这一现象的最主要原因在于信托制度的缺失，这也是中国职业经理人发展滞后的主要原因之一。职业经理人具有信托责任。在现代公司治理结构下产生的委托代理机制，其核心便是信托责任。信托责任是指受托人对委托人负有严格按委托人意愿（而不是自己的）管理财产的责任。委托人基于对受托人的信任，将其财产权委托给受托人进行管理和处置，从而成立信托关系。信托关系由委托人、受托人、受益人三个方面的权利义务构成。一般情况下，委托人和受益人是同一方。上市公司信托的三方分别为股东、企业管理层、股东。信托责任是指企业管理层要全心全意为股东而非管理层自身的利益运作企业资产的责任。这种权利义务关系围绕信托财产的管理和分配而展开。通俗的说：信托责任就是管理层对股东是否忠诚，是否尽到维护股东权益的契约责任。因此，信托责任 = 法律责任 + 道德责任。

b. 舆论大部分站在黄光裕一方

80.7%的受访者认为大股东和职业经理人之间存在信托义务。国美管理层通过联合贝恩资本等海外机构投资者，来对抗黄光裕作为股东的正常控制权，这不仅违背了中国人传统的道德标准，也同样违背了在西方现代市场经济下发展起来的董事/经理行为操守和公司治理原则。中国传统所讲的受人之托、忠人之事和西方现代公司法中的管家原则是一致的。

c. 陈晓表示不为股东负责而要为公司利益负责

而陈晓表示：上市公司董事会成员无论是由谁推荐的，一旦进入董事会必须对所有的股东负责任，不能说谁让去董事会的，就必须代表谁的利益；如果这样，就不具备担任董事的资格。在上市公司里，股东权利不等同于经营管理权，董事会要向全体股东负责，但并不意味着股东可以直接指挥公司，即使是大股东也一样。同时公司利益也不等于股东利益，它还涵盖了管理层、员工、供应商、经销商等的利益，董事会不仅要向股东负责，更要为公司利益负责。

——钱卫清（大成律师事务所高级合伙人）

(7) 内部人控制

内部人控制（Insider Control）由美国斯坦福大学青木昌彦教授于1994年首先提出。内部人控制是在现代企业中的所有权与经营权（控制权）相分离的前提下形成的，由于所有者与经营者利益的不一致，由此导致了经营者控制公司，即“内部人控制”的现象。筹资权、投资权、人事权等都掌握在公司的经营者即内部人手中，股东很难对其行为进行有效的监督。权力过度集中于“内部人”手中，即实际控制权掌握在经理人手里，导致了所有者利益受到不同程度的损害。经理人陈晓便有机会“架空”大股东黄光裕的控制权和监督权。内部人控制具体表现形式有四种，即：权力寻租、侵占资产、合谋行为、短期行为。

(8) 保护中小股东权益与尊重创始股东权益

a. 保护中小股东权益

中国大多数企业（家族企业）的股权都很集中，公司所有权与经营权没有真正地分离，公司的主要控制权在家族成员/国家代理中配置。一股独大导致经营者损害股东的利益，大股东损害小股东的利益。黄光裕在2006年期间不断利用大股东地位未经批准私自套现，因无人监管，致使小股东的利益遭到严重损害。黄光裕、陈晓之战历经两月，国美其被严重低估的股价以及品牌声誉的受损影响等，已经给广大中小股东和投资者造成了损害。

国美必须是中小股东的国美，中小股东的股权占到34.4%。投票结果其实是中小股东的胜利，是中小股东理性的选择，因为黄光裕毕竟身陷囹圄而且陈晓的团队已经“上道”。

b. 尊重创始股东权益

陈晓的逻辑行得通吗？为全体股东负责等于对黄光裕不负责？“管家逼宫东家”由来已久。苹果教父乔布斯曾被董事会踢出公司，美国通用汽车职业经理人斯隆取代创业老板杜兰特，迪士尼大股东聘请首席执行官却被董事反过来“驱逐”了20年。对于创始股东而言，辛辛苦苦打下的江山如何保住？

家族上市公司在世界经济中占有重要位置。世界500强的第一位——沃尔玛是家族企业，500强里面有175家家族企业，美国公开上市公司里面亦有48%是家族企业。无数伟大的公司包括欧莱雅、西门子、家乐福都是家族企业，也许只有家族企业，才能使股东、高管的利益完全一致。国美之所以会引发控制权之争，在于从家族式民营企业向现代公众公司转变过程中带来的不可避免的矛盾。国美之争对于诸多跃跃欲试于资本市场的家族式民营企业而言，是一个很好的教材。

c. 创始股东的自律

从家族企业到上市公司，家族创始人准备好了吗？这里需要在观念与自律、制度与规则等方面进行改变。在观念上，民营企业家必须清楚地认识到公司一旦经由上市变成公众公司，除了获得更多的融资途径之外，也意味着创始股东放弃了对公司的绝对控制权，未来职业经理人、基金经理人的介入不可避免，股权多元化将成为趋势。在公司利益上，放弃将公司作为自家孩子的狭隘观念。黄光裕代表的是传统的家长式管理作风，控制欲过强。从国美的股权结构可以看出，社会公众和其他战略投资人才是公司大股东，创始股东相对来说是小股东。既然为了发展引入了其他股东，就应该为其他股东负责，而且作为一家公众公司，更应顺应时代发展，承担起保护全体利益相关方利益的责任。在自律上，家族创始人要带头守法。如果没有黄光裕触犯国法在先，就不会有国美大战。这一事件不但在警告职业经理人，也在警告民营企业家们要遵纪守法。对于制度与规则，现代公司的治理精神是建立股东会、董事会、监事会的权力制衡机制，在此治理结构下，董事会受股东委托，按照公司法、公司章程之规定行使对公司的管理，接受监事会的监督，对股东负有信托责任。通过公司的基本法——公司章程体现治理精神。大股东需要重视和健全公司章程（公司章程，是指公司依法制定的、规定公司名称、住所、经营范围、经营管理制度以及股东董事会权利义务等重大事项的基本文件）。只要不违反公司法的制度规定，公司章程就可以优先适用，即所有的公司纠纷先依据章程处理。英美以及大陆法系均尊重意思自治。陈晓与黄光裕之争的根源是公司章程的缺陷。国美之争的原因就是公司章程上对一些可预见和不可预见的问题没有做出详尽的处理规范。假如黄光裕之前重视公司章程，有效地设置了保护创始股东有关权利的机制，那么国美之灾或许是可以避免的。这里需要明确的是：①股东会与董事会权利制衡；②董事会授权和架构治理；③尊重和保护创始人（大股东）。

d. 借鉴英美法系默认的惯例

“阳光下的争斗”更加凸显公司章程的重要性。律师在起草公司章程或协议时，总不会忘记加入创始人的保护条款，即创业股东的股权不管被稀释到什么程度，都要占据董事会的多数席位或由其提名的人占据董事会的多数席位；而创始人还可以利用公司所设计的规则防止被恶意收购来予以反击。按照西方国家多年发展形成的游戏规则，管理者很难与创业投资者进行对抗，与国美同样性质的民营企业创始人都需以国美为鉴，以欧美公司为榜样。要想保障一定范围里家族创始人的权限不被削弱，就要在合同条款如公司章程和协议的设计中，体现对自己的保护条款，比如在公司章程里拟定“毒丸计划”设定特殊投票权等。谷歌公司共同创始人佩奇和布林，以及首席执行官施密特持有谷歌公司约 1/3 的股票，但这些股票可不是普通的股票，它们每票拥有 10 票的投票权。如此计算下来，谷歌公司创始团队拥有超过 80% 的投票权。西方的福特家族资料显示，一百多年来，福特为了接纳优秀的管理人才，至今已完全放开管理权，但是，家族的控制权依然没有松动。福特家族成员虽然只持有公司 3. 3% 的股份，但他们持有的是创始人股（B 种股票），因此他们拥有公司发展 40% 的特殊表决权。新希望集团刘永好认为“否决权上收，决策权下放”，创始股东具有“一票否决权”。在董事会授权上，股东大会对董事会的授权必须明确和有所限制：如果授权过宽或不明，则可能导致董事会偏离股东大会的意图而损害股东的利益。国美股东周年大会授予本公司董事配发、发行及处置本公司股份之一般授权，以及董事会依据 20% 的增发授权，这些授权在授权范围和授权期间存在不明确的情形，由此导致陈晓所领导的董事会有了后来的一系列行动。董事会如何获得授权，获得何种授权，在怎样的条件下行使权利，行使权利期限，以及权利行使不当的救济，都应该在公司章程中有详尽明确的规定，否则将可能产生一系列法律风险。就连陈晓也在曾经的一次公开场合透露，会在将来考虑适度修改国美公司章程，因为目前的章程对于大股东、董事会、上市公司三者的权责界定不够清晰。他称，未来会对董事会的权利进行适度控制。

e. 董事会架构治理的“四个如果”

董事会架构治理需要“四个如果”。以黄光裕为主的大股东原先架构的股东会中，多数都是他曾经“信得过”的人物，而不是基于公司治理需要而遴选的董事人员，以致后来出现所谓的“背叛”局面。如果在董事会架构治理这四个方面建立合理机制，就不会出现上述局面。

●如果国美的董事会三分之二成员为外部董事。如新加坡淡马锡公司2006年以前的董事中，只有一名内部董事，其余均为外部董事，且外部董事独立于管理层之外。

●如果国美董事会与经营管理层分层设置，董事长与总裁不是一人。

●如果国美董事会下设常务委员会、执行委员会、审计委员会、薪酬委员会、提名委员会、预算委员会、风险委员会，且委员会的召集人或主任或成员大部分都是独立董事，并保证决策的科学性与专业性。

●如果能够引入监事会对董事会进行监督审查。

家族上市公司需要重新架构股东与职业经理人的关系，尤其要明确股东与职业经理人的法律地位，即将股东定位于出资人、监督人，将职业经理人定位于受托人、经营人。加强股权及其他方面的长期激励，建立一套合理有效的激励机制，既是消除代理人心中不公平之感的有效手段；同时也可以消除代理人心中由不确定而引发的短视利己行为动机，降低代理成本，达到终极目标——没有家族的家族企业。柳传志表示：“家族企业的好处就是这个事业有主人代代往下传，不好之处就是有时候会任人唯亲，有其他弊病，我们要想办法通过制度、文化，通过长期激励，让管理层本身真正以主人的心态工作，联想这样的企业就是想做一个没有家族的家族企业。”在公司利益相关者即股东、经营层、上下游以及政府关系等中的威信及支持，同样也发挥着重要作用。比如柳传志在联想只有1%的股份，但他赢得了上至中科院大股东、下至管理层的支持，一直是联想真正的控制人。

——秦合舫（清华大学经管学院领导力研究中心）

二、作业与练习题

（一）单项选择题

1. 企业投资可以分为广义投资和狭义投资，狭义的投资仅指（　　）。

   A. 固定资产投资　　　　B. 证券投资

   C. 对内投资　　　　D. 对外投资

2. 企业分配活动有广义和狭义之分，狭义的分配仅指对（　　）。

   A. 收入分配　　　　B. 利润分配

   C. 工资分配　　　　D. 向投资者进行利润分配

3. 能够较好地反映企业价值最大化目标实现程度的指标是（　　）。

   A. 税后净利　　　　B. 净资产收益率

C. 每股市价　　D. 剩余收益

4. 企业财务目标，每股利润最大化较之利润最大化的优点在于（　　）。

A. 考虑了资金时间价值因素　　B. 反映了创造利润与投入资本的关系

C. 考虑了风险因素　　D. 能够避免企业的短期行为

5. 下列选项中，（　　）是我国企业财务管理的基本目标。

A. 企业价值最大化　　B. 资本利润率最大化

C. 利润最大化　　D. 每股利润最大化

6. 下面（　　）的利率，在没有通货膨胀的情况下，可视为纯利率。

A. 国库券　　B. 公司债券　　C. 银行借款　　D. 金融债券

7. 企业经营而引起的财务活动是（　　）。

A. 投资活动　　B. 筹资活动

C. 资金营运活动　　D. 分配活动

8. 下列各项中，（　　）是影响企业财务管理的最主要的环境因素。

A. 法律环境　　B. 经济环境

C. 金融环境　　D. 企业内部环境

9. 在市场经济条件下，财务管理的核心是（　　）。

A. 财务预测　　B. 财务决策　　C. 财务控制　　D. 财务预算

10. 企业价值最大化目标强调的是企业的（　　）。

A. 实际利润额　　B. 实际投资利润率

C. 预期获利能力　　D. 实际投入资金

11. 以企业价值最大化作为财务管理的目标存在的问题有（　　）。

A. 没有考虑资金的时间价值

B. 没有考虑投资的风险价值

C. 容易引起企业的短期行为

D. 企业的价值难以确定

（二）多项选择题

1. 相对于其他企业而言，公司制企业的优点是（　　）。

A. 股东人数不受限制　　B. 筹资便利

C. 承担有限责任　　D. 利润分配不受任何限制

2. 纯利率的高低受以下因素的影响（　　）。

A. 通货膨胀　　B. 资金供求关系

C. 平均利润率　　D. 国家调节

3. 企业投资报酬率的构成内容有（　　）。

A. 平均资金利润率　　B. 货币时间价值率

C. 通货膨胀补偿率　　D. 风险报酬率

4. 企业目标对财务管理的主要要求是（　　）。

A. 以收抵支，到期偿债，减少破产风险

B. 增加收入，降低成本，使企业获利

C. 筹集企业发展所需资金

D. 合理、有效地使用资金，使企业获利

5. 股东通过经营者伤害债权人利益的常用方式是（ ）。

A. 不经债权人的同意，投资于比债权人预期风险要高的新项目

B. 不顾工人的健康和利益

C. 不征得债权人同意而发行新债

D. 不是尽最大努力去实现企业财务管理目标

6. 企业资金的特点有（ ）。

A. 处于再生产过程中 B. 必须以货币形态存在

C. 以货币或实物形态存在 D. 体现为实物的价值方面

7. 一般而言，资金的利率的组成因素包括（ ）。

A. 纯利率 B. 违约风险报酬率

C. 流动性风险报酬率 D. 期限风险报酬率

8. 下列经济行为中，属于企业投资活动的有（ ）。

A. 企业购置无形资产 B. 企业提取盈余公积金

C. 支付股息 D. 企业购买股票

9. 影响财务管理的主要金融环境因素有（ ）。

A. 企业组织形式 B. 金融市场

C. 利息率 D. 金融机构

10. 风险报酬率主要包括（ ）。

A. 违约风险报酬率 B. 流动性风险报酬率

C. 期限风险报酬率 D. 通货膨胀风险报酬率

11. 所有者与债权人的矛盾解决方式有（ ）。

A. 解聘 B. 限制性借款

C. 收回借款 D. 激励

12. 我国曾于1996年发行10年期、利率为11.83%的可上市流通的国债。你认为决定其票面利率水平的主要因素有（ ）。

A. 纯利率 B. 通货膨胀补偿率

C. 流动性风险报酬率 D. 违约风险报酬率

E. 期限风险报酬率

13. 利润最大化目标的缺点是（ ）。

A. 没有考虑所获利润和投入资本额的关系

B. 没有考虑利润的取得时间

C. 没有考虑获取利润和所承担风险的大小

D. 容易产生追求短期利润的行为

（三）判断题

1. 金融市场利率波动与通货膨胀有关，后者起伏不定，利率也随之起落。（ ）

2. 企业价值最大化直接反映了企业所有者的利益，它与企业经营者没有直接的利益关系。（　　）

3. 财务管理的主要内容是投资、筹资和股利分配，因此，财务管理一般不会涉及成本问题。（　　）

4. 短期证券市场由于交易对象易于变成货币或作为货币使用，所以也称资本市场。（　　）

5. 金融市场是以货币为交易对象的市场。（　　）

6. 财务管理的核心工作环节是财务预测。（　　）

7. 利润额可以反映企业价值最大化目标的实现程度。（　　）

8. 从资金的借贷关系看，利率是一定时期运用资金资源的交易价格。（　　）

9. 接收是一种通过所有者约束经营者的办法。（　　）

10. 期限性风险报酬率是为了弥补因债务人无法按时还本付息而带来的风险，由债权人要求提高的利率。（　　）

11. 企业与政府之间的财务关系体现为一种投资与受资关系。（　　）

12. 金融市场利率波动与通货膨胀有关，后者起伏不定，利率也随之而起落。（　　）

第二章　财务管理的价值观念

一、教学案例

【案例一】YD 公司的债务偿还

2001 年年初，YD 公司计划从银行获取 1 000 万元贷款，贷款的年利率为 10%，贷款期限 10 年；银行提出四种还款方式让公司自行选定，以便签订借款合同。

这四种贷款偿还方式为：

每年只付利息，债务期末一次付清本金；

全部本息到债务期末一次付清；

在债务期间每年均匀偿还本利和；

在债期过半后，每年再均匀偿还本利和。

思考题：

假如你是公司的总经理，你将选用哪种还款方式来偿还贷款？为什么？在何种情况下企业负债经营才是有利的？

【案例二】瑞士田纳西镇巨额账单案例

如果你突然收到一张事先不知道的 1 260 亿美元的账单，你一定会大吃一惊。而这样的事件却发生在瑞士田纳西镇的居民身上。纽约布鲁克林法院判决田纳西镇应向美国投资者支付这笔钱。最初，田纳西镇的居民以为这是一件小事，但当他们真正收到账单时，他们被这张巨额账单惊呆了。他们的律师指出，若高级法院支持这一判决，那么为偿还债务，所有田纳西镇的居民在其余生中不得不靠吃麦当劳等廉价快餐度日。

田纳西镇的问题源于1966年的一笔存款。斯兰黑不动产公司在内部交换银行（田纳西镇的一个银行）存入一笔6亿美元的存款。存款协议要求银行按每周1%的利率（复利）付息（难怪该银行第二年破产!）。1994年，纽约布鲁克林法院作出判决：从存款日到田纳西镇对该银行进行清算的7年中，这笔存款应按每周1%的复利计息，而在银行清算后的21年中，每年按8.54%的复利计息。

思考题：

1. 请用你学的知识说明1 260亿美元是如何计算出来的?

2. 如利率为每周1%，按复利计算，6亿美元增加到12亿美元需多长时间？增加到1 000亿美元需多少时间?

3. 本案例对你有何启示?

【案例三】博彩奖金的转换决定：西格资产理财公司的案例

1987年，罗莎琳德·珊琪菲尔德（Rosalind Setchfield）赢得了一项总价值超过130万美元的大奖。在以后20年中，每年她都会收到65 276.79美元的分期付款。1995年，珊琪菲尔德女士接到了位于佛罗里达州西部棕榈市的西格资产理财公司（Singer Asset Finance Company）的一位销售人员打来的电话，称该公司愿立即付给她140 000美元以获得今后9年其博彩奖支票的一半款项（也就是，现在的140 000美元换算以后，9年共32 638.39美元×9=293 745.51美元的分期付款）。西格公司是一个奖金经纪公司，其职员的主要工作就是跟踪类似珊琪菲尔德女士这样的博彩大奖获得者。公司甚至知道有许多人会急于将他们获得奖项的部分马上全部变现成一笔大钱。西格公司是年营业收入高达7亿美元的奖金经纪行业中的一员，它和伍德步里奇·斯特林公司（Woodbridge Sterling Capital）目前占据了行业中80%的业务。类似西格这样的经纪公司将它们收购的目的是获得未来现金流的权利再转售给一些机构投资者以获取利益，诸如美国太阳公司（Sun America）或是约翰·汉考克共同生命保险公司（John Hancock MutualLife Insurance Co.）。本案例中，购买这项权利的是金融升级服务集团（Enhance Financial Servic Group，EFSG），它是一家从事纽约州的市政债券的再保险公司。西格公司已谈好将它领取珊琪菲尔德一半奖金的权利以196 000美元的价格卖给了EFSG公司，如果珊琪菲尔德答应公司的报价，公司就能马上赚取56 000美元。最终珊琪菲尔德接受报价，交易达成。

思考题：

为何西格公司能安排这笔交易并立即获得56 000美元的利润呢?

二、作业与练习题

（一）单项选择题

1. 表示资金时间价值的利息率是（　　）。

A. 银行同期贷款利率　　B. 银行同期存款利率

B. 社会资金平均利润率　　D. 加权资本成本率

2. 若复利终值经过6年后变为本金的2倍，每半年计息一次，则年实际利率应为（　）。

A. 16.5%　　B. 14.25%　　C. 12.25%　　D. 11.90%

3. 某人从第四年开始每年年末存入2 000元，连续存入7年后，于第十年年末取出，若利率为10%，问相当于现在存入多少钱？（　）

A. 6 649.69元　　B. 7 315元　　C. 12 290元　　D. 9 736元

4. A方案在三年中每年年初付款100元，B方案在三年中每年年末付款100元，若年利率为10%，则二者之间在第三年年末时的终值之差为（　）。

A. 31.3元　　B. 131.3元　　C. 133.1元　　D. 33.1元

5. 某企业年初借得50 000元贷款，10年期，年利率12%，每年年末等额偿还。已知年金现值系数（P/A，12%，10）=5.650 2，则每年应付金额为（　）元。

A. 8 849　　B. 5 000　　C. 6 000　　D. 28 251

6. 在下列各项年金中，只有现值没有终值的年金是（　）。

A. 普通年金　　B. 即付年金　　B. 永续年金　　D. 先付年金

7. 当利息在一年内复利两次时，其实际利率与名义利率之间的关系为（　）。

A. 实际利率等于名义利率　　B. 实际利率大于名义利率

C. 实际利率小于名义利率　　D. 两者无显著关系

8. 以下不属于年金收付方式的有（　）。

A. 分期付款

B. 发放养老金

C. 开出支票足额支付购入的设备款

D. 每年的销售收入水平相同

9. 不影响递延年金的终值计算的因素有（　）。

A. 期限　　B. 利率　　C. 递延期　　D. 年金数额

10. 企业发行债券，在名义利率相同的情况下，对其最不利的复利计息期是（　）。

A. 1年　　B. 半年　　B. 1季　　D. 1月

11. 某人年初存入银行1 000元，假设银行按每年10%的复利计息，每年年末取出200元，则最后一次能够足额（200元）提款的时间是（　）。

A. 5年　　B. 8年年末　　C. 7年　　D. 9年年末

12. 在复利条件下，已知现值、年金和贴现率，求计算期数，应先计算（　）。

A. 年金终值系数　　B. 年金现值系数

C. 复利终值系数　　D. 复利现值系数

13. 为在第5年获本利和100元，若年利率为8%，每3个月复利一次，求现在应向银行存入多少钱，下列算式正确的是（　）。

A. $P=100\times(1+8\%)^{5}$　　B. $P=100\times(1+8\%)^{-5}$

C. $P=100\times(1+8\%/4)^{5\times4}$　　D. $P=100\times(1+8\%/4)^{-5\times4}$

14. 甲方案在三年中每年年初付款 500 元，乙方案在三年中每年年末付款 500 元，若利率为 10%，则两个方案第三年年末时的终值相差（　　）。

A. 105 元　　B. 165. 50 元　　C. 665. 50 元　　D. 505 元

15. 以 10% 的利率借得 50 000 元，投资于寿命期为 5 年的项目，为使该投资项目成为有利的项目，每年至少应收回的现金数额为（　　）元。

A. 10 000　　B. 12 000　　C. 13 189　　D. 8 190

16. 投资者由于冒风险进行投资而获得的超过资金价值的额外收益，称为投资的（　　）。

A. 时间价值率　　B. 期望报酬率

C. 风险报酬率　　D. 必要报酬率

17. 一项 500 万元的借款，借款期 5 年，年利率为 8%，若每年半年复利一次，年实际利率会高出名义利率（　　）。

A. 4%　　B. 0. 24%　　C. 0. 16%　　D. 0. 8%

18. 企业某新产品开发成功的概率为 80%，成功后的投资报酬率为 40%，开发失败的概率为 20%，失败后的投资报酬率为 -100%，则该产品开发方案的预期投资报酬率为（　　）。

A. 18%　　B. 20%　　C.12%　　D. 40%

19. 表示资金时间价值的利息率是（　　）。

A. 银行同期贷款利率

B. 银行同期存款利率

C. 没有风险和没有通货膨胀条件下社会资金平均利润率

D. 加权资本成本率

20. 投资者甘冒风险进行投资的诱因是（　　）。

A. 可获得投资收益　　B. 可获得时间价值回报

C. 可获得风险报酬率　　D. 可一定程度抵御风险

21. 从财务的角度来看风险主要指（　　）。

A. 生产经营风险　　B. 筹资决策带来的风险

C. 无法达到预期报酬率的可能性　　D. 不可分散的市场风险

22. 当银行利率为 10% 时，一项 6 年后付款 800 元的购货，若按单利计息，相当于第一年年初一次现金支付的购价为（　　）元。

A. 451. 6　　B. 500　　C. 800　　D. 480

23. 有甲、乙两台设备可供选用，甲设备的年使用费比乙设备低 2 000 元，但价格高于乙设备 8 000 元。若资本成本为 10%，甲设备的使用期应长于（　　）年，选用甲设备才是有利的。

A. 4　　B. 5　　C. 4. 6　　D. 5. 4

24. 某企业拟建立一项基金，每年年初投入 100 000 元，若利率为 10%，五年后该项资本本利和将为（　　）元。

A. 671 600　　B. 564 100　　C. 871 600　　D. 610 500

25. 假如企业按 12% 的年利率取得贷款 200 000 元，要求在 5 年内每年年末等额偿还，每年的偿付额应为（　　）元。

A. 40 000　　B. 52 000　　C. 55 482　　D. 64 000

26. 若使复利终值经过 4 年后变为本金的 2 倍，每半年计息一次，则年利率应为（　　）。

A. 18. 10%　　B. 18. 92%　　C. 37. 84%　　D. 9. 05%

27. 对于多方案择优，决策者的行动准则应是（　　）。

A. 选择高收益项目

B. 选择高风险高收益项目

C. 选择低风险低收益项目

D. 权衡期望收益与风险，而且还要视决策者对风险的态度而定

28. 从第一期起、在一定时期内每期期初等额收付的系列款项是（　　）。

A. 先付年金　　B. 后付年金　　C. 递延年金　　D. 普通年金

29. 普通年金现值系数的倒数称为（　　）。

A. 复利现值系数　　B. 普通年金终值系数

C. 偿债基金系数　　D. 资本回收系数

30. 大华公司于 2000 年年初向银行存入 5 万元资金，年利率为 8%，每半年复利一次，则第 10 年年末大华公司可得到本利和为（　　）万元。

A. 10　　B. 8.96　　C. 9　　D. 10.96

31. x 方案的标准离差是 1.5，y 方案的标准离差是 1.4，如 x、y 两方案的期望值相同，则两方案的风险关系为（　　）。

A. x > y　　B. x < y　　C. 无法确定　　D. x = y

32. 某校准备设立永久性奖学金，每年计划颁发 36 000 元奖金，若年复利率为 12%，该校现在应向银行存入（　　）元本金。

A. 450 000　　B. 300 000　　C. 350 000　　D. 360 000

33. 王某退休时有现金 5 万元，拟选择一项回报比较稳定的投资，希望每个季度能获得收入 1 000 元补贴生活。那么，该项投资的实际报酬率应为（　　）。

A. 8. 24%　　B. 4%　　C. 2%　　D. 10. 04%

34. 有一项年金，前两年无流入，后五年每年年初流入 300 万元，假设年利率为 10%，其现值为（　　）万元。

A. 987. 29　　B. 854. 11　　C. 1 033. 92　　D. 523. 21

（二）多项选择题

1. 递延年金具有下列特点（　　）。

A. 第一期没有收支额

B. 其终值大小与递延期长短有关

C. 其现值大小与递延期长短有关

D. 计算现值的方法与普通年金相同

2. 在（　　）情况下，实际利率等于名义利率。

A. 单利　　B. 复利

C. 每年复利计息次数为一次　　D. 每年复利计息次数大于一次

3. 下列各项中，可以用来衡量投资决策中项目风险的有（　　）。

A. 报酬率的期望值

B. 各种可能的报酬率的离散程度

C. 预期报酬率的方差

D. 预期报酬率的标准离差

E. 预期报酬率的标准离差率

4. 下列各项中，属于必要投资报酬的构成内容的有（　　）。

A. 无风险报酬　　B. 通货膨胀补贴

C. 资本成本　　D. 风险报酬

5. 下列属于即付年金终值系数的指标有（　　）。

A. $\frac{(1+i)^{n}-1}{i}\times(1+i)$　　B. $\frac{1-(1+i)^{-n}}{i}\times(1+i)$

C. $\frac{(1+i)^{n+1}-1}{i}-1$　　D. $\frac{1-(1+i)^{-(n-1)}}{i}+1$

6. 下列属于导致企业经营风险的因素包括（　　）。

A. 市场销售带来的风险

B. 生产成本因素产生的风险

C. 原材料供应地的政治经济情况变动带来的风险

D. 生产组织不合理带来的风险

7. 对于资金时间价值概念的理解，下列表述正确的有（　　）。

A. 货币只有经过投资和再投资才会增值，不投入生产经营过程的货币不会增值

B. 一般情况下，资金的时间价值应按复利方式来计算

C. 资金时间价值不是时间的产物，而是劳动的产物

D. 不同时期的收支不宜直接进行比较，只有把它们换算到相同的时间基础上，才能进行大小的比较和比率的计算

8. 计算普通年金现值所必需的资料有（　　）。

A. 年金　　B. 终值　　C. 期数　　D. 利率

9. 下列说法不正确的有（　　）。

A. 风险越大投资人获得的投资收益就越高

B. 风险越大，意味着损失越大

C. 风险是客观存在的，投资人是无法选择是否承受风险

D. 由于通货膨胀会导致市场利率变动，企业筹资成本就会加大，所以由于通货膨胀而给企业带来的风险是财务风险即筹资风险

10. 风险与报酬的关系可表述为（　　）。

A. 风险越大，期望报酬越大

B. 风险越大，期望投资报酬越小

C. 风险越大要求的收益越高

D. 风险越大，获得的投资收益越小

11. 下列可视为永续年金例子的有（ ）。

A. 零存整取

B. 存本取息

C. 利率较高、持续期限较长的等额定期的系列收支

D. 整存整取

12. 下列关于年金的表述中，正确的有（　　）。

A. 年金既有终值又有现值

B. 递延年金是第一次收付款项发生的时间在第二期或第二期以后的年金

C. 永续年金是特殊形式的普通年金

D. 永续年金是特殊形式的即付年金

13. 若甲的期望值高于乙的期望值，且甲的标准离差小于乙的标准离差，下列表述不正确的有（　　）。

A. 甲的风险小，应选择甲方案

B. 乙的风险小，应选择乙方案

C. 甲的风险与乙的风险相同

D. 难以确定，因期望值不同，需进一步计算标准离差率

14. 下列表述正确的有（　　）。

A. 当利率大于零，计息期一定的情况下，年金现值系数一定都大于1

B. 当利率大于零，计息期一定的情况下，年金终值系数一定都大于1

C. 当利率大于零，计息期一定的情况下，复利终值系数一定都大于1

D. 当利率大于零，计息期一定的情况下，复利现值系数一定都小于1

15. 某公司向银行借入12 000元，借款期限为3年，每年的还本付息额为4 600元，则借款利率为（　　）。

A. 小于6%　　B. 大于8%　　C. 大于7%　　D. 小于8%

16. 无风险投资项目的投资报酬具有的特征有（　　）。

A. 预计收益仍然具有不确定性

B. 预计收益具有确定性

C. 预计收益与投资时间长短相关

D. 预计收益按市场平均收益率来确定

17. 资金时间价值可以用（　　）来表示。

A. 纯利率

B. 社会平均资金利润率

C. 通货膨胀率极低情况下的国债利率

D. 不考虑通货膨胀下的无风险报酬率

18. 下列说法中，正确的有（　　）。

A. 复利终值系数和复利现值系数互为倒数

B. 普通年金终值系数和普通年金现值系数互为倒数

C. 普通年金终值系数和偿债基金系数互为倒数

D. 普通年金现值系数和资本回收系数互为倒数

19. 下列选项中，（　　）可以视为年金的形式。

A. 直线法计提的折旧　　B. 租金

C. 利滚利　　D. 保险费

20. 按风险形成的原因，企业特有风险可划分为（　　）。

A. 经营风险　　B. 市场风险

C. 可分散风险　　D. 财务风险

21. 下列选项中，既有现值又有终值的是（　　）。

A. 复利　　B. 普通年金　　C. 先付年金　　D. 永续年金

22. 一般而言，影响市场利率的因素有（　　）。

A. 时间价值　　B. 风险价值　　C. 通货膨胀　　D. 流动性

（三）判断题

1. 普通年金与先付年金的区别仅在于年金个数的不同。（　　）

2. 资金时间价值是指在没有风险和没有通货膨胀条件下的社会平均资金利润率。（　　）

3. 在一年内计息多次时，实际利率要高于名义利率。（　　）

4. 凡一定时期内每期都有收款或付款的现金流量，均属于年金问题。（　　）

5. 在利率同为10%的情况下，第10年年末的1元复利终值系数小于第11年年初的1元复利终值系数。（　　）

6. 银行存款利率、贷款利率、各种债券利率、股票的股利率都可以看作资金的时间价值率。（　　）

7. 一项借款期为5年，年利率为8%的借款，若半年复利一次，其年实际利率会高出名义利率0.21%。（　　）

8. 一般说来，资金时间价值是指没有通货膨胀条件下的投资报酬率。（　　）

9. 所有的货币都具有时间价值。（　　）

10. 当年利率为12%时，每月复利一次，即12%为名义利率，1%为实际利率。（　　）

11. 永续年金既有终值又有现值。（　　）

12. 从财务角度讲，风险主要是指达到预期报酬的可能性。（　　）

13. 在终值和计息期一定的情况下，贴现率越低，则复利现值越小。（　　）

14. 6年分期付款购物，每年年初付款500元，设银行存款利率为10%，该项分期付款相当于现在一次现金支付的购价是2 395.42元。（　　）

15. 两个方案相比较时，标准离差率越大，说明风险越大。（　　）

16. 当利率大于零，计息期一定的情况下，年金现值系数一定大于1。（　　）

17. 在利率和计息期相同的条件下，复利现值系数与复利终值系数互为倒数。（　）

18. 风险与收益是对等的，风险越大收益的机会越多，期望的收益率就越高。（　）

19. 一项借款的利率为 10%，期限为 7 年，其资本回收系数则为 0.21。（　）

20. 无论各投资项目报酬率的期望值是否相同，都可以采用标准离差来比较其风险程度。（　）

21. 从量的规定性看，资金时间价值是无风险无通货膨胀条件下的均衡点利率。（　）

22. 年金是指每隔一年、金额相等的一系列现金流入或流出量。（　）

23. 在利息不断资本化的条件下，资金时间价值的计算基础应采用复利。（　）

24. 即付年金和普通年金的区别在于计息时间与付款方式的不同。（　）

25. 在现值和利率一定的情况下，计息期数越少，则复利终值越大。（　）

26. 在实务中，当说到风险时，可能指的是确切意义上的风险，但更可能指的是不确定性，二者不作区分。（　）

27. 风险报酬率是指投资者因冒风险进行投资而获得的额外报酬率。（　）

28. 财务风险是由通货膨胀而引起的风险。（　）

（四）计算分析题

1. 某人在 5 年后需用现金 50 000 元，如果每年年末存款一次，在利率为 10% 的情况下，则此人每年年末需存现金多少元？若在每年年初存入应存入多少？

2. 某企业于第六年年初开始每年等额支付一笔设备款项 2 万元，连续支付 5 年，在利率为 10% 的情况下，则现在一次应支付多少？该设备在第 10 年年末的总价又为多少？

3. 某公司拟购置一台设备，目前有 A、B 两种可供选择，A 设备的价格比 B 设备高 50 000 元，但每年可节约维修保养费用 10 000 元。假定 A 设备的经济寿命为 6 年，利率为 10%，该公司在 A、B 两种设备必须择一的情况下，应选择哪一种设备？

4. 一个男孩今年 11 岁，在他 5 岁生日时，收到一份外祖父送的礼物，这份礼物是以利率为 5% 的复利计息的 10 年到期的债券。男孩父母计划在其 19、20、21、22 岁生日时，各用 3 000 元资助他的大学学习。为了实现这个计划，外祖父的礼物债券到期后，其父母将其重新投资，除了这笔投资外，其父母在孩子 12 ~ 18 岁生日时，每年还需进行多少投资才能完成其资助孩子的教育计划？设所有将来的投资利润率均为 6%。

5. 某项投资的资产利润率概率估计情况见表 2 – 1。

表 2 – 1　　投资的资产利润率概率估计

可能出现的情况	概率	资产利润率
经济状况好	0.3	20%
经济状况一般	0.5	10%
经济状况差	0.2	–5%

假定企业无负债，且所得税率为40%。

要求：

（1）计算资产利润率的期望值；

（2）计算资产利润率的标准离差；

（3）计算税后资本利润率的标准离差；

（4）计算资产利润率的标准离差率。

（计算结果保留两位小数，两位后四舍五入）

6. 某公司拟购置一处房产，房主提出两种付款方案：

（1）从现在起，每年年初支付20万元，连续支付10次，共200万元；

（2）从第5年开始，每年年初支付25万元，连续支付10次，共250万元。

假设该公司的资金成本率（即最低报酬率）为10%，你认为该公司应选择哪个方案。

7. 某企业向保险公司借款，预计10年后还本付息总额为200 000元，为归还这笔借款，拟在各年年末提取相等数额的基金。假定银行的借款利率为12%，请计算年偿债基金额。

8. 某企业于第一年年初借款10万元，每年年末还本付息额均为2万元，连续8年还清。请计算借款利率。

9. 某企业拟购买设备一台以更新旧设备，新设备价格较旧设备价格高出12 000元，但每年可节约动力费用4 000元，若利率为10%，请计算新设备应至少使用多少年对企业才有利。

10. 某企业准备投资开发一新产品，现有三个方案可供选择，根据市场预测列表2－2，请计算三个方案的期望值、标准差和标准离差率并进行风险的比较分析。

表2－2　　　　新产品预期收益情况

市场状况	发生概率	预计年收益率		
		A方案	B方案	C方案
繁荣	0.30	30%	40%	50%
一般	0.50	15%	15%	15%
衰退	0.20	0	－15%	－30%

11. 某人在2002年1月1日存入银行1 000元，年利率为10%。

要求计算：

（1）每年复利一次，2005年1月1日存款账户余额是多少？

（2）每季度复利一次，2005年1月1日存款账户余额是多少？

（3）若1 000元，分别在2002年、2003年、2004年和2005年1月1日存入250元，仍按10%利率，每年复利一次，求2005年1月1日存款账户余额？

（4）假定分4年存入相等金额，为了达到第一问所得到的账户余额，每期应存入多少金额？

12. 假定A公司贷款1 000元，必须在未来3年每年年底偿还相等的金额，而银行按贷款余额的6%收取利息。请你编制如下的还本付息表2-3（保留小数点后2位）。

表2-3 还本付息表

年度	支付额	利息	本金偿还额	贷款金额
1				
2				
3				
合计				

13. 某人六年后准备一次性付款180万元购买一套住房，他现在已经积攒了70万元，若折现率为10%，为了顺利实现购房计划，他每年还应积攒多少钱？

14. 某人每年年初存入银行50元，银行存款利息率为9%。

要求：计算第9年年末的本利和为多少？

15. 无风险报酬率为7%，市场上所有证券的平均报酬率为13%，现有A、B两种证券，相应的β系数分别为1.5和1.0。

要求：计算上述两种证券各自的必要报酬率。

专题二　财务分析与计划工具

第三章　财务分析

一、教学案例

【案例一】2009年中化平原化工有限公司财务报表分析

（一）中化平原化工有限公司的基本情况

中化平原化工有限公司是由中化化肥有限公司控股的百万吨级大型氮肥生产企业。公司位于山东省平原县龙门经济开发区，占地面积2 256亩（1亩≈666.67平方米，全书同），资产28亿元，员工3 300余人。

公司原名为德齐龙化工集团，于2008年6月17日与中化化肥有限公司签订了股权转让协议，正式更名为中化平原化工有限公司。

公司属国家大型一档企业、山东省200家重点工业企业之一、德州市5家重点骨干企业之一、平原县重点骨干企业，先后获得“山东省化肥行业企业创新先进单位”、“山东省金融系统‘AAA’级企业”、“全国小氮肥市场综合占有率前10位”等荣誉称号。

以下对其前身德齐龙化工公司和中化化肥控股有限公司情况作简要介绍：

1. 德齐龙化工公司的基本情况

德齐龙化工是民营化公司。公司法人代表、党委书记于建华，公司注册资本5 100万元，其中刘方军出资占比44.13%、李景云出资占7.28%、王秀玲出资占2.43%、王永生等47个自然人出资占比46.6%。公司拥有在职职工2 800人。其业务范围属化学肥料制造业，主导产品为尿素、碳酸氢铵、氨醇、甲醇和三聚氰胺等，年设计生产氨醇90万吨、尿素80万吨、碳酸氢铵28万吨、甲醇30万吨，三聚氰胺1.8万吨。2007年实现利润总额19 000万元，较上年度减少9 021万元。2008年1—5月，因德齐龙化工仅有一分厂正常生产，二、三分厂尚未开工，仅实现销售收入4 652万元、利润总额为－1 893万元，较上年同期下降幅度较大。2008年5月末，由于受部分分厂停产的影响，各项周转指标、盈利指标均低于行业平均值；资产负债率高于行业平均值，但流动比率、速动比率均低于行业平均值。

2. 中化化肥控股有限公司基本情况

中化化肥控股有限公司（简称“中化化肥”，前身为“中化中国香港控股有限公司”）系中国中化集团公司的核心企业，是中国最大的产供销一体化经营的综合型化肥企业及中国农资行业的龙头企业。公司于2005年7月成功收购中化化肥控股有限公司[China Fertilizer (Holdings) Company Limited]及其附属公司（“化肥集团”）后在中国香港联合交易所挂牌上市（股票代码：00297），是中国化肥行业首家在中国香港上市的企业。中化化肥业务范围涵盖化肥研发、生产、进出口及分销等各个环节，其主要业务包括化肥原材料和化肥成品的生产、进出口、分销、零售以及与化肥相关的业务和产品的技术研发与服务。公司现参控股国内十余家化肥生产企业，氮、磷、钾、复合肥全系列肥料总生产能力接近800万吨；在全国设立销售分公司17家，分销中心1 700家，年化肥销售量1 500万吨以上。“中化”品牌是唯一在“商品”和“服务”两个领域入选“中国驰名商标”的农资品牌。中化化肥的母公司——中国中化集团公司成立于1950年，是国务院国资委直接管理的国有重要骨干企业之一，先后17次入围全球500强企业，在2007年发布的排行榜中名列第299位，在贸易类企业中位列第5。中化化肥一贯追求企业持续稳定快速发展，为股东创造价值和回报，并注重履行社会责任。根据2008年的业绩表现，中化化肥是中国最大的化肥分销商、中国最大的进口化肥产品供应商、中国最大的化肥生产商之一。

（二）资产负债表（见表3-1）

表3-1　　中化平原化工有限公司资产负债表　　单位：元

项目名称	年初数	本期数	负债及股东权益	年初数	本期数
货币资金	1 179.00	1 610.00	短期借款	88 577.00	80 300.00
短期投资	0	0	应付票据	0	21 297.00
应收票据	0	0	应付账款	45 676.00	30 578.00
应收股利	0	0	预收账款	5 560.00	4 691.00
应收利息	0	0	应付工资	5 494.00	4 703.00
应收账款	804	329	应付福利费	0	0
其他应收款	21 459.00	38 801.00	应付利润	0	0
预付账款	11 338.00	14 011.00	应交税金	31 224.00	27 011.00
存货	10 467.00	12 214.00	其他应交款	0	0
其他流动资产	0	0	其他应付款	16 610.00	16 733.00
流动资产合计	45 247.00	66 965.00	一年内到期的长期负债	7 358.00	3 080.00
长期投资	3 500.00	3 500.00	其他流动负债	0	874.00
其中：长期股权投资	3 500.00	3 500.00	流动负债合计	200 499.00	189 267.00
长期债权投资	0	0	长期借款	5 382.00	48 332.00
长期投资合计	3 500.00	3 500.00	应付债券	0	0
固定资产原值	134 670.00	181 683.00	长期应付款	0	1 000.00
减：累计折旧	0	0	其他长期负债	0	930.00
固定资产净值	134 670.00	181 683.00	长期负债合计	5 382.00	50 262.00

表3-1(续)

项目名称	年初数	本期数	负债及股东权益	年初数	本期数
固定资产净额	134 670.00	181 683.00	递延税款贷项	0	0
固定资产清理	0	0	负债合计	205 881.00	239 529.00
工程物资	938.00	0	少数股东权益 *	0	0
在建工程	65 084.00	29 775.00	实收资本（股本）	30 000.00	30 000.00
固定资产合计	200 692.00	211 458.00	法人资本	30 000.00	30 000.00
无形资产	3 412.00	3 343.00	其中：国有法人资本	30 000.00	30 000.00
递延资产及待摊费用	4 186.00	3 892.00	资本公积	2 000.00	2 000.00
其他长期资产	0	0	盈余公积	15 182.00	15 182.00
无形资产及其他资产合计	7 598.00	7 235.00	未分配利润	7 273.00	6 128.00
递延税款借项	3 299.00	3 681.00	所有者权益合计	54 455.00	53 310.00
资产总计	260 336.00	292 839.00	负债及所有者权益总计	260 336.00	292 839.00

（三）比较财务报表（从绝对数的角度，进行动态分析）（见表3-2）

表3-2　　中化平原化工有限公司比较财务报表　　单位：元

项目	2005年	2006年	2007年	增长	2008年5月
一、资产总额	174 201.00	221 516.00	231 522.00	4.52%	204 712.00
1. 流动资产	76 527.00	73 231.00	61 446.00	-16.09%	35 356.00
其中：货币资金	35 936.00	38 549.00	30 064.00	-22.01%	10 276.00
应收票据	1 421.00	1 115.00	1 638.00	46.90%	777
存货	5 492.00	11 370.00	7 358.00	-35.295%	14 144.00
应收账款	1 047.00		4 018.00		2 757.00
其他应收款	5 995.00	3 554.00	11 137.00	213.37%	1 872.00
预付账款	26 635.00	18 643.00	7 231.00	-61.21%	0
2. 长期投资	384.00	311.00	300.00	-3.54%	301.00
3. 固定资产	96 790.00	142 905.00	164 707.00	15.26%	161 272.00
其中：在建工程	15 279.00	16 158.00	5 215.00	-67.72%	5 523.00
二、负债总额	101 993.00	118 269.00	106 653.00	-9.82%	81 736.00
1. 流动负债	68 561.00	76 088.00	63 587.00	-16.43%	42 617.00
其中：银行借款	24 778.00	20 028.00	17 505.00	-12.60%	12 025.00
应付票据	37 460.00	38 410.00	35 500.00	-7.58%	15 310.00
应付账款	2 868.00	2 883.00	692.00	-76%	2 985.00
应缴税金	173.00	531.00	18.00	-96.61%	311.00

表3－2(续)

项目	2005年	2006年	2007年	增长	2008年5月
其他应付款	2 412.00	2 113.00	1 052.00	－50.21%	1 080.00
2. 长期借款	28 916.00	37 545.00	34 605.00	－7.83	30 658.00
银行融资合计	91 154.00	95 983.00	87 610.00	－8.725%	57 993.00
三、所有者权益	72 208.00	103 247.00	124 869.00	20.94%	122 976.00
实收资本	5 100.00	5 100.00	5 100.00	0.00%	5 100.00
资本公积	24 350.00	37 593.00	48 998.00	30.34%	48 998.00
盈余公积	17 410.00	19 287.00	20 560.00	6.60%	20 560.00
未分配利润	25 348.00	41 267.00	50 211.00	21.67%	48 318.00
四、主营业务收入	135 868.00	167 891.00	187 457.00	11.65%	4 652.00
五、利润总额	30 627.00	28 021.00	19 000.00	－32.19%	－1 893.00
六、现金净流量	8 980.00	2 612.00	－8 485.00	－424.85%	—
经营活动现金净流量	24 196.00	42 199.00	37 307.00	－11.59%	—
投资活动现金净流量	－25 761.00	－40 422.00	－37 908.00	－0.06%	—
筹资活动现金净流量	10 545.00	835.00	－7 884.00	－1 044.19	—

（四）比较百分比财务报表（从相对数的角度，进行的动态结构比率分析）（见表3－3）

表3－3　　中化平原化工有限公司比较百分比财务报表　　单位：元

项目	2006年	2007年	2006年结构	2007年结构	变动百分比
一、资产总额	221 516.00	231 522.00			
1. 流动资产	73 231.00	61 446.00			
其中：货币资金	38 549.00	30 064.00			
应收票据	1 115.00	1 638.00			
存货	11 370.00	7 358.00			
应收账款		4 018.00			
其他应收款	3 554.00	11 137.00			
预付账款	18 643.00	7 231.00			
2. 长期投资	311.00	300.00			
3. 固定资产	142 905.00	164 707.00			
其中：在建工程	16 158.00	5 215.00			
二、负债总额	118 269.00	106 653.00			
1. 流动负债	76 088.00	63 587.00			
其中：银行借款	20 028.00	17 505.00			

表3－3(续)

项目	2006年	2007年	2006年结构	2007年结构	变动百分比
应付票据	38 410.00	35 500.00			
应付账款	2 883.00	692.00			
应缴税金	531.00	18.00			
其他应付款	2 113.00	1 052.00			
2. 长期借款	37 545.00	34 605.00			
银行融资合计	95 983.00	87 610.00			
三、所有者权益	103 247.00	124 869.00			
实收资本	5 100.00	5 100.00			
资本公积	37 593.00	48 998.00			
盈余公积	19 287.00	20 560.00			
未分配利润	41 267.00	50 211.00			
四、主营业务收入	167 891.00	187 457.00			
五、利润总额	28 021.00	19 000.00			
六、现金净流量	2 612.00	－8 485.00			
经营活动现金净流量	42 199.00	37 307.00			
投资活动现金净流量	－40 422.00	－37 908.00			
筹资活动现金净流量	835.00	－7 884.00			

（五）比较财务比率（动态财务比率分析，反映企业财务状况发展趋势）（见表3－4）

表3－4　　中化平原化工有限公司比较财务比率

项目		2005年	2006年	2007年	2008年5月	行业平均值
短期偿债能力	流动比率（%）	111.62	96.25	96.63	82.96	100.66
	速动比率（%）	103.61	81.30	85.06	49.77	77.67
	存货周转率（%）	16.13	16.89	17.95	0.42	5.32
	应收账款周转率（%）	96.02	320.71	93.31	1.37	3.78
	流动资产周转率（%）	2.18	2.24	2.78	0.10	1.61
	经营活动现金流入/主营业务收入	1.02	1.09	0.97	0.00	1.09
	经营活动现金净流量与负债总额比（%）	0.24	0.36	0.35	0.00	0.10
	主营业务收入增长率（%）	34.62	23.57	11.65	－97.52	7.71

表3-4(续)

项目		2005年	2006年	2007年	2008年5月	行业平均值
长期偿债能力	资产负债率（%）	58.55	53.39	46.07	39.93	56.27
	全部资本化比率（%）	42.65	35.80	29.44	25.77	44.97
	成本费用利用率（%）	28.94	18.99	10.79	-28.47	6.56
	销售（营业）利润率（%）	25.80	14.96	10.20	3.70	15.29
	总资产报酬率（%）	23.33	15.79	9.07	-0.87	1.66
	净资产收益率（%）	33.40	21.40	11.16	-1.53	2.82
	总资产周转率（%）	0.91	0.85	0.83	0.02	0.41
	利息保障倍数	9.36	12.73	22.80	-1892	3.63
	负债总额/EBITDA	2.56	2.88	3.04	-43.20	7.40
	总资产增长率（%）	36.54	27.16	4.52	-11.58	3.04
	净资产增长率（%）	42.49	42.99	20.94	-1.52	3.41

思考题：

根据案例资料，完成表3-3，并对该公司财务状况进行全面分析。

【案例二】河南双汇投资发展股份有限公司财务能力分析

（一）公司简介

河南双汇投资发展股份有限公司成立于1998年10月15日，是经河南省人民政府批准，由河南省漯河市双汇实业集团有限责任公司（以下简称“双汇”）独家发起，采取社会募集方式设立的股份有限公司。公司总部位于河南省漯河市，拥有员工6万余人，年肉类总产量300万吨，是中国最大的肉类加工基地。截至2011年12月31日，总资产达到78.39亿元，行业排名第11位，该年度中国企业500强排序中列第166位。

公司属于食品加工行业，主要经营畜禽屠宰，加工销售肉类食品、肉类罐头、速冻肉制品，定型包装熟肉制品（含清真食品）、蛋制品、食用动物油脂（猪油）；生猪养殖、销售；同时也生产销售PVDC薄膜及食品包装材料、其他包装材料制品；猪肠衣（盐渍猪肠衣）及其附属产品的加工、销售；医药中间体（肝素钠）的提取、销售；农副产品收购；生产加工肉制品及相关产品配套原辅料、调味料、食品添加剂、复配食品添加剂；也开展技术咨询、仓储、化工产品销售（不含易燃易爆危险品）、食品行业投资、销售代理等相关经营业务的配套服务。

双汇自成立以来始终坚持围绕“农”字做文章，肉类加工上的项目，依靠“优质、高效、拼搏、创新、敬业、诚信”的企业精神，不断进行管理创新、技术创新、市场创新，企业因此获得持续、快速、健康的发展：20世纪80年代中期企业年销售收入不足1 000万元，1990年突破1亿元，2003年突破100亿元，2010年突破500亿元，2011年达到503亿元。

双汇作为跨区域、跨国经营性质的大型食品集团，在全国15个省市建有20多家现代化的肉类加工基地和配套产业，在31个省市建有200多个销售分公司和现代化的物流配送中心，每天有8 000多吨产品通过完善的供应链配送到全国各地。双汇集团积极开拓海外市场，在日本、新加坡、韩国、菲律宾等国均建立了办事机构，每年进出口贸易额超过1亿美元。

在其不断成长的道路中，双汇坚持自主创新，立足打造创新型企业。双汇拥有国家级的技术中心、国家认可的实验室和博士后工作站，建立有高素质的产品研发队伍。双汇注重企业经营模式的创新，率先把冷鲜肉的“冷链生产、冷链配送、冷链销售、连锁经营”模式引入国内，大力推广冷鲜肉的品牌化经营，实现了热鲜肉、冷冻肉向冷鲜肉的转变，实现了传统“沿街串巷、设摊卖肉”的销售模式向连锁经营模式的转变，结束了中国卖肉没有品牌的历史，引导了行业的发展方向，开创了中国肉类品牌。

（二）双汇近年来主要财务数据

表3－5为双汇公司近期主要财务指标数据，表3－6为公司近期增长能力指标。

表3－5　　双汇近期财务指标数据

报告期	2012－03－31			2011－12－31			2011－09－30			2011－06－30		
盈利指标	公司	沪深300	行业	公司	沪深300	行业	公司	沪深300	行业	公司	沪深300	行业
毛利率	7.94%	28.66%	34.1%	7.29%	28.99%	33.68%	7.22%	29.97%	33.43%	7.74%	30.49%	33.75%
营业利润率	2.54%	16.23%	10.66%	1.86%	18.38%	10.07%	1.26%	20.54%	12.04%	0.38%	20.82%	12.83%
净利率	2.19%	13.41%	9.03%	1.71%	15.58%	9.63%	1.26%	17.08%	11.03%	0.62%	17.47%	12.21%
偿债指标												
流动比率	1.67%	2.36%	4.1%	1.42%	2.58%	3.34%	1.31%	2.19%	3.72%	1.33%	2.11%	4.95%
速动比率	1.12%	1.85%	3.05%	0.93%	2.05%	2.59%	0.84%	1.67%	2.98%	0.93%	1.6%	3.86%
权益乘数	1.54	3.35	0.02	1.81	3.35	2.57	1.84	3.34	1.72	1.9	3.45	1.74
运营能力												
资产收益率	3.34%	2.25%	2.84%	10.66%	10.72%	8.78%	5.66%	8.65%	8.34%	1.63%	5.91%	5.99%
净资产收益率	4.88%	3.1%	2.24%	15.34%	15.97%	15.21%	8.15%	12.66%	9.69%	2.38%	9.2%	7.29%
周转率												
应收账款周转率	55	28.72	76.15	231.59	129.76	353.84	155.75	77.09	201.13	113.8	54.92	160.5
存货周转率	6.1	2.37	1.06	22.51	10.59	4.6	16.43	7.96	3.38	10.25	5.44	2.04
总资产周转率	1.34%	0.17%	0.23%	5.02%	0.79%	0.96%	3.59%	0.59%	0.69%	2.13%	0.39%	0.46%

注：本表数据取自金融界网站。

表3－6　　双汇近期增长能力指标

增长指标	公司	行业	排名	沪深300	排名	沪深两市	排名
收入（TTM），亿元	98.62	13.06	3	148.88	80	25.49	97
收入（MRQ）同比增长率	17.4	24.14	41	14.25	113	14.16	857
收入（TTM）同比增长率	17.4	26.63	37	77.02	115	676.53	812
收入（TTM）3年平均增长率	17	22.41	36	183	33	28.14	971

表3-6(续)

增长指标	公司	行业	排名	沪深300	排名	沪深两市	排名
每股收益（TTM）	0.81	0.72	26	0.8	111	0.43	400
每股收益（MRQ）同比增长率	-28.82	53	16	-44.37	162	-64.68	1046
每股收益（TTM）同比增长率	-56.94	22.9	48	36.01	238	-108.97	1417
每股收益（TTM）3年平均增长率	-12.84	40	28	17.4	172	11.13	950

注：本表数据取自金融界网站。

（三）公司财务能力分析的一般思路

根据现有财务分析评价指标体系，通常对公司财务能力的分析分别从运营能力、偿债能力、盈利能力和发展能力四个方面展开。在进行具体指标分析之前，首先根据行业水平进行横向比较分析，明确公司财务能力在行业整体发展中的位置，初步明确公司整体财务能力发展趋势；其次，针对不同财务能力指标进行详细分析，进一步探究目前不同财务能力的变化趋势和可能存在的问题，深入探讨问题产生的原因。

思考题：

1. 根据案例资料进行分析，对双汇集团近期财务状况进行评价。

2. 分析双汇集团不同财务能力是否存在问题？如果存在问题，原因何在？应如何改进？

【案例三】上市公司价值评估的因子分析法

（一）公司价值评估发展

随着中国证券市场的日益发展，上市公司的经营业绩和投资价值成为股东、债权人、政府管理部门、证券分析人士乃至公司员工关心的主要问题，如何全面、客观、公正、精确地评价上市公司的经营业绩和投资价值已成为广大利益相关者面对的一个重要问题。目前，资本市场上评估公司价值所使用的主要方法有：资产基础法（Asset - based Approach）、市场法（Marketbased Approach）和收益法（Income Approach）。随着经济理论的发展，应用数学、统计学也被大量地应用到价值评估领域。1930年开始出现传统现金流量折现模型；1960年出现资本资产定价模型；1977年迈尔斯（Myers）教授将金融期权引入企业价值评估中，形成期权定价法；1980年出现实物期权法（Real Option）等。经过几十年的发展，出现了一些经典的股票价值预测模型，如股利折现（DDM）模型、资本资产定价（CAPM）模型、套利定价（APT）模型、自回归条件异方差（ARCH）模型等，形成了比较系统的理论和比较完善的方法。但是单一指标信息的有限性、未来的不确定性及中国证券市场的特殊性，使这些模型都存在无法克服的缺陷；或者公司价值评估出现较大偏差，导致投资决策失误；或者由于信息不充分难以进行有效预测；或者由于价值评价体系中各指标的权重都是依据主观或经验判定事先设定好的，使评价结果具有一定的主观性，也诱使上市公司为追求较好评价粉饰或片面追求权重较高的指标。本书运用因子分析方法，有效地利用了上市公司财务信息，客观地对上市公司进行业绩评价、价值比较，并选出具有良好投资价值的公司，为广大投资者的决策提供了有效手段。

（二）理论与财务指标选取

因子分析概念起源于20世纪初 Karl Pearson（卡尔·培生）和 Charles Spearmen（查尔斯·斯皮尔曼）等人关于智力测验的统计分析，这是一种以信息丢失最少为前提，将众多的原有变量综合成较少的几个综合因子，并使因子具有一定的命名解释性的多元统计分析方法。因子分析的核心是从众多指标中提取少数支配各指标的公因子及因子权重，求出因子的加权综合指数，再根据综合指数对上市公司进行对比、评价。用因子分析进行业绩评价，选取不同的指标体系，则会有不同的评价结果，所以指标体系的选择非常关键。为全面反映公司的价值，本书的因变量选用了四类指标，从发展能力、盈利能力、运营能力、偿债能力四个方面对上市公司进行综合评价。

1. 盈利能力

盈利能力主要反映企业经营业务创造利润的能力，较强的盈利能力会为公司发展壮大打下坚实的基础。绝对收益指标选取净利润、营业利润两种。净利润是企业的纯收入，是评价企业效益的关键指标，但考虑净利润会受营业外收支偶然因素和税收高低的影响，因此加上营业利润考察会更全面。相对收益指标选择资产收益率，可以从整体上评价企业的效益情况。

2. 发展能力

发展能力是指企业在未来年度的发展前景及潜力。在发展能力方面，选取净资产增长率、总资产增长率、净利润增长率三个指标，总资产增长率可以反映企业的规模发展，净资产增长率可以表明股东价值的增长情况。

3. 运营能力

企业运营能力就是指企业充分利用现有资源创造社会财富的能力。其实质就是要以尽可能少的资产以及尽可能短的时间来创造尽可能多的价值。因此，企业运营能力的评价是影响企业财务状况稳定与否和盈利能力强弱的关键。这里的运营能力取资产周转率指标，以反映公司总体运营状况。

4. 偿债能力

偿债能力是指企业用其资产偿还长短期债务的能力。企业有无支付现金的能力，是企业能否生存和发展的关键。偿债能力方面选取流动比率、股东权益比率指标，流动比率反映了企业的短期偿债能力，而股东权益比率反映企业长期偿债能力及财务杠杆的大小，表3－7为变量定义。

表 3－7　　变量定义

指标类型	变量名称	指标名称
盈利能力指标	X11	净利润
	X12	营业利润
	X13	资产收益率
发展能力指标	X21	净利润增长率
	X22	总资产增长率
	X23	净资产增长率
运营能力指标	X3	总资产周转率
偿债能力指标	X41	流动比率
	X42	股东权益比率

（三）样本选取与数据分析

1. 样本的选取及数据来源

以 2004—2006 年上海证券交易市场上所有上市公司为研究样本，共2 460个样本。数据来源于国泰安上市公司数据库，表 3－8 为数据样例。

表 3－8　　上市公司财务指标样例

证券代码	营业利润	净利润	资产收益率	净资产增长率	总资产增长率	净利润增长率	流动比率	股东比率
600821	－54 138 774.07	8 072 757	0.007	0.032	－0.089	－0.276	1.551	0.554
600820	82 786 859.08	125 129 342	0.014	0.064	0.104	0.189	0.818	0.214
600814	58 925 193.52	46 539 047	0.059	0.109	0.093	2.561	0.782	0.551
600812	－58 280 952.42	38 943 175	0.006	－0.061	0.000	－1.208	0.613	0.168
600811	－77 975 749.25	142 614 941	0.020	0.043	0.021	0.484	0.754	0.455
600805	－34 611 429.66	47 715 575	0.007	0.031	0.068	1.235	0.781	0.245
600804	4 645 074.90	6 204 789	0.010	0.026	－0.013	1.568	1.265	0.346
600802	15 284 883.59	15 643 636	0.009	0.031	0.029	5.750	0.612	0.387
600796	17 890 349.08	30 484 652	0.035	0.084	0.104	0.071	1.116	0.498
600794	32 718 286.96	14 855 410	0.036	0.055	－0.022	－7.226	0.943	0.443
600791	62 920 180.52	25 363 161	0.024	0.110	0.096	0.395	1.388	0.273
600790	－41 723 027.08	－96 214 073	－0.021	－0.098	0.010	－9.621	0.487	0.200
600785	85 666 557.60	54 786 853	0.038	0.094	0.087	0.374	0.983	0.419
600784	－42 484 610.27	30 218 214	0.020	0.058	－0.013	0.419	0.712	0.214

表3-8(续)

证券代码	营业利润	净利润	资产收益率	净资产增长率	总资产增长率	净利润增长率	流动比率	股东比率
600782	61 026 951.26	53 672 986	0.083	0.093	0.041	0.699	1.360	0.521
600778	37 725 269.65	11 673 095	0.006	0.017	-0.122	0.131	0.739	0.436
600777	27 682 191.96	22 615 759	0.008	0.015	0.056	-0.466	1.461	0.476
600774	-32 360 889.64	14 207 293	0.010	0.027	0.039	-0.490	0.186	0.298
600769	10 137 038.51	11 164 397	0.010	0.012	0.092	0.720	0.953	0.691
600768	9 449 553.72	8 502 386	0.015	0.027	0.159	-0.209	0.617	0.270
600765	12 673 897.61	12 677 727	0.050	-0.044	-0.008	0.402	2.207	0.673
600749	8 310 228.31	10 293 836	0.030	0.055	0.114	-0.296	1.455	0.315
600748	-74 016 802.97	133 400 111	0.037	0.061	-0.122	0.021	1.914	0.403
600747	-68 910 815.32	22 371 125	0.007	0.025	0.002	-1.117	1.213	0.379
600746	17 704 863.91	10 693 284	0.015	0.045	-0.300	0.352	0.825	0.668
600741	95 650 466.05	170 111 547	0.026	0.092	0.119	0.282	0.249	0.283
600740	25 361 556.20	34 154 361	0.011	0.014	0.098	-0.670	0.779	0.329
600733	17 131 157.15	-20 494 701	-0.026	-0.073	-0.132	-8.771	1.227	0.357
600731	12 669 332.68	8 620 364	0.006	0.010	0.066	0.119	1.027	0.431
600730	49 908 327.89	27 253 160	0.016	0.050	0.193	-0.215	1.126	0.287
600727	-21 606 393.84	1 245 107	0.000	-0.070	-0.081	-0.606	1.608	0.724
600725	57 123 079.61	63 561 362	0.071	0.099	0.213	0.183	0.457	0.506
600724	87 273 967.49	47 224 469	0.021	0.061	-0.076	1.081	1.003	0.319
600723	-7 013 367.93	8 102 037	0.005	0.000	-0.044	0.644	1.578	0.682
600720	1 983 808.20	8 251 578	0.004	0.010	0.110	0.408	0.668	0.360
600719	9 701 307.01	19 560 123	0.011	0.010	-0.028	0.742	0.937	0.422
600718	83 052 216.00	79 674 262	0.031	0.057	-0.068	0.368	2.201	0.560
600713	13 769 333.23	18 583 885	0.005	-0.009	0.108	0.012	1.009	0.126
600712	4 732 910.00	2 455 144	0.003	-0.015	-0.046	-0.582	0.478	0.176
600710	14 062 556.15	34 138 565	0.021	0.047	-0.029	4.841	0.973	0.455
600707	78 146 987.00	19 762 298	0.009	0.012	-0.037	-1.036	1.721	0.648

2. 模型的有效性分析

在进行因子分析前，应首先检验模型及相关指标的设计是否可以应用因子分析。

首先，运用SPSS16.0软件（一种统计学软件），对数据进行KMO（Kaiser－Meyer－Olkin，KMO）和Bartlett检验，以确定能否进行因子分析。表3－9为检验结果，结果表明：KMO值为0.684，大于0.6，本数据可用于因子分析；Bartlett值为29 150，p < 0.000 1，检验通过，可以进行因子分析。

表3－9 KMO and Bartlett's Test

Kaiser－Meyer－Olkin Measure of Sampling Adequacy.		684
Bartlett's Test of Sphericity	Approx. Chi－Square	2.915E4
	df	36
	Sig.	0.000

3. 因子函数的确定

表3－10显示的是按因子分析法求得的所选财务指标相关矩阵的特征值及其对应向量的贡献率。为了更加合理地归类，本案例选取4个公因子，其累计方差解释率为87.475，已能反映所选指标的大部分信息，信息损失量较小。由此可得综合评价指标函数，见表3－10。

$$F=(38.786F1+22.090F2+14.911F3+11.508F4)/87.475$$

表3－10 Total Variance Explained

Component	Initial Eigenvalues			Extraction Sums of Squared Loadings			Rotation Sums of Squared Loadings		
	Total	% of Variance	Cumulative %	Total	% of Variance	Cumulative %	Total	% of Variance	Cumulative %
1	2.078	20.781	20.781	2.078	20.781	20.781	2.004	20.038	20.038
2	1.950	19.503	40.284	1.950	19.503	40.284	1.987	19.875	39.912
3	1.923	19.233	59.517	1.923	19.233	59.517	1.933	19.328	59.240
4	1.035	10.354	69.871	1.035	10.354	69.871	1.036	10.355	69.595
5	0.994	9.945	79.816	0.994	9.945	79.816	1.001	10.010	79.605
6	0.979	9.792	89.609	0.979	9.792	89.609	1.000	10.003	89.609
7	0.620	6.200	95.809						
8	0.296	2.964	98.773						
9	0.110	1.103	99.876						
10	0.012	0.124	100.000						

4. 各变量的因子方差解释率

从单个变量来看，9项财务指标中有6项指标的因子方差解释率大于90%，最小的指标其因子方差解释率也在60%以上，见表3－11。可见选取4个公因子不仅能够很好地反映样本的整体特征而且还能够充分反映各变量的信息。

表 3－11 公因子方差比

	X11	X12	X13	X21	X22	X23	X3	X41	X42
Initial	1.000	1.000	1.000	1.000	1.000	1.000	1.000	1.000	1.000
Extraction	0.994	0.994	0.964	0.619	0.966	0.941	0.760	0.936	0.699

5. 因子载荷矩阵分析

从表 3－11 来看，各公共因子在原始变量上的载荷系数差异比较显著，各公共因子的经济含义比较清晰。本书采用方差最大正交旋转法，进一步进行因子旋转，以观察旋转后的改善效果。旋转后的因子中具有最高载荷的变量数不变，其他非最高载荷的变量的权重有所降低。旋转前后的因子载荷矩阵见表 3－12。

从旋转后的因子载荷矩阵表 3－12 我们可以看出：公共因子 F1 在 X13（资产收益率）、X21（净利润增长率）、X22（总资产增长率）、X23（净资产增长率）上具有较大载荷，作为发展及相对收益因子；F2 在 X11（净利润）、X12（营业利润）上具有较大载荷，作为绝对收益因子；F3 在 X3（总资产周转率）、X42（股东权益比率）上具有较大载荷；作为运营及长期偿债能力因子，F4 在 X41（解释）上具有较大载荷。

表 3－12 Component Matrixa

	旋转前 Component					旋转后 Component			
	1	2	3	4		1	2	3	4
X11	－0.008	0.996	－0.044	0.021	X11	－0.002	0.997	0.017	－0.004
X12	－0.007	0.995	－0.053	0.020	X12	0.000	0.997	0.007	－0.007
X13	0.982	－0.002	0.007	0.008	X13	0.981	－0.009	0.007	－0.031
X21	0.785	0.024	0.031	0.039	X21	0.786	0.018	0.021	0.014
X22	0.982	－0.003	－0.018	0.026	X22	0.982	－0.008	－0.022	－0.022
X23	0.970	0.000	0.009	0.031	X23	0.970	－0.007	0.002	－0.009
X3	0.044	0.061	0.745	－0.446	X3	0.033	0.004	0.851	－0.184
X41	－0.083	－0.018	0.363	0.893	X41	－.0043	－0.012	0.055	0.965
X42	－0.031	0.068	0.833	0.011	X42	－0.022	0.020	0.788	0.279

6. 因子得分函数

根据旋转后的因子载荷矩阵，案例用最小二乘法对因子得分函数进行了回归估计，得分矩阵见表 3－13。如果用 Yi 代替原财务指标 Xi，则各因子的得分函数如下式所示：

表 3-13 Component Score Coefficient Matrix

	Component			
	1	2	3	4
X11	0.001	0.501	-0.004	0.005
X12	0.002	0.502	-0.011	0.002
X13	0.281	-0.003	0.003	-0.002
X21	0.226	0.010	0.010	0.035
X22	0.282	-0.002	-0.019	0.009
X23	0.278	-0.002	-0.003	0.020
X3	0.000	-0.014	0.653	-0.250
X41	0.015	0.003	-0.040	0.930
X42	-0.002	0.000	0.566	0.204

F1 = 0.001Y1 + 0.002Y2 + 0.281Y3 + 0.226Y4 + 0.282Y5 + 0.278Y6 + 0Y7 - 0.015Y8 - 0.002Y9

F2 = 0.501Y1 + 0.502Y2 - 0.003Y3 + 0.10Y4 - 0.002Y5 - 0.002Y6 - 0.014Y7 + 0.003Y8 + 0Y9

F3 = - 0.004Y1 - 0.011Y2 + 0.003Y3 + 0.10Y4 - 0.019Y5 - 0.003Y6 + 0.653Y7 - 0.04Y8 + 0.566Y9

F4 = 0.005Y1 + 0.002Y2 - 0.002Y3 + 0.035Y4 + 0.009Y5 + 0.020Y6 - 0.250Y7 + 0.930Y8 + 0.204Y9

根据综合评价指标函数，计算出所有上市公司的综合因子：

F = (38.786F1 + 22.090F2 + 14.911F3 + 11.508F4) /87.475

表 3-14 为 2006 年沪市上市公司股票投资价值综合因子前 10 名。

表 3-14 2006 上海市场综合因子前 10 名

公司名称	发展因子	排名	效益因子	排名	运转因子	排名	偿债因子	排名	综合因子	排名
中国石化	0.286 944	15	31.134 69	1	-0.223 8	775	-0.219 28	449	6.940 212	1
五洲交通	0.648 287	3	0.017 987	118	-0.918 84	807	27.824 55	1	3.206 352	2
宝钢股份	0.217 392	84	8.056 359	2	0.080 004	388	-0.110 05	317	1.866 748	3
欣网视讯	0.364 082	8	-0.072 74	324	-0.089 11	704	10.831 92	2	1.315 329	4
S*ST 济南百货	2.199 425	1	-0.098 89	518	-0.072 96	678	-0.037 79	247	0.816 853	5
华能国际	0.200 402	254	3.267 472	3	-0.030 15	628	-0.446 13	664	0.746 435	6
江西铜业	0.237 938	47	2.540 255	6	0.294 384	38	0.400 993	95	0.744 270	7

表3-14(续)

公司名称	发展因子	排名	效益因子	排名	运转因子	排名	偿债因子	排名	综合因子	排名
中卫国脉	0.269 314	17	-0.106 39	650	0.165 013	223	4.927 979	3	0.654 120	8
中国联通	0.197 286	322	2.891 8	4	-0.033 51	634	-0.524 04	725	0.652 943	9
雷鸣科化	0.256 959	23	-0.087 36	356	0.205 131	152	3.744 613	5	0.528 203	10

(四) 结论

经营业绩的因子评价方法是从众多财务指标中提取少数可支配各财务指标的公因子及因子权重，加权后再进行对比、评价的方法。它由财务数据本身来确定公因子权重，因此能较好地体现业绩评价的公正性与客观性。所选取的上市公司样本或数据时期不同，最后得到的权重体系也不相同；所选取的财务指标不同，其结果也不相同。因此，其应用更有灵活性、适用性、科学性，这为上市公司进行财务分析、价值评价提供了一个有力的工具。

思考题：

应用因子分析方法，分析某一行业的经营状况。

二、作业与练习题

(一) 单项选择题

1. 产权比率与权益乘数的关系是（　　）。

A. 产权比率×权益乘数=1

B. 权益乘数=1/（1-产权比率）

C. 权益乘数=（1+产权比率）/产权比率

D. 权益乘数=1+产权比率

2. 下列指标中，属于效率比率的是（　　）。

A. 流动比率　　B. 资本利润率

C. 资产负债率　　D. 流动资产占全部资产的比重

3. 其他条件不变的情况下，如果企业过度提高现金比率，可能导致的结果是（　　）。

A. 财务风险加大　　B 获利能力提高

C. 营运效率提高　　D 机会成本增加

4. 其他条件不变的情况下，下列经济业务可能导致总资产报酬率下降的是（　　）。

A. 用银行存款支付一笔销售费用

B. 用银行存款购入一台设备

C. 将可转换债券转换为优先股

D. 用银行存款归还银行借款

5. 用于评价企业盈利能力的总资产报酬率指标中的“报酬”是指（　　）。

A. 息税前利润　　B. 营业利润

C. 利润总额　　D. 净利润

（二）多项选择题

1. 下列各项中，属于社会贡献率指标中的“社会贡献总额”内容的有（　　）。

A. 工资支出　　B. 利息支出净额

C. 应交或已交的各种税款　　D. 劳保统筹及其他社会福利支出

2. 使用流动比率指标分析企业短期偿债能力的缺陷在于没有考虑（　　）。

A. 短期资产长期化　　B. 虚资产

C. 流动资产的内部结构　　D. 流动负债的内部结构

3. 下列有关权益乘数的说法中正确的是（　　）。

A. 权益乘数反映了所有者权益同企业总资产的关系

B. 权益乘数受债务比率的影响

C. 权益乘数可能是正数，也可能是负数

D. 在资产总额既定的前提下，权益乘数与所有者权益的数额成正比

4. 计算速动资产时，把存货从流动资产中扣除的原因有（　　）。

A. 存货的变现速度慢　　B. 存货的周转速度慢

C. 存货的成本与市价不一致　　D. 有些存货可能已经报废毁损

5. 反映商品经营盈利能力的指标有（　　）。

A. 总资产报酬率　　B. 净资产收益率

C. 销售收入利润率　　D. 销售成本利润率

E. 普通股权益报酬率

（三）判断题

1. 当企业息税前资金利润率高于借入资金利率时，增加借入资金，可以提高自有资金利润率。（　　）

2. 在分析获利能力时，利润额的高低并不能衡量获利能力的大小。（　　）

3. 普通股权益报酬率与净资产收益率是相同的。（　　）

4. 财务分析报告就是对财务报告所进行的分析。（　　）

5. 财务指标分析就是指财务比率分析。（　　）

（四）计算分析题

1. 某公司流动资产由速动资产和存货构成，年初存货为145万元，年初应收账款为125万元，年末流动比率为3，年末速动比率为1.5，存货周转率为4次，年末流动资产余额为270万元，一年按360天计算。

要求：

（1）计算该公司流动负债年末余额。

（2）计算该公司存货年末余额和年平均余额。

（3）计算该公司本年销货成本。

（4）假定本年赊销净额为960万元，应收账款以外的其他速动资产忽略不计，计算该公司应收账款周转期。

2. 某商业企业2000年度赊销收入净额为2 000万元，销售成本为1 600万元；年初、年末应收账款余额分别为200万元和400万元；年初、年末存货余额分别为200万元和600万元；年末速动比率为1.2，年末现金比率为0.7。假定该企业流动资产由速动资产和存货组成，速动资产由应收账款和现金类资产组成，一年按360天计算。

要求：

（1）计算2000年应收账款周转天数。

（2）计算2000年存货周转天数。

（3）计算2000年年末流动负债余额和速动资产余额。

（4）计算2000年年末流动比率。

3. 已知：某公司2001年会计报表的有关资料见表3-15。

表3-15　　2001年会计报表相关项目数据　　单位：万元

资产负债表项目	年初数	年末数
资产	8 000	10 000
负债	4 500	6 000
所有者权益	3 500	4 000
利润表项目	上年数	本年数
主营业务收入净额	（略）	20 000
净利润	（略）	500

要求：

（1）计算杜邦财务分析体系中的下列指标（凡计算指标涉及资产负债表项目数据的，均按平均数计算）：

①净资产收益率；

②总资产净利率（保留三位小数）；

③主营业务净利率；

④总资产周转率（保留三位小数）；

⑤权益乘数。

（2）用文字列出净资产收益率与上述其他各项指标之间的关系式，并用本题数据加以验证。

（五）综合题

某股份公司1998年有关资料见表3-16。

表 3－16　　　　公司相关指标数据

项目	年初数	年末数	本年数或平均数
存货	7 200	9 600	
流动负债	6 000	8 000	
总资产	15 000	17 000	
流动比率		1.5	
速动比率	0.8		
权益乘数			1.5
流动资产周转次数			4
净利润			2 880

要求：

（1）计算流动资产的年初余额、年末余额和平均余额（假定流动资产由速动资产与存货组成）。

（2）计算本年产品销售收入净额和总资产周转率。

（3）计算销售净利率和自有资金利润率。

（4）假定该公司 1999 年的投资计划需要资金 2 100 万元，公司目标资金结构是维持权益乘数为 1.5 的资金结构，公司在 1998 年需按规定提取 10% 的盈余公积金和 5% 的公益金。请按剩余股利政策确定该公司在 1998 年向投资者分红的金额。

第四章　财务战略与预算

一、教学案例

【案例一】山东航空集团有限公司全面预算案例①

（一）企业背景

被誉为“齐鲁之翼”的山东航空集团有限公司（以下简称“山航集团”）是由中国国际航空股份有限公司、山东省经济开发投资公司等十家股东合资组建的从事航空运输及其相关产业经营的企业集团公司。于 1994 年 3 月 12 日经国家民航总局和山东省省委、省政府批准成立，总部设在济南。

山航集团以股权关系为纽带，控股山东航空股份有限公司、山东太古飞机工程有限公司、山东国际航空培训有限公司、山东航空翔宇技术服务有限公司、山东彩虹航空广告有限公司以及丹顶鹤大酒店等子公司和分支机构，形成了以运输业为龙头，集

① 案例资料引自 www.shandongair.com 网站。

航空运输、飞机维修、航空培训、酒店旅游、广告业务为一体的上下游业务配套发展的经营格局。

山航集团公司控股的山航股份是山航集团公司的核心单元业务、深圳证券交易所（以下简称“深交所”）B股上市公司，主营航空运输业务。十七年来，山航集团始终把“确保安全，狠抓效益，力求正点，优质服务”放在首位。截至2012年3月，山航集团拥有波音B737系列、CRJ系列等各型飞机58架；到“十二五”末，集团拥有飞机数量达到100架，并跨入大型航空公司行列。公司目前经营航线110余条、每周2 000多个航班飞往全国60多个大中城市，并开通中国香港、中国台湾等地区航线和韩国、日本国际航线。在济南、青岛、烟台、厦门、北京、昆明、重庆等地设有飞行基地，形成了“东西串联、南北贯通、覆盖全国及周边”的航线网络。

山航集团连续保持了十七年的安全飞行记录，先后四次获得民航总局安全最高荣誉奖“金雁杯”和“金鹰杯”；2010年顺利实现安全飞行100万小时，荣获中国民航“飞行安全一星奖”；多次被评为国家级“用户满意服务单位”、“全国质量效益型企业”；公司彩虹乘务队和市场部济南营业部被团中央、民航总局命名为“全国青年文明号”。

山航集团高度重视品牌建设，以品牌建设引领服务工作。自2005年以来航班正点率一直位列全民航前茅，曾连续多年获评“中国500最具价值品牌”。作为第十一届全运会航空服务合作伙伴，山航集团为全运会提供了优质服务。作为2012年在山东海阳举办的第三届亚洲沙滩运动会航空服务合作伙伴，山航将为赛会提供有力的航空服务保障。

山航集团积极履行社会责任，在抗震救灾、奥运保障中，多次圆满完成急难险重的航空运输保障任务，被山东省人民政府授予“山东省抗震救灾英雄集体”；山航股份飞行部被中华全国总工会授予抗震救灾重建家园“工人先锋号”；山航股份青岛分公司被授予“北京奥运会、残奥会航空运输保障先进集体”称号。

近年来，山航集团积极应对市场竞争和挑战，加快调整结构的步伐，积极实施内部改革；特别是与国航实现战略合作以来，山航集团的盈利水平逐年提升，从2006年至今已连续六年实现盈利。

当前，山航集团正以科学的发展观为指导，坚持发扬开拓创新的企业精神，不断强化核心单元业务的竞争优势、提高传动辐射能力，为创建“平安山航、和谐山航”，实现跨越式发展努力奋斗。

（二）项目背景

山航集团在成立之初便引进了浪潮集团的单体企业版财务软件，实现了会计电算化，不仅强化了会计流程的自控机制，而且提高了会计工作效率，使会计核算的及时性及准确性得到了有效的保证。但随着山航的集团化发展，新需求、新问题不断出现，单体企业版财务软件系统的缺陷也逐渐开始暴露，具体表现在：信息披露不及时、集团监管乏力等方面。鉴于以上情况，2004年山航重新引进浪潮集团的集团版财务软件系统，使得各专项核算、往来单位之间核算和部门核算等一系列功能在山航得到了系统的运用，同时引进了集团的内部企业往来对账系统、合并报表系统及垂直监控系统等系列模块，为山航的会计核算奠定了统一、集中、规范的基础。公司又先后开发并引进了配餐管理系统、票证结算系统、非常航班现金补偿管理系统、浪潮的全面预算管理系统等一系列系统。这些系统的投入和使用，大大提高了集团的财务工作效率和工作质量，特别是全面预算管理系统的引进实施，加强了公司对企业资源的集中管理与优化利用，这不仅控制了成本费用，更使山航股份集团的管理体系有了很大的进步。

（三）项目选型

山航集团公司一直非常重视全面预算的应用，预算管理的运营使山航集团对整个企业进行了细致有效的管控，实现了整个企业集团的效益目标。但在过去手工状态下实行的预算管理仅能实现集团的“事前算”，很难实现事中的及时控制与调整，给山航集团对企业各种经营指标的完成带来了很大的困难。

2005年年初，集团在综合考虑了各财务软件的特点和其他企业集团的经验，并结合自身情况分析以后，决定在集团内部首先实现信息化的全面预算管理，这是山航集团战略管理的一个重要组成部分，也是实现全面信息化的重要一步。

在确定了信息化全面预算意向后，山航集团也开始从集团管理的角度审视全面预算系统，而不仅仅是从账务系统中导出数据进行罗列和报表管理。该财务软件系统不仅能体现山航集团全面预算的管理思想，而且该财务软件的流程与功能还能支持资源的优化配置和支撑集团战略目标，特别是事前的预算、事中的控制和事后的分析，同时能根据预算的执行情况进行相应的绩效考核，使得该财务软件系统能真正成为山航集团战略管理的有力支撑。具体实现目标为：

（1）内部管理方面，使企业运营具有计划性和强有力的监管性；

（2）业务流程方面，使全面预算的报表编制实现规范化；

（3）决策方面，为集团提供相应的辅助决策和支持；

（4）未来发展方面，为集团建立统一的财务信息化平台。

从全面预算管理着手，山航着眼于未来集团信息化统一平台的建设，既能满足集团及其下属企业全面预算管理的需要，利于优化企业资源配置，保证集团总体财务目标的实现，全方位调动各层面的积极性，促进企业建立和健全内部约束机制、规范企业财务管理行为，促使企业效益实现最大化；又能进行集中管理以实现集团信息化建设。这要求系统在战略控制上实行集中，所有资源进行整合，战术上实行分布式经营，做到既能降低集团的经营风险，又能发挥集团的规模经济优势，协助实现集团公司的战略性目标。

（四）建设方案

山航集团按照“二下二上”的编制预算流程，首先下达集团预算总目标。各单位根据“一下”的总目标并结合自身实际编制“一上”的分预算，在整个预算编制过程中，要随时检查预算平衡及预算控制，检查通过后汇总上报；集团公司对各单位上报的预算进行审查，不符合要求的预算填写审批意见后发回原单位修改。预算报表经审核、审批通过后，再结合企业总预算及经营目标制定企业的各预算指标，形成“二下”指标下达企业后，各企业再根据“二下”指标重新编制“二上”预算指标。“二上”

预算指标要受“二下”指标的控制，平衡检查通过后的预算指标数据上报上级集团公司，上级集团公司进行审批，审批通过的预算汇总合并后形成集团公司总预算。集团公司将以此为依据，在整个预算期内进行监督、控制预算的执行情况。

（五）项目实施

ERP（企业资源计划）项目实施的最大风险就是人的风险，即“人员协同的风险”，山航集团在实施 ERP 项目过程中遇到的最大障碍就是人员协同问题。山航集团公司编制全面预算的主体比较复杂，成员单位涉及控股与非控股的子公司、非法人独立核算单位、B 股上市公司、内资企业、航空运输主业、飞行员、乘务员、维修业务培训等多种预算编制主体。为克服多种编制主体带来的风险，山航集团首先根据预算体系的构成对预算指标的实施进行了明确的分工。山航预算体系与实施分工构成见表 4-1。

表 4-1　山航预算体系构成及部门分工

预算体系	预算表	编制部门
1. 业务预算	（1）收入预算	销售部、货运部
	（2）生产预算	企业管理与证券部
	（3）人工成本预算	人力资源部
	（4）航材采购及维修预算	机务工程部
	（5）飞机、发动机维修预算	
	（6）物资采购、物料消耗预算	财务部
	（7）业务成本预算	
	（8）销售费用预算	销售部、货运部
	（9）管理费用预算	财务部
2. 资本预算	（10）固定资产投资预算	
	（11）权益性资本投资预算	企业管理与证券部
	（12）债券投资预算	
3. 筹资预算	（13）筹资预算	财务部
	（14）财务费用预算	
4. 财务预算	（15）预计利润	
	（16）预计资产、负债	
	（17）预计现金流量	

各实施部门职责清晰，目标明确，有效地降低了预算实施中的人员协同风险。

（六）应用效果

浪潮与山航集团财务部经过两个月的奋力协作，于 2006 年 8 月成功验收了全面预算管理系统。

通过全面预算管理系统，山航集团公司对各单位的生产经营活动有了全面的了解、控制和调整的能力。例如在资源的优化配置方面：某航班如果亏损的话，过去只有到月底盘点的时候才能发现，然后再调整航线；而现在通过全面预算系统，亏损只要达到某个临界值，公司可及时获知相关信息，及时地调整航线，避免亏损的发生。仅此一项每年避免的亏损就达上千万元。全面预算系统确实体现了企业以管理为先导，以管理为本质的思想，是一个动态化的信息管理系统。

通过全面预算管理系统，山航集团公司有效地降低了各种经营成本，提高了员工重视成本的意识。例如在发动机报修费用方面，过去报修的价格都是送修人员自主决定，因而报修价格是无预算控制的，经过全面预算系统控制，送修人员可根据预算价格与维修方协调，降低发动机送修的价格。企业的日常费用如差旅、办公、通信、招待等经过全面预算系统的控制，在员工人数由 1 700 人一直增加到 3 000 人的情况下，这些费用连续三年没有增长。

全面预算管理系统的使用加强了信息的真实性。集团预算体系中约 200 张表格、数据，从企业人工定额和各种物料消耗定额填写后，自动反映到相应的成本表中，后面的环节系统需填写的数据越来越少，最后所有数据汇总到现金收支上来。最终形成的会计报表中有六至七成的数据是从前面的环节中自动生成的，所以要想人为“做假”其实很难，这样就加强了集团对成本数据的控制能力。

全面预算管理系统不仅能帮助企业节约成本、防范风险，还能建立公司战略目标的实现机制。例如：山航集团公司的预算系统中具有自动化预警控制点，能够准确地把握集团公司各预算年度的经营思想和发展目标。

目前浪潮全面预算管理系统在山航集团运行稳定，实现了山航集团对整个生产经营活动的动态监控，加强了企业战略目标的落地能力，实现了把企业中的各种经济活动统一到企业发展目标上来，在集团内部形成了上下一致的合力，推动着山航集团的高效运转的目的。

思考题：

1. 全面预算信息化系统与手工预算相比有哪些优点？

2. 试举例说明全面预算的好处。

【案例二】蒙牛乳业集团财务战略①

（一）企业背景

1999 年 8 月，内蒙古蒙牛乳业（集团）股份有限公司（以下简称“蒙牛乳业集团”）成立，总部设在中国乳都核心区——内蒙古和林格尔经济开发区，拥有总资产 100 多亿元，职工近 3 万人，乳制品年生产能力达 600 万吨。

到目前为止，包括和林基地在内，蒙牛乳业集团已经在全国 16 个省市区建立生产基地 20 多个，拥有液态奶、酸奶、冰淇淋、奶品、奶酪五大系列共 400 多个品项，产品以其优良的品质覆盖国内市场，并出口到美国、加拿大、蒙古、东南亚及港澳等多

① 案例资料引自 www. mengniu. com. cn/about/jtjs 网站。

个国家和地区。本着“致力于人类健康的牛奶制造服务商”的企业定位，蒙牛乳业集团在短短十年中，创造出了举世瞩目的“蒙牛速度”和“蒙牛奇迹”。从创业初“零”的开始，至2008年年底，蒙牛乳业集团主营业务收入实现239亿元，年均递增104%，是全国首家收入过200亿元的乳品企业。其主要产品的市场占有率超过35%；超高温瞬时处理（Ultra Temperatare Treated，UHT）牛奶销量全球第一，液体奶、冰淇淋和酸奶销量居全国第一；乳制品出口量、出口的国家和地区数量居全国第一。

据2006年9月国家统计局发布的“首届中国大企业集团竞争力500强”，蒙牛乳业集团位居第11位，名列全国同行业之首；在2006年首届“亚洲品牌500强排行榜”中，蒙牛乳业集团位居亚洲乳制品企业第3位（前两名为日本企业）。另据权威机构公布数据显示，蒙牛乳业集团跻身2009年全国大企业集团500强的第241位，2009年全球乳业20强第19位，居全国同行业之首。蒙牛股票被国际著名金融服务公司摩根士丹利评选为截至2012年全球50只最优质股票之一。

作为农业产业化国家重点龙头企业，蒙牛乳业集团已在全国各生产基地的周边地区建立奶站共计3 000多个，拥有奶农达百万户，累计收购鲜奶超过1 500万吨，累计为农牧民发放奶款超过400亿元，累计创造产值超过1 000亿元，累计缴纳税款超过40亿元，累计创造就业机会超过30万个，被社会形象地誉为我国西部大开发以来“最大的造饭碗企业”。

为了适应蒙牛现代化生产技术的需求和满足高端乳制品生产的需要，蒙牛乳业集团继续加强奶源建设，积极与现代牧业公司合作，在全国先后建成了11个万头以上现代牧场。目前，来自现代牧场的奶源已经占到了蒙牛总奶源的60%以上。今后，围绕全国重点工厂，蒙牛乳业集团将以同样的方式组织建设20多个万头以上超大型现代牧场。

十年来，按照“立足自主开发，强化联合作业，培育核心产品，抢占技术高端”的工作思路，蒙牛乳业集团累计投入科研资金上亿元，走出了一条独特的自主创新之路。在国内外申请注册商标430件，申请国家专利847件（其中发明专利166件，实用新型专利14件，外观设计专利667件）。建成我国第一个乳业生物技术平台，推出极品纯牛奶“奶爵6特乳”和“特仑苏纯牛奶”；突破世界乳业3项技术难题，完成了乳品新秀——蒙牛真果粒的研发与上市；合作研制出符合国人体质的益生菌群和高档婴幼儿配方奶粉；创建了国际领先的乳制品研发中心；掌握了具有完全自主知识产权、世界一流的奶牛性别控制技术，性控准确率达93%以上，对我国奶牛品种结构优化升级起到决定性的推动作用。

内蒙古蒙牛乳业（集团）股份公司，成立于1999年。2002年10月19日，“第五届中国成长企业首席执行官峰会”在人民大会堂召开，在大会表彰的1999—2001年中国超速成长百强企业中，蒙牛乳业以1 947.31%的成长速度名列榜首。到2003年年底，集团营业额已突破50亿。业务主要涉及乳品领域，5 000多个花色品种，市场覆盖全国，直销40多个国家和地区。

公司股票于2004年6月10日在中国香港联合交易所成功上市，股份代号为2319；面值为每股0.10港元，发售价为每股3.925港元，发行新股2.5亿股。蒙牛公司成为中国乳业首家在中国香港上市的企业，也是内蒙古自治区首家在大陆地区以外的国际化证券交易所上市的企业。

（二）蒙牛的财务战略实践

1. 建立战略财务评价体系

蒙牛出台并完善对各个事业部的运营状况进行考评的财务指标评价体系；针对各事业部的财务负责人的理财水平，蒙牛出台了财务负责人理财水平评价体系；针对项目负责人所负责项目的质量，蒙牛出台了项目投资评价体系。

2. 建立资金与预算、核算与管理体系

针对各个事业部资金的筹集和使用情况，蒙牛出台了集团公司投资与融资管理体系；并针对各个事业部预算执行情况，蒙牛出台了预算执行结果评价考核体系。

3. 建立财务集中管理体系

蒙牛财务机构的设置以“分工明确、权力集中、统一协调”为原则，总部以服务和管理为主，分公司、子公司以执行和操作为主。总体组织结构层级分工充分体现协同效应的功能。

（三）蒙牛财务战略的评价与分析

1. 定位与目标

蒙牛集团从制定集团的中长期发展战略着手，引入各种财务管理工具，力争增加收入、降低成本、改善资产负债状况。尤其是战略投资者投资蒙牛后，应收账款、存货及长期借款均有较大改善，财务费用也大幅下降。蒙牛集团通过引进经销商信贷额度、完善法人治理结构、增加运营透明度、加强财务管理流程建设以及企业信息化建设，很大程度地提高了财务战略管理对集团经营发展的作用，造就了蒙牛集团持续、稳定盈利的局势。蒙牛面临的主要挑战是加入世界贸易组织后，乳业竞争更加严峻、激烈，信息的不及时导致成本控制、市场预测、客户管理和风险规避失去客观数据支持，不能理想地实现公司的财务战略管理目标。蒙牛的目标是计划用五至十年时间成为国内乃至世界乳制品专业制造商的引领者，并在2003年成为国内乳业领军品牌，2010年成为世界乳业领先品牌。恰当的财务战略定位使蒙牛集团成为了国内乳业的巨头。

2. 战略的选择

通常，财务战略有三条路径可供选择：扩张型、稳健型和防御收缩型。蒙牛集团选择了扩张型财务战略，这是与其集团生命周期所处的阶段即高成长发展战略阶段密切相关的。根据企业生命周期理论，多数企业的发展周期分为投入期、成长期、成熟期和衰退期四个阶段。在企业投入期，其财务特点是资金短缺，企业核心竞争力尚未形成；财务管理的核心是资金筹措，企业通过内部的自我发展来实现增长。在成长期及成熟期，资金已相对充足，已形成企业核心竞争力，规模开始扩大，企业可以通过并购实现企业的外部发展。在衰退期，销售收入和净利润已开始下降，企业应该考虑变革企业组织结构形态和企业经营方向，实现企业转型。通常，在投入期和成长期企业宜采取扩张型的财务战略，在成熟期则往往采取稳健型的财务战略，而在衰退期企业应该采取防御型、收缩型的财务战略。企业处于投入期、成长期是蒙牛集团选择扩张型财务战略的根本原因。

蒙牛根据企业的发展需要，选择了扩张型财务战略。扩张型财务战略，是以实现企业资产规模的快速扩张为目的的一种财务战略。为实施此战略，企业不仅要将绝大部分乃至全部利润留存，还要进行外部筹资，更多地利用负债以弥补企业扩张需要而造成的资金不足，同时为企业带来财务杠杆效应。

在选择扩张型财务战略时，企业还要充分考虑财务风险问题。蒙牛 CFO（首席财务官）特别关注的是蒙牛快速扩张带来的财务风险。蒙牛已经退出了乳业具体经营，变事中控制为指导管理，此时应如何事前规避财务风险？另外，由于集团不直接干涉公司经营，却要保证整个集团的收益，如何保证子公司的数据真实、准确？蒙牛在警觉扩张带来高风险的同时也进行财务预测，并充分利用资本运作在中国香港上市融资，采取了恰当的资本筹集战略，这为蒙牛快速发展打下了夯实的基础。

思考题：

1. 举例说明某公司是否已经制定了公司战略以及财务管理战略？如果已经制定，该财务战略是否是多层次的？是否已经建立起有力的实施保障体系？

2. 公司每年是否制订财务战略的实施计划？计划执行效果如何？

3. 公司是否把生产和研发作为财务管控的基础？

4. 公司财务管理的组织结构体系是什么样的？

二、作业与练习题

（一）单项选择题

1. 以下属于企业战略的是（　　）。

A. 国务院制定的“十一五”计划

B. 学校的教学规划

C. 营利性的经济组织制定的未来跨国经营方案

D. 政府的分支机构制定的规章

2. 下列属于职能战略制定者的是（　　）。

A. 首席执行官　　B. 销售经理

C. 董事会成员　　D. 公司总经理

3. 福特汽车公司总裁亨利·福特要求“T 型”福特汽车漆成黑色的行为，就可以理解为一种战略。按照明茨伯格的战略 5P 定义，这表明（　　）。

A. 战略是一种计谋　　B. 战略是一种观念

C. 战略是一种模式　　D. 战略是一种定位

4. A 公司是一家房地产公司，甲是该公司的董事长，乙是该公司的总经理，丙是销售经理、丁是董事会的成员。那么，甲、乙、丙和丁中属于制定职能战略的是（　　）。

A. 甲　　B. 乙　　C. 丙　　D. 丁

5. 一家酒类公司划分为白酒部和葡萄酒部，分别面向不同的市场，制定不同的战略。白酒部和葡萄酒部战略组各自制订适合自身的战略属于（　　）。

A. 公司战略　　B. 业务单位战略
C. 职能战略　　D. 营销战略

6. 表述企业的根本性质和存在理由，体现企业的哲学、信念、原则的是（　）。

A. 企业愿景　B. 企业使命　C. 企业目标　D. 企业战略

7. “兵无常势，水无常形；能因敌变化而取胜者，谓之神。”这句话最能体现企业战略中的哪个要素（　）。

A. 要有愿景　　B. 具有可持续性
C. 有效传递战略的流程　　D. 与获取竞争优势有关

8. 下列不属于职能层战略的是（　）。

A. 市场营销　　B. 人力资源
C. 竞争战略　　D. 研究与开发

9. 战略的5P定义中，体现环境适应特征的是（　）。

A. 观念　B. 定位　C. 计划　D. 模式

10. 企业的使命回答的是（　）的问题。

A. “我们要做什么，该怎么做”
B. “我们要做什么、为什么这样做”
C. “企业在什么位置，该做什么”
D. “我们的竞争对手在做什么，我们该怎么做”

11. 下列关于应用相关性检验表述不正确的是（　）。

A. 应用相关性检验包括价值增值检验、竞争优势检验和一致性检验
B. 一致性检验是指战略应该以清晰且合乎逻辑的方式表达
C. 良好的战略能够在市场中为企业带来价值增值
D. 良好的战略能够为企业带来可持续的竞争优势

12. 下列选项中，属于企业使命的是（　）。

A. 在30分钟内能够安全地运送热的、而且能保证质量的、低价位的或者是适当价位、满意价位的比萨饼

B. 提高汽车的质量，开发新产品，减少新车上市的时间增加公司产品的市场份额

C. 在质量或客户服务或产品效益上超过关键竞争对手

D. 给普通百姓提供机会，使他们能与富人一样买到同样的东西

13. 某市政府已经提出将大力发展该市郊区，一家食品加工企业购买了这地区的一块土地用于建造新厂，以计划为其带来商机。该食品加工企业的战略是一种（　）。

A. 计划　B. 计谋　C. 观念　D. 模式

14. 战略与结构关系的基本原则是（　）。

A. 组织战略服从于组织结构
B. 产生共同愿景
C. 组织战略与组织结构并列
D. 组织结构服从于组织战略

15. 下列属于战略分析的外部因素的是（　　）。

A. 宏观环境分析　　B. 内部资源分析

C. 企业能力分析　　D. 市场竞争能力分析

16. 对企业进行宏观环境分析，（　　）不是其要考虑的因素。

A. 社会和文化因素　　B. 技术因素

C. 行业因素　　D. 经济因素

17. 下列各项中，不属于 PEST 分析的经济环境因素是（　　）。

A. 产业结构　　B. 经济发展水平

C. 国民收入分配政策　　D. 人口地区分布

18. 随着我国经济的不断发展，生活日渐富裕，对于服装的消费，人们越来越倾向于有档次、有品位的品牌服装，物美价廉已不再是人们的首要选择，这是宏观经济因素中（　　）因素的表现。

A. 经济环境　　B. 政治和法律环境

C. 社会和文化环境　　D. 技术环境

19. 为了保护环境，当前北京市对汽车尾气排放的标准进行了严格的限制，因此制造汽车的企业在设计生产时必须要遵守并力求制造出环保型汽车，这属于宏观环境中（　　）因素的影响。

A. 经济环境　　B. 技术环境

C. 政治和法律环境　　D. 社会和文化环境

20. 企业在应对政治风险时，以下措施不正确的是（　　）。

A. 进行充分的风险评估

B. 与执政党密切合作并完全信任

C. 寻求当地企业合作

D. 寻求本国政府帮助

21. 从行业生命周期各阶段特点来看，市场销售量基本稳定的阶段属于（　　）。

A. 起步期　　B. 成长期　　C. 成熟期　　D. 衰退期

22.（　　）提出了著名的“五力模型”。

A. 钱德勒　　B. 波特　　C. 魁因　　D. 安索夫

23. 要从产业中找出不同企业战略管理的共性，更准确地把握产业的竞争方向和实质，常用的分析方法是（　　）。

A. SWOT 分析法　　B. 战略集团分析法

C. PEST 模型　　D. 五力模型

24. 如果一个产业的进入壁垒较低，对行业内现有的企业的威胁就（　　）。

A. 越大　　B. 越小　　C. 不变　　D. 无关

25. 政策和制度对旅游景区行业进入并不会产生更大的市场壁垒，但在景区的后期经营和运行中，市场竞争会越来越高，可见旅游景区行业属于（　　）。

A. 进入壁垒高，退出壁垒高

B. 进入壁垒高，退出壁垒低

C. 进入壁垒低，退出壁垒高

D. 进入壁垒低，退出壁垒低

26. 当购买商具有较强的议价能力时，从该行业购买的产品应该属于标准化的产品或是（　　）。

A. 差异产品　　B. 无差别产品

C. 个性化产品　　D. 优质产品

27. 某国内汽车制造厂对中国经济增长潜力抱着乐观态度，除继续生产中等档次的车种外，在2009年开始生产高端越野车，希望吸引国内市场的高端消费者。这种做法属于（　　）。

A. 市场渗透　　B. 市场细分

C. 工业细分　　D. 产品分散化

28. 百事可乐和可口可乐的广告策略，表明这些企业对其主要消费者群体采用的是（　　）。

A. 应用细分　　B. 价值细分

C. 生活形态细分　　D. 心理细分

29. 可以使企业实现全球化的效率和本土化的敏捷反应的一种国际化战略为（　　）。

A. 多国化战略　　B. 全球化战略

C. 跨国化战略　　D. 以上都可

30. 下列（　　）不能提高行业的进入壁垒。

A. 规模经济　　B. 客户忠诚度

C. 政府政策　　D. 替代品

31. 乙公司自1880年成立以来一直在A国从事烟草经营。近几年A国居民健康意识逐渐提升，加之A国政府不断提高烟草税收，使乙公司的营业额持续减少。为解决所面临的经营困难，乙公司最合理的做法是（　　）。

A. 采用适当的密集型战略

B. 增加在价值链中的增值活动

C. 利用国际贸易生命周期创造商机

D. 采用收缩型战略

32. 对于手机行业，其最主要的特征是（　　）。

A. 产品高度标准化

B. 规模经济不太明显

C. 产品技术更新比较缓慢

D. 行业的进入壁垒高

33. 从战略上来讲，了解（　　）是非常重要的，因为其表明企业拥有进入市场或增加市场份额的机会。

A. 消费者的消费动机

B. 市场细分

C. 消费者的未满足需求

D. 工业细分

34. 规模经济是指（　　）。

A. 在一定时间内，产品单位成本随总销量的增加而降低

B. 在一定时间内，产品单位成本随总产量的增加而降低

C. 在一定时间内，产品总成本降低

D. 在一定时间内，产品单位成本降低

35. 下列正确排列国际贸易生命周期顺序的是（　　）。

①发达国家与低成本国家在其他国家竞争；②进口国以低成本生产同样的产品；③低成本优势国家将产品销往发达国家；④发达国家创新出新的产品

A. ①②④③　　B. ④①③②　　C. ④②①③　　D. ①④②③

36. 下列属于外部环境与经营战略差距分析的是（　　）。

A. 企业业绩与经营战略

B. 企业能力与经营战略之间的差距

C. 主要利益相关者与经营战略差距

D. 行业竞争对手与经营战略差距

37. 下列企业的战略发展方法属于内部发展的是（　　）。

A. 某制造企业通过发行股票融资用来投资一条新的生产线

B. 某航空公司为降低经营风险而并购了一家石油公司

C. 几家民营企业为增强竞争力而合并

D. 某制造企业为实现规模经济而购买了另一家小型制造企业

38. 下列说法不正确的是（　　）。

A. 企业采用纵向一体化战略有利于节约与上、下游企业在市场上进行购买或销售的交易成本，控制稀缺资源，保证关键投入的质量或者获得新客户

B. 企业采用纵向一体化战略的主要风险之一是：不熟悉新业务领域所带来的风险

C. 企业采用横向一体化战略的主要目的是为了减少竞争压力、实现规模经济和增强自身实力以获取竞争优势

D. 企业采用离心多元化战略的目标主要是利用产品、技术、营销等方面的共通性

39. 甲律师事务所系经司法部门批准成立的我国最早的合伙制律师事务所。今年该所与国内的另一律师事务所进行了合并。甲律师事务所的合并战略属于（　　）。

A. 集中化战略　　B. 市场渗透战略

C. 纵向一体化战略　　D. 横向一体化战略

40. 乙公司为国内经营多年的制药公司，近期成功研制了一种预防新型流感的疫苗。乙公司管理层计划将此疫苗规模化生产，并同时在国内市场和国外市场销售，预计该疫苗的销售可为公司未来数年带来较高的净收益。根据企业成长矩阵，乙公司进军国外市场的计划属于（　　）。

A. 市场渗透战略　　B. 市场开发战略
C. 产品开发战略　　D. 多元化战略

41. 以下属于零基预算的是（　　）。
A. 采购部门根据基期预算调整本期预算
B. 销售根据基期实际发生额调整本期预算
C. 管理部门继续采用上期预算
D. 制造部门根据预期重新编制预算

42. 零基预算的缺点不包括（　　）。
A. 它是一个复杂的耗费时间的过程
B. 它可能强调短期利益而忽视长期利益
C. 没有降低成本的动力
D. 管理团队可能缺乏必要的技能

43. A 企业目前准备投产一新项目，但是最近资金周转不足，无法立即购买项目需要的设备，于是，A 公司决定通过租赁取得这项设备。A 公司的筹资方式属于（　　）。
A. 内部融资　B. 股权融资　C. 债权融资　D. 销售资产

44. A 公司是一家乳制品加工企业，其生产的一种老年人专用牛奶目前销售增长率处于上升阶段，但市场占有率不高，存在着强大竞争对手，自己的营销通路手段等有重大缺陷，但该品牌市场潜力被看好。这时，企业最应该采取的策略是（　　）。
A. 追加投资，扩大业务
B. 保持目前的市场份额，不再追加投资
C. 缩小经营规模，退出市场
D. 首先分析自身的实力及优势，决定是否追加投资，扩大市场份额

45. 关于企业销售增长率和可持续增长率表述正确的是（　　）。
A. 销售增长率超过可持续增长率时会出现现金剩余
B. 销售增长率超过可持续增长率时会出现现金短缺
C. 销售增长率超过可持续增长率时，应设法筹资支持高增长
D. 销售增长率超过可持续增长率时，应降低增长率减少价值减损

46. 在创造价值/增长率的财务战略矩阵中，处于第二象限的财务战略属于（　　）。
A. 增值型现金短缺　　B. 增值型现金剩余
C. 减损型现金剩余　　D. 减损型现金短缺

47. 企业应该大力增加投资力度和市场推广力度的产品应该是（　　）。
A. 明星产品　B. 金牛产品　C. 问号产品　D. 瘦狗产品

48. 当某个业务单元的投资资本报酬率小于资本成本并且可持续增长率小于销售增长率时，应当优先采用的战略是（　　）。
A. 提高财务杠杆　　B. 分配剩余现金
C. 出售该业务单元　　D. 降低资本成本

49. 下列关于波士顿矩阵中问号产品的表述中，正确的是（ ）。

A. 问号产品是指增长市场较低、市场份额较低的产品，因此企业通常都不能产生大量现金，而出现负现金流

B. 问号产品是指增长市场较低、市场份额较高的产品，因此企业通常都会实施多元化战略去获取更高的利润

C. 问号产品是指增长市场较高、市场份额较高的产品，因此企业通常都会把其问号产品淘汰

D. 问号产品是指增长市场较高、市场份额较低的产品，因此企业通常都不能产生大量现金，而出现负现金流

50. 有关市盈率说法不正确的是（ ）。

A. 起步期市盈率最高　　B. 衰退期市盈率最低

C. 成熟期比成长期更高　　D. 成长期比成熟期更高

51. 波士顿矩阵中，决定整个经营组合中的每一经营单位所应当奉行的战略的两个基本参数是市场增长率和（ ）。

A. 市场份额　　B. 产业规模　　C. 市场经济　　D. 竞争程度

52. 根据波士顿矩阵，下列产品中首选战略是巩固市场份额，尽量延长获取大量现金流入的时间的是（ ）。

A. 明星产品　　B. 金牛产品　　C. 问号产品　　D. 瘦狗产品

53. 某酒类产品市场销售增长率处于上升阶段，在与主要竞争对手竞争中处于领先地位。这类品牌既有发展潜力，企业又具有竞争力，是高速成长市场中的领先者，是企业发展的重点品牌。对于该产品，企业最应该采取的策略是（ ）。

A. 缩小经营规模，退出市场

B. 保持目前的市场份额，不再追加投资

C. 追加投资，扩大业务

D. 支付较多的股利

54. 甲、乙、丙和丁在讨论企业经营风险最高阶段是哪个阶段，甲说是起步期，乙说是成长期、丙说是成熟期、丁说是衰退期，你认为说法合理的是（ ）。

A. 甲　　B. 乙　　C. 丙　　D. 丁

55. 某企业的产品是各部门之间标准化的产品，根据此特征可初步判断该产品属于生命周期的（ ）阶段。

A. 引入期　　B. 成长期　　C. 成熟期　　D. 衰退期

56. 不属于确定企业财务战略的阻力的是（ ）。

A. 董事会对财务结构的看法

B. 政府的汇率政策

C. 通货膨胀

D. 竞争对手的经营战略

57. 在所有的诸如生产销售、材料、现金支出预算中，（ ）是生产企业最为关键的预算。

A. 生产预算　　　　B. 销售预算
C. 制造费用预算　　D. 人工预算

58. 由于弹性预算是随着业务量的变化作为机动调整，其本身具有一定的弹性，因此这种预算又称为（　）。

A. 固定预算　B. 零基预算　C. 变动预算　D. 概率预算

59. 固定预算是（　）。

A. 静态预算　B. 零基预算　C. 生产预算　D. 弹性预算

60. 编制预算时，对所有的预算支出不考虑其以往的情况，一切以零为起点，从实际出发考虑各个项目的必要性和其支出数额的大小的预算称为（　）。

A. 弹性预算　B. 概率预算　C. 零基预算　D. 实际预算

61. 下列不属于短期预算的是（　）。

A. 销售预算　　　　B. 生产预算
C. 购置固定资产预算　D. 成本预算

62. 滚动预算是一种自始至终保持十二个月的预算幅度的预算，因此它又被称为（　）。

A. 固定预算　B. 弹性预算　C. 永续预算　D. 变动预算

63. 全面预算从其内容看，主要有三大类：业务预算、专门决策预算和（　）。

A. 现金预算　B. 销售预算　C. 财务预算　D. 生产预算

64. 企业生产经营预算通常是在（　）的基础上进行的。

A. 销售预测　B. 现金预算
C. 生产预算　D. 产品成本预算

65. 生产预算的主要内容有生产量、期初和期末产品存货及（　）。

A. 资金量　B. 工时量　C. 购货量　D. 销货量

66. 全面预算的出发点是（　）。

A. 预计利润表　B. 销售预算
C.生产预算　D. 产品成本预算

67. 下列预算中，不涉及现金收支内容的项目为（　）。

A. 销售预算　　B. 生产预算
C. 制造费用预算　D. 产品成本预算

68. 下列各项中不能直接在现金预算中得到反映的有（　）。

A. 期初现金余额　B.产销量情况
C. 现金收支情况　D. 现金筹措情况

69. 企业的全面预算体系的终结为（　）。

A. 现金预算　　B. 销售预算
C. 预计财务报表　D. 资本支出预算

70. 变动性制造费用预算的编制基础为（　）。

A. 生产预算　B. 销售预算
C. 材料预算　D. 产品成本预算

71. 属于业务预算的内容有（ ）。

A. 生产预算　　B. 制造费用预算

C. 现金预算　　D. 销售预算额

（二）多项选择题

1. 行业生命周期包括四个阶段（ ）。

A. 起步期　B. 成长期　C. 成熟期　D. 衰退期

2. 预算的编制方法有多种，一般有（ ）。

A. 弹性预算　　B. 销售预算

C. 零基预算　　D. 滚动预算

E. 概率预算

3. 下列属于全面预算中的预算是（ ）。

A. 销售预算　　B. 弹性预算

C. 生产预算　　D. 零基预算

E. 预计收益表

4. 现金收支预算是用来反映企业的（ ）的预算。

A. 现金收入　B. 现金支出　C. 现金余绌　D. 通融资金

5. 销售预算的主要内容有（ ）。

A. 销售收入　　B. 销售费用

C. 销售数量　　D. 销售单价

E. 销售时间

6. 通常完整的全面预算应包括（ ）三个部分。

A. 营业预算　　B. 财务预算

C. 销售预算　　D. 资本支出预算

E. 成本预算

7. 财务预算包括（ ）。

A. 现金预算表　　B. 资本支出预算

C. 预计收益表　　D. 预计资产负债表

E. 资本收入预算

8. 现金预算是各有关现金收支预算的汇总。通常包括（ ）等四个组成部分。

A. 现金收入　　B. 现金支出

C. 现金多余或现金不足　　D. 资金的筹集与应用

E. 资金的分配

9. 影响预计生产量的因素有（ ）。

A. 预计销售量　　B. 预计期末存货

C. 预计期初存货　　D. 预计采购量

E. 预计费用

10. 全面预算中，营业预算包括（ ）。

A. 现金预算　　B. 销售预算
C. 生产预算　　D. 成本预算
E. 资本支出预算

11. 预计财务报表包括（　　）。
A. 预计收入表　　B. 预计成本表
C. 预计资产负债表　　D. 预计利润表
E. 现金预算表

12. 预算财务报表的编制基础包括（　　）。
A. 销售预算　　B. 生产预算
C. 成本预算　　D. 销售及管理费用预算
E. 现金预算

（三）简答题

1. 简述企业不同发展阶段的财务战略选择。

2. 经分析，某企业所在行业目前需求迅猛增长，行业内各企业销售额也迅速增长，成本下降，行业内企业利润增加，吸引着新的竞争者纷纷涌入。

要求：试分析企业所在行业目前属于生命周期中的哪个阶段，以及企业在这一阶段应采取的财务战略。

（四）计算题

1. 某公司2000年的销售额为1 000 000元，为本公司最大生产能力，假定税后净利占销售额的4%，计40 000元，已分配利润占税后净利的50%，即20 000元。预计2001年销售量可达1 500 000元，已分配利润仍为税后净利的50%，该公司2000年12月31日的资产负债表见表4－2。

表4－2　　某公司资产负债表

2000年12月31日　　单位：元

资产		负债及所有者权益	
银行存款	20 000	应付账款	150 000
应收账款	170 000	应付票据	30 000
存货	200 000	长期借款	200 000
固定资产	300 000	实收资本	400 000
无形资产	110 000	未分配利润	20 000
资产总计	800 000	负债及所有者权益	800 000

要求：根据上述资料预测该公司2001年的资金需要量。（注：资产部分销售收入与无形资产无关，负债及所有者权益部分销售收入只与应付账款有关）

2. 假设中盛公司近5年某产品的产量与成本资料见表4－3。

表 4-3　　中盛公司产量与成本情况表

年份	产量（件）	单位产品成本（元）
1	500	70
2	600	69
3	400	71
4	700	69
5	800	65

计划年度的预计产量为 850 台。

要求：采用回归直线法预测计划年度产品的总成本和单位成本。

专题三　筹资决策

第五章　长期筹资方式

一、教学案例

【案例一】华特·迪士尼公司融资案例①

（一）公司背景介绍

华特·迪士尼公司（The Walt Disney Company，TWDC），成立于1922年5月23日，创始人沃尔特·迪士尼用1 500美元组成了“欢笑卡通公司”。迪士尼取名源自其创始人华特·迪士尼，其总部设在美国伯班克，主要业务包括娱乐节目制作、主题公园、玩具、图书、电子游戏和传媒网络。作为一个娱乐品牌，迪士尼在2008年《商业周刊》的世界100强品牌（按照品牌价值）排名中为第9位。2008年12月30日，世界权威的品牌价值研究机构——世界品牌价值实验室举办的“200世界品牌价值实验室年度大奖”评选活动中，迪士尼凭借良好的品牌印象和品牌活力，荣登童装品牌类“中国最具竞争力品牌榜单”大奖，赢得广大消费者普遍赞誉。现在，华特·迪士尼公司已经成为全球最大的娱乐公司。其创始人沃尔特·迪士尼，则被誉为“奇特的天才”、“百年难遇的欢乐使者”，美国总统约翰逊称“他所创造的真、美、欢乐是永世不朽的”、“是全世界的一笔宝贵财富”。迪士尼公司主要涉及的业务如下：

（1）迪士尼影视娱乐。公司的主要产业是迪士尼影视娱乐，整个华特迪士尼公司都是在这部分业务的基础上建立的。这部分业务的核心是世界著名的动画长片和真人电影业务。该部门负责包括迪士尼、试金石、米拉麦克斯、好莱坞、皮克斯等多个品牌电影全球发行，公司DVD录像带的发行；同时负责音乐剧、冰上世界等舞台剧的制作、发行以及迪士尼多品牌唱片的发行。

（2）迪士尼主题乐园度假区。该部门负责全球迪士尼主题乐园的建造、设计和运营。除了全球5个迪士尼度假区、11个主题乐园之外，同样拥有两艘巨型油轮——迪士尼海上巡航线。另外迪士尼区域娱乐负责运营ESPN Zone主题餐馆，而阿纳海姆运动公司（Anaheim Sports，Inc.）则负责运营迪士尼的冰球队“巨鸭队（The Mighty Ducks）”。

（3）迪士尼消费品。该部门开始于1929年，主要负责迪士尼周边消费品的授权。

① 本案例相关资料节选自天津科技大学财务管理精品课程网站。

作为全球最大的品牌消费品授权商，迪士尼和全球广泛的授权商合作推出包括服饰、玩具、食品等各种消费品。另外迪士尼全球出版部门也在该部门旗下。而博伟游戏集团负责迪士尼互动软件的开发和发行。迪士尼直销业务包括直销网站和迪士尼专卖店。

(4) 迪士尼媒体网络。该部门负责运营迪士尼的各种媒体网络资产，包括迪士尼1996年完成收购的ABC集团业务，具体包括电视节目的制作和电视台的运营。同时负责广播的制作和广播台的运营，具体包括Radio Disney等。另一个亮点ESPN，也是迪士尼控股的。公司的有线网络部分掌控着全球的迪士尼频道（The Disney Channel）以及一些其他拥有股份的频道，而负责运营迪士尼互联网资产的迪士尼互联网集团也在此部分当中。

迪士尼的品牌核心是“创新、品质、共享、故事、乐观、尊重”，这是迪士尼鼎盛的根本所在。从1928年推出《威利汽船》以来，迪士尼已经经历了近80年的发展，但是迪士尼这个品牌的核心却一直没有变。

(二) 公司发展历程

1928年，沃尔特·迪士尼的动画片《蒸汽船威利号》首次大胆使用配音并取得巨大成功，那可爱而顽皮的米老鼠在世界各地受到前所未有的欢迎。其后，一系列经典卡通片如《白雪公主和七个小矮人》、《皮诺曹》等更是俘获了一代又一代观众的心。迪士尼的品牌迅速树立起来。

1955年，迪士尼把动画片所运用的色彩、刺激、魔幻等表现手法与游乐园的功能相结合，推出了世界上第一个现代意义上的主题公园——洛杉矶迪士尼乐园。这是老迪士尼给迪士尼帝国留下的最宝贵财产之一。1966年老迪士尼的去世带走了迪士尼激情四溢的创作灵感。但是，华特·迪士尼公司还是延续老迪士尼的思路，又在本土建成了由7个风格迥异的主题公园、6个高尔夫球俱乐部和6个主题酒店组成的奥兰多迪士尼世界。在1983年和1992年，迪士尼以卖出专利等方式，分别在日本东京、法国巴黎建成了两个大型迪士尼主题公园，迪士尼由此成为主题公园行业的巨无霸级跨国公司。

然而，整个20世纪70年代对华特·迪士尼公司来说几乎是“失去的10年”。迪士尼一直徘徊在低增长甚至亏损的边缘。直到1984年，出身于ABC电视台的迈克尔·艾斯纳成为迪士尼董事会主席和首席执行官时，情况才被彻底改变。艾斯纳的就职是迪士尼帝国真正建立的起点。由于艾斯纳的出色运作，公司利润在两年内迅速翻了两番。

目前，华特·迪士尼公司已经成为全球性的多媒体公司。它是好莱坞最大的电影制片公司，而且不仅仅局限于卡通影片的制作，已经开始真人实景影片的制作；至今迪士尼乐园已经成为迪士尼王国的主要收入来源，提供的利润占总利润的70%；1995年迪士尼收购美国广播公司，全面进入电视领域；并出售以卡通形象制造玩偶的特许经营，每年的营业额在10亿美元左右；迪士尼唱片公司致力于唱片、录影带、影碟及儿童印刷出版物的经营；其中将过去几十年出品的影片制成影像带出售，每年即可收入1.7亿美元。

到1995年迈克尔·艾斯纳收购美国广播公司之前，华特·迪士尼公司当年的营业额达到121.28亿美元，利润达13.937亿美元，市场价值达470.4亿美元，分别比1994

年增长 14.1%、13.8%和63.5%。而与1922年相比，则是几千万倍的增长。在艾斯纳任职的前13年中，迪士尼的股价平均每年增长27%，资产回报率一直保持在18.5%，迪士尼帝国的市值也由20亿美元涨至2000年的900亿美元。

2001年7月23日，沃尔特·迪士尼（Walt Disney Co.）公司已经同意以53亿美元（包括30亿美元现金外加承担23亿美元债务）的价格从新闻集团（News Corp.）和塞班娱乐公司（Saban Entertainment）手中并购福克斯家庭频道（Fox Family WorldWide）公司。

华特·迪士尼公司称，公司是在击败了美国在线时代华纳和维亚康姆（Viacom）公司之后，才成为了福克斯家庭频道（Fox Family Channel）的母公司。

福克斯家庭频道被华特·迪士尼公司并购之后被命名为ABC家庭（ABC Family），与位于欧洲和拉丁美洲的福克斯儿童（Fox Kids）国际频道同属华特·迪士尼公司名下。另外，华特·迪士尼公司还将收购塞班娱乐（Saban Entertainment）公司图书馆的6 500部动画片以及其他家庭节目。

迪士尼董事长兼首席执行官麦克尔·艾斯纳（Michael Eisner）称："这些频道非常适合于我们。我们将继续不断创作、提高节目的质量并重新规划这些节目。"此次收购将为华特·迪士尼公司增加一亿一千五百万名新用户，并使其全球用户总数达到约9亿名。

迪士尼最近的"疯狂"收购行动始于2001年2月份，当时艾斯纳在华特·迪士尼公司新建的加州探险主题公园里向蜂拥而至的分析人士许诺说，迪士尼将"在收购市场上扮演主要角色"。但艾斯纳同时表示，他不会为了让华特·迪士尼公司的名字登上报纸头条就仓促决定收购哪家公司。

到了5月份，当迪士尼公布其季度盈利报告时，艾斯纳再次暗示说，迪士尼目前拥有的现金数量足以完成任何收购计划，而该公司认为不错的收购对象也是不计其数。当时，迪士尼的财务总监汤姆·斯塔格斯也表示："我认为华特·迪士尼公司在未来几年之内将不会在收购市场上当个袖手旁观的看客。"斯塔格斯甚至还在一次纽约投资研讨会上开诚布公地表示，迪士尼之所以在此之前支出谨慎就是为了"不久后有一天能够用30亿、40亿乃至50亿美元收购其他公司"。

事实上，只需看一看华特·迪士尼公司的资产债务表就可以发现，艾斯纳和斯塔格斯并没有"口出狂言"。在向美国证券交易委员会提交的报告中，迪士尼表示其现金储备高达46亿美元；同时，迪士尼还具有极强的贷款能力，到2001年5月份，该公司尚有50亿美元的可贷款权没有使用；另外，随着加州探险主题公园的开张营业，迪士尼的现金收益还会越来越多。

艾斯纳和迪士尼的首席财务官汤姆·斯泰格斯（Tom Staggs）告诉分析家和股东，到2002年，公司希望每年的现金流能够增长到20亿美元。如何处理每年拥有20亿美元的现金似乎是所有人关注的问题。按照迪士尼的做法，公司可能会回购一些股票。在2001年过去的几个季度，公司的确回购了价值约2.35亿美元的股票，这表明公司管理层对迪士尼的信心，公众持有者多年来也习惯股票持续上升的情况了。但是对艾斯纳来说，也许到了买点别的东西的时候了。

迪士尼的财务状况见表5-1、表5-2、表5-3、表5-4。

表 5-1　　华特·迪士尼公司 1997—2002 年年度总收入　　单位：百万美元

	2002	2001	2000	1999	1998	1997
一季度	7 048.00	7 433.00	6 932.00	6 589.00	6 339.00	6 278.00
二季度	5 904.00	6 049.00	6 303.00	5 510.00	5 242.00	5 481.00
三季度	5 795.00	5 975.00	6 051.00	5 522.00	5 248.00	5 194.00
四季度	N/A	5 812.00	6 116.00	5 781.00	6 147.00	5 520.00
全年合计	N/A	25 269.00	25 402.00	23 402.00	22 976.00	22 473.00

表 5-2　　华特·迪士尼公司 1997—2002 年每股收益　　单位：美元

	2002	2001	2000	1999	1998	1997
一季度	0.21	0.16	0.17	0.30	0.36	0.36
二季度	0.13	-0.26	0.08	0.11	0.18	0.16
三季度	0.18	0.19	0.21	0.18	0.20	0.23
四季度	N/A	0.03	0.11	0.04	0.14	0.20
全年合计	N/A	0.11	0.57	0.62	0.89	0.95

表 5-3　　华特·迪士尼公司 1997—2002 年利润表主要数据　　单位：百万美元

	2002	2001	2000	1999	1998	1997
总收入	N/A	25 269	25 402	23 402	22 976	22 473
营业收入	N/A	4 586	5 043	7 010	7 533	8 903
折旧	N/A	1 754	2 195	3 323	3 754	4 958
利息费用	N/A	417.00	558.00	717.00	685.00	741.00
税前利润	N/A	1 283	2 633	2 314	3 157	3 387
税率	N/A	82.54%	60.99%	43.80%	41.40%	41.95%
净利润	N/A	120	920	1 300	1 850	1 966

表 5-4　　华特·迪士尼公司 1997—2002 年其他财务数据　　单位：百万美元

	2002	2001	2000	1999	1998	1997
现金	N/A	618	842	414	127	317
流动资产	N/A	7 029	10 007	10 200	9 375	N/A
总资产	N/A	43 699	45 027	43 679	41 378	37 776
流动负债	N/A	6 219	8 402	7 707	7 525	N/A
长期负债	N/A	8 940	6 959	9 278	9 562	11 068
普通股	N/A	22 672	24 100	20 975	19 388	17 285

表5-4(续)

	2002	2001	2000	1999	1998	1997
总资产	N/A	34 724	34 248	32 913	31 438	30 032
资本性支出	N/A	1 795	2 013	2 134	2 314	1 922
现金流量	N/A	1 874	3 115	4 623	5 604	6 924
流动比率	N/A	1.13	1.19	1.32	1.24	N/A
资产长期负债率(%)	N/A	25.74	20.31	28.20	30.40	36.90
收入净利率(%)	N/A	0.4	3.6	5.6	8.0	8.7
资产回报率(%)	N/A	0.2	2.0	3.1	4.6	5.2
净资产回报率(%)	N/A	0.5	4.0	6.4	10.0	11.7

注：表5-1至表5-4的数据取自 Business. com 网站。

(三) 公司的融资历程

1996年，华特·迪士尼公司以190亿美元巨资收购了美国广播公司(ABC)，并分别进行了93.7亿美元的长期债务融资和94.4亿美元的股权融资。收购成功后，公司本年的收入达190亿美元。之后，华特·迪士尼公司在有线电视领域迅速发展，目前旗下已拥有著名的ESPN体育频道、迪士尼频道、“A&E”和“生活时代”等。这一不同凡响的兼并事件，被称为美国历史上第二大公司兼并，而对娱乐业则是史无前例的第一大兼并事件。

1998年，迪士尼在还不算晚的时候购买了 Infoseek 搜索引擎建立 Go. com，这时互联网还没到铺天盖地的气候，同时迪士尼还顺手买下了 ESPN 的互联网部分 Espn. com，并宣布开展互联网业务，目标是以 Infoseek 为基础建立自己的门户网站来和雅虎(Yahoo)及美国在线(AOL)竞争。但该公司却在第一年亏损9.91亿美元，第二年亏损10亿美元，资金黑洞越来越大，而业界地位却与那两位竞争对手不可同日而语。2000年1月，迪士尼放弃了这一宏图大志，将该网站定位在娱乐和休闲网站上，以与竞争对手有所区别，并希望借卡通人物吸引儿童、青少年上网。尽管 Go. com 一度是位居 Yahoo、微软网络服务(MSN)和 AOL 之后的美国第四大门户网站，但始终未达到华特·迪士尼公司的期望值，最终在2001年2月关门大吉。Go. com 的最终失败是迪士尼互联网业务崩溃的起点。2001年4月，迪士尼发布电影及电视方面消息的影视资讯网站(Mrshowsiz. com)和在线音乐网站(Wallof Sound. Com)也相继倒掉。艾斯纳说浪费在 Go. com 门户网站的钱也只有1.5亿美元，而不是报道上所说的8亿美元。

2001年7月23日，华特·迪士尼公司以53亿美元资金(包括30亿美元现金外加承担23亿美元的债务)，收购了新闻集团和塞班娱乐公司拥有的福克斯家庭全球公司。该公司的“福克斯家庭娱乐频道”经营了20年，以儿童节目为主。加入迪士尼后，福克斯频道将改名为“ABC家庭频道”。

这次并购对迪士尼来说战略意义重大。买入福克斯，使得迪士尼获得了新的有线电视频道，有助于迪士尼通过有线电视将它的节目向全球推广。福克斯家庭娱乐频道在美国有8 100万用户，在拉丁美洲也有1 000万户；同时，这笔交易使迪士尼获得了

“欧洲福克斯儿童频道”76%的股权。总体上华特·迪士尼公司可以增加1亿以上的新观众。除此之外，迪士尼还获得了福克斯公司的节目库，此库收藏了约6 200个时间为半小时左右的儿童节目。华特·迪士尼公司的官员说，收购福克斯将使迪士尼在两年内通过传媒网络增加50%的广告收入；同时，这项交易使迪士尼有了更广的平台，来推销它的电影和主题公园。

其他相关资料见表5-5、图5-1、表5-6、表5-7。

表5-5　　华特·迪士尼公司近十年长期融资行为统计表　　单位：百万美元

项目＼年份	1991	1992	1993	1994	1995	1996	1997	1998	1999	2000	2001
长期债	2 074.3	2 020.4	2 088	2 773.8	2 855.6	12 223	10 224	9 562	9 278	6 959	8 940
股权	3 871.3	4 704.6	5 030.5	5 508.3	6 650.8	16 086	17 285	19 388	2 0975	24 100	33 672
长期债比重%	34.89	30.04	29.33	33.49	30.04	43.18	37.17	33.03	30.67	22.41	28.28
股权融资		829	324	475	1 152	9 440	1 198	2 100	1 577	3 134	-1 432
长期债融资		-54	68	686	82	9 367	-1 999	-662	-284	-2 319	1 981
总融资额		775	392	1 161	1 233	18 808	-801	1 438	1 293	815	549

注：

(1) 股权融资额=本年股票账面价值×本年股票总额-上一年股票账面价值×上一年股票总额

(2) 长期债融资=本年长期债券-上一年长期债券

(3) 总融资额=股权融资额+长期债融资

(4) 2001年数据来源于Businessweek.com公布的2001年华特·迪士尼公司年报，其他来源于Valveline.com。

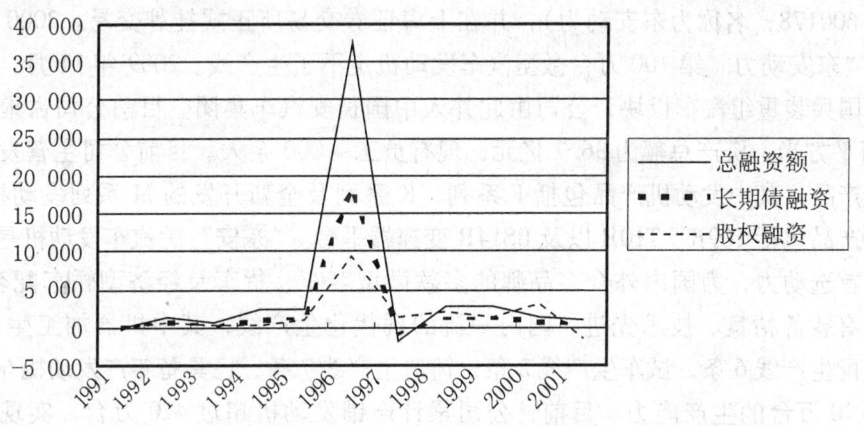

图5-1　华特·迪士尼公司近10年长期融资行为统计图

表5-6　　华特·迪士尼公司股权数额统计表　　单位：百万股

年份	1992	1993	1994	1995	1996	1997	1998	1999	2000	2001
发行股数	1 573.2	1 606.5	1 572.3	1 573.2	2 022	2 025	2 050	2 064	2 069	2 050

注：股票数据已经根据分红和股票分割调整过。

表 5-7　　华特·迪士尼公司融资行为同投资需求比较表　　单位：亿美元

	投资需求	债务融资	股权融资	总融资额	供需比较
1995 年收购美国广播公司	190	93.7	94.4	188.1	99.0%
2001 年并购福克斯公司	53	55	0	55	103.8%

注：

（1）仅考虑战略性投资需求，即两次并购需求。

（2）55 亿债务融资分两年（2001、2002）筹备。

（3）供需比例为总融资额与投资需求之比。

思考题：

1. 企业融资主要有哪几种形式？
2. 分析债务融资对企业以及股东权益的影响。
3. 分析权益及债务融资的优缺点。

【案例二】“东安动力”长期筹资方式决策案例①

（一）公司简介

东安动力前身为国营第一二〇厂，即哈尔滨东安机械厂（始建于 1948 年，是以生产航空轻型动力及其衍生产品、直升机传动系统为主的军工企业）。20 世纪 80 年代初，根据国家“军民结合，以民养军”的方针，一二〇厂投资建立了国内第一条微型汽车发动机生产线。1980 年 12 月 31 日，哈尔滨东安机械厂制造出了我国第一台微型汽车发动机。随着其产值比重不断增加且要适应现代企业制度的发展需要，1998 年 10 月，由东安集团独家发起，以公开募集方式成立了哈尔滨东安汽车动力股份有限公司（股票代码 600178，名称为东安动力），并在上海证券交易所正式挂牌交易。2000 年 7 月 18 日，“东安动力”第 100 万台微型汽车发动机走下了生产线。2009 年 11 月，中航工业与中国兵装重组汽车板块，公司由此并入中国长安汽车集团。目前公司占地面积为 22.3 万平方米，资产总额为 36.7 亿元，现有员工 4 000 余人。目前公司主营发动机和变速器产品，其中发动机产品包括 F 系列、K 系列及全新开发的 M 系列发动机平台，变速器产品包括 T09R、T10R 以及 BS14R 变速器平台。“东安”牌汽车发动机是小排量汽车的首选动力，为国内外众多品牌的多款微型客车、货车及经济型轿车配套动力。公司拥有装备精良、技术先进、国内一流的现代化生产线，其中机器加工生产线 45 条，装配生产线 6 条，试车生产线 2 条，铸造生产线 7 条，已具备年产发动机 60 万台、变速器 70 万台的生产能力。目前，公司累计产销发动机超过 420 万台，实现总产值 310 亿元，利税总额 34 亿元。

（二）公司改革历程

哈尔滨东安机械厂曾创造了我国第一台活塞七、活塞八航空发动机，研制了第一台涡轮螺旋桨发动机，为我国航空事业的发展做出过重大贡献。然而，当历史进入 20

① 案例资料节选自吉林农业大学精品课程网站。

世纪80年代时，企业陷入了困境。从1981年到1983年的三年期间，企业亏损额高达1 000万元，成为航空工业的头号亏损大户。面对困境，东安人不等不靠，立足于自身优势，开始了军转民的第二次创业。起初，东安人走了一段弯路，相继开发出了清粉机、磨粉机、煤气罐等50多种民用产品。但这些产品科技含量低，难以发挥东安的技术优势，后来经过全面分析论证，确定了在当时国内尚属空白、技术含量高、性能先进且能发挥自身优势的DA462微型汽车发动机作为支柱产品并进行重点开发。企业要在市场竞争中立于不败之地，必须实现规模经营，而实现规模经营必须有相应的技术准备——提高生产线的自动化程度，特别是对于高投入、高产出的汽车行业更是如此。这一点，东安人看得清楚、算得也明白。但由于资金不足，马上采取高投入以扩大经济规模是没有可能性的。在这种情况下，他们选择了挖潜改造扩大生产规模的道路，采取了边生产、边积累、边改造的方式，充分盘活了存量资产，走出了一条投资少、见效快、自我滚动发展的新路。

1. “东安”艰难的一步

首期工程改造是东安人走过的艰难一步。在技术改造初期，东安人按照产品结构调整的主攻方向，对生产要素进行了优化组合。拆除了当时闲置的老军品生产线，腾出了36 000平方米的厂房面积，空出近500台设备和2 000名技术工人，组建了9条冷加工和5条热加工生产线，用于生产微型汽车发动机。

重新组合的资产，打破了旧有格局，使资产开始向市场最急需、回报率高、最具发展潜力的方向流动，使军品富余的设备得到有效利用。为了充分挖掘存量资产的潜力，东安人在微型汽车发动机一期工程改造的1 000多台设备中，利用军品富余设备427台，自制专机和组机85台，整个设备投资仅用了250万台。

2. “东安”关键的一步

二期工程改造是东安人迈出的关键一步。在二期工程改造中，东安人仍从优化资本结构出发，首先从技术、经济、进度等几个角度，对改造工程进行了优化设计和分析计算：如果全部生产线从国外引进，需要花费7 000万美元；如果全部采用国产设备，其关键部位的质量将难以保证。最后东安人仍然走了挖潜的道路，采用一般设备自行制造、重点设备充分利用和浓缩军品线挖潜、关键设备从国外引进的办法，少花钱，多办事，自行积累，逐步完善。在这一思想的指导下，东安人仅投入了8 500万元人民币，硬是改造完成了具有12条冷加工和7条热加工、年产可达5万台发动机的生产线。

在挖潜改造的道路上，东安人把有限的资金投入到关键和薄弱的环节，注重经济增长的质量和效益。比如“八五”改造，东安人从国外引进了一条价格低廉的生产线，在充分消化吸收的基础上，重新进行了改造，采用了电器液压自动控制和个人电脑控制技术，使这条只用700万元买回的生产线，发挥了巨大的作用。

3. “东安”稳重的一步

三期工程改造是东安人走向辉煌的稳重一步。为了赢得市场竞争的主动，扩大经营规模，增强企业实力，从1993年开始，东安人投资1.52亿元，对微型汽车发动机生产线进行了第三期工程改造，新建能同时生产0.8升和1.0升微发产品的具有阶段性自动化的缸体、缸盖、曲轴和变速器壳体4条生产线。1995年年末，东安人又对中小铸铁件、铸铝件等毛坯生产线和DA465Q发动机变速器及热处理生产线，进行了“双加”工程的改造，投入使用后，微发综合生产能力达到20万台。

三期改造工程和一期“双加”改造，总投资只有4亿多元，便形成了年产微型汽车发动机20万台的能力。特别是工程改造的进度与市场对微发产品的需求同步，使得工程改造完工后能马上发挥作用，并取得了较好的经济效益和社会效益。如今东安人有理由自豪，因为中国微型汽车三分之一的发动机来自他们的企业。

(三)“东安动力”筹资方式的选择

“东安动力”分析了改造微型汽车生产线工程项目投资的两个方案后，最后决定走内部挖潜的道路，即：一般设备自制、重点设备内部挖潜、关键设备引进的投资方案(技改项目需投资8 500万元人民币)。其项目投资所需资金的备选方案如下：

A方案：项目投资拟通过银行贷款解决40%，贷款年利率为10%；通过发行三年期债券解决60%，债券年利率为15%。

B方案：一般设备投资拟用自有资金解决，占项目投资的20%；重点设备和关键设备拟用银行贷款和发行债券方式解决，其中银行贷款占30%，贷款年利率为10%；发行五年期债券占50%，债券年利率为20%。

请根据案情和你掌握的资料进行筹资决策方法比较，确定“东安动力”的最佳筹资方案。

思考题：

1. 长期债务筹资的主要方式有几种，各自的优缺点是什么？

2. 权益资金与债务资金筹资对企业税后利润的影响如何？

【案例三】中石化A股融资案例①

(一) 公司介绍

中国石油化工集团公司（以下简称“中国石化集团公司”）是1998年7月国家在原中国石油化工总公司基础上重组成立的特大型石油石化企业集团，是国家独资设立的国有公司、国家授权投资的机构和国家控股公司。中国石化集团公司注册资本为1 049亿元，总经理为法定代表人，总部设在北京。中国石油化工股份有限公司（以下简称“中石化”，证券代码为600028），是由中国石油化工集团公司整体重组改制后的，以独家发起方式设立的股份制企业，成立于2000年2月28日。

中国石化集团公司主营业务范围包括：实业投资及投资管理；石油、天然气的勘探、开采、储运（含管道运输）、销售和综合利用；石油炼制；汽油、煤油、柴油的批发；石油化工及其他化工产品的生产、销售、储存、运输；石油石化工程的勘探设计、施工、建筑安装；石油石化设备检修维修；机电设备制造；技术及信息、替代能源产品的研究、开发、应用、咨询服务；自营和代理各类商品和技术的进出口（国家限定公司经营或禁止进出口的商品和技术除外）。

---

① 案例资料节选自陈勇等编著的《财务管理案例教程》。

中国石化集团公司对其全资企业、控股企业、参股企业的有关国有资产行使资产受益、重大决策和选择管理者等出资人的权力，对国有资产依法进行经营、管理和监督，并承担相应的保值增值责任。中国石化集团公司控股的中国石油化工股份有限公司先后于2000年10月和2001年8月在境外境内发行H股和A股，并分别在中国香港、纽约、伦敦和上海上市。2001年8月，在上海证券交易所成功发行国内公众股28亿股，共募集资金120亿。2007年年底，中国石化股份公司总股本为867亿股，中国石化集团公司持股占75.84%，外资股占19.35%，境内公众股占4.81%。

中石化上市后，境外一些著名的大公司和投资机构、投资者纷纷看好中石化，例如，美国埃克森美孚、英国壳牌等著名跨国公司和李嘉诚、李兆基等中国香港投资者，分别与中石化签订了购买首次公开发行股票（IPO）的协议，成为中石化的策略投资者或财务投资者。

(二) 石油航母为融资，登陆A股市场

2000年7月25日，中石化举行第三次临时股东大会，决议并通过了在全球发行不超过230亿股的境外上市外资股（H股）的发行计划。该计划于2000年8月24日获得中国证监会的批准。2000年10月19日，中石化在全球发售了16 780 488 000股的H股，并在中国香港联交所、纽约股票交易所和伦敦证券交易所成功上市。

在进行境外融资后，中石化一直酝酿在本土融资，为了在境内资本市场发行上市内资股（A股），公司于2001年6月5日召开股东大会并做出决议，调整2000年7月25日第三次临时股东大会通过的发行计划，并在该计划中加入A股发行部分，从而使公司可以在境内资本市场发行不超过230亿股的A股。根据《国务院关于股份公司境外募集股份及上市的特别规定》第十条规定，调整发行计划需经政府证券监管机关审批。公司将计划报送给中国证监会，后经中国证监会批准，该公司对第三次临时股东大会通过的发行计划进行上市调整。2001年6月22日，中石油进行融资活动，宣布将增发28亿股A股，其募资额可能超过百亿元，创下A股市场一次募资额最大的记录，并且将自2000年以来中国境外上市公司，特别是H股公司向国内市场增发A股的回归势头推向高潮。

(三) 发行方案简述

(1) 发行方式：中国石油化工股份有限公司向社会公众公开发行人民币普通股。发行方式采用网下向法人投资者配售和向一般投资者上网定价发行相结合的方式。

(2) 股票种类：人民币普通股（A股）。

(3) 发行数量：发行280 000万股。

(4) 每股面值：1.00元。

(5) 每股收益：根据2001年盈利预测，预计发行后每股收益为0.21元。

(6) 发行后总股本：8 670 243.9万股。

(7) 发行对象：在上海证券交易所进行股东账户登记的境内自然人、法人（国家法律法规禁止的购买者除外）。参与配售的法人还须符合本招股意向书的有关规定。

(8) 承销方式：由中国国际金融有限公司组织的承销团以余额包销方式承销。

（9）回拨机制：主承销商和发行人先初步确定网上网下配售比例，当网上申购中签率低于某一比例时，主承销商会将部分股票从网下回拨至网上。

（10）承销期：2001 年 6 月 22 日至 2001 年 7 月 23 日。

（11）拟上市证券交易所：上海证券交易所。

（12）发行费用：预计承销费用为人民币 17 724 万元，审计费用人民币 760 万元，评估费用人民币 3 150 万元，律师费用人民币 880 万元，预计发行手续费人民币 784 万元～1 225万元，审核费人民币 3 万元。

（四）发行结果

中国石油化工股份有限公司成功发行了 28 亿股。根据主承销商对法人投资者认购要约做出的最终统计，本次有效申购的法人投资者共计 1 590 家，其中战略投资者 10 家，一般法人投资者 1 580 家。法人投资者有效认购股数共计约 5 605 500 万股，其中战略投资者认购了 57 000 万股，一般法人投资者认购了 5 548 500 万股。2001 年 8 月 8 日，上网发行的 154 000 万股在上海证券交易所挂牌交易。2001 年 12 月 7 日，根据上海证券交易所的安排，向一般法人投资者配售的 548 846 700 股于 2001 年 12 月 10 日开始上市流通。2002 年 4 月 8 日，中国石油化工股份有限公司在国内公开发行的 28 亿股人民币普通股（A 股）全部上市流通。

思考题：

1. 什么是 IPO？
2. 股票的分类有哪些，股票发行条件是什么？
3. 股票的发行程序、发行方式、发行价格以及承销方式有哪些？
4. 股权筹资的利与弊是什么？

二、作业与练习题

（一）单项选择题

1. 下列各项中（　　）不属于吸收直接投资的优点。

A. 有利于增强企业信誉　　B. 有利于尽快形成生产能力

C. 资金成本较低　　D. 有利于降低财务风险

2. 企业采用（　　）的方式筹集资金，能够降低财务风险，但是往往资金成本较高。

A. 发行债券　　B. 发行股票

C. 从银行借款　　D. 利用商业信用

3. （　　）可以为企业筹集额外资金，并可以促进其他筹资方式的运用。

A. 优先股　　B. 债券

C. 认股权证　　D. 可转换债券

4. 补偿性余额的约束使借款企业所受的影响包括（　　）。

A. 增加了可用资金　　B. 提高了筹资成本

C. 减少了应付利息　　D. 增加了应付利息

5. 股票发行价格的计算方法中不包括（ ）。

A. 加权综合法　　B. 市盈率法

C. 竞价确定法　　D. 现金流量折现法

6. 根据财务管理理论，按照资金来源渠道不同可将筹资分为（ ）。

A. 直接筹资和间接筹资　　B. 内源筹资和外源筹资

C. 权益筹资和负债筹资　　D. 短期筹资和长期筹资

7. 下列（ ）可以为企业筹集权益资金。

A. 内部积累　　B. 融资租赁

C. 发行债券　　D. 向银行借款

8. 某企业按年率5.8%向银行借款1 000万元，银行要求保留15%的补偿性余额，则这项借款的实际利率约为（ ）。

A. 5.8%　　B. 6.4%　　C. 6.8%　　D. 7.3%

9. 下列筹资方式中，属于短期筹资方式的是（ ）。

A. 商业信用　　B. 发行股票　　C. 发行债券　　D. 融资租赁

10. 普通股和优先股筹资方式共有的缺点包括（ ）。

A. 财务风险大　　B. 筹资成本高

C. 容易分散控制权　　D. 筹资限制多

11. 在下列各项中，不属于商业信用融资内容的是（ ）。

A. 赊购商品　　B. 预收货款

C. 办理应收票据贴现　　D. 用商业汇票购货

12. 出租人既出租某项资产，又以该项资产为担保借入资金的租赁方式是（ ）。

A. 经营租赁　　B. 售后回租　　C. 杠杆租赁　　D. 直接租赁

13. 我国目前各类企业最为重要的资金来源是（ ）。

A. 银行信贷资金　　B. 国家财政资金

C. 其他企业资金　　D. 企业自留资金

14. 可转换债券对投资者来说，可在一定时期内将其转换为（ ）。

A. 其他债券　　B. 普通股　　C. 优先股　　D. 收益债券

15. 根据《中华人民共和国公司法》的规定，累计发行债券总额不得超过公司净资产的（ ）。

A. 6.0%　　B. 50%　　C. 40%　　D. 30%

16. 下列各项中，不属于融资租赁形式的是（ ）。

A. 售后租回　　B. 直接租赁

C. 杠杆租赁　　D. 服务性租赁

17. 下列各项中，属于商业信用筹资方式的是（ ）。

A. 发行短期融资券　　B. 应付账款筹资

C. 短期借款　　D. 融资租赁

18. 以募集方式设立的股份有限公司申请公开发行股票时，发起人认购的股本数额应不少于公司拟发行股本总额的（　　）。

A. 15%　　B. 25%　　C. 35%　　D. 45%

19. 某企业与银行商定的周转信贷额为800万元，年利率2%，承诺费率为0.5%，年度内企业使用了500万元，平均使用10个月，则企业本年度应向银行支付的承诺费为（　　）万元。

A. 6.83　　B. 0.42　　C. 1.92　　D. 1.5

20. 某公司拟发行5年期债券进行筹资，债券票面金额为100元，票面利率为12%，而当时市场利率为10%，那么，该公司债券发行价格应为（　　）元。

A. 93.22　　B. 100　　C. 105.35　　D. 107.58

21. 融资租赁与经营租赁所有权的特点是（　　）。

A. 融资租赁属出租方，经营租赁属承租方

B. 两者都属于出租方

C. 两者都属于承租方

D. 融资租赁属承租方，经营租赁属出租方

22. 某债券面值为1 000元，票面年利率为12%，期限6年，每半年支付一次利息。若市场利率为12%，则其发行时的价格将（　　）。

A. 高于1 000元　　B. 低于1 000元

C. 等于1 000元　　D. 无法确定

（二）多项选择题

1. 吸收直接投资的优点有（　　）。

A. 能提高企业的信誉和借款能力

B. 财务风险较小

C. 资本成本低

D. 不会分散企业控制权

2. 普通股股东具有的权利包括（　　）。

A. 参与管理权　　B. 分享盈余权

C. 剩余财产要求权　　D. 优先认股权

3. 股票上市的好处包括（　　）。

A. 利用股票收购其他公司　　B. 利用股票可激励职员

C. 提高公司知名度　　D. 增强经理人员操作的自由度

4. 债券与股票的区别在于（　　）。

A. 债券是债务凭证，股票是所有权凭证

B. 债券的投资风险大，股票的投资风险小

C. 债券的收入一般是固定的，股票的收入一般是不固定的

D. 股票在公司剩余财产分配中优先于债券

5. 补偿性余额的约束使借款企业所受的影响有（　　）。

A. 减少了应付利息　　B. 增加应付利息

C. 减少了可用资金　　D. 提高了筹资成本

6. 下列项目中，属于资金成本中筹资费用内容的是（　　）。

A. 借款手续费　　B. 债券发行费

C. 债券利息　　D. 股利

7. 下列各项中（　　）属于企业发行优先股的动机。

A. 防止股权分化　　B. 维持举债能力

C. 改善资本结构　　D. 促进其他筹资方式的运用

8. 银行借款的特点包括（　　）。

A. 限制性条款多，因此融资速度较慢

B. 借款灵活性大

C. 借款成本低

D. 借款成本高

9. 商业信用筹资的优点包括（　　）。

A. 筹资简单方便

B. 放弃现金折扣要付出较高机会成本

C. 筹资限制少

D. 没有实际成本发生

10. 影响债券发行价格的因素包括（　　）。

A. 债券面额　　B. 票面利率　　C. 市场利率　　D. 债券期限

11. 负债融资与股票融资相比，其缺点是（　　）。

A. 资本成本较高　　B. 具有使用上的时间性

C. 形成企业固定负担　　D. 财务风险较大

12. 企业筹资必须遵循哪些原则（　　）。

A. 效益性原则　　B. 及时性原则

C. 合理性原则　　D. 优化资金结构原则

13. 优先股筹资的优点有（　　）。

A. 不用偿还本金

B. 股利支付既固定，又有一定弹性

C. 筹资限制少

D. 有利于增强公司信誉

14. 公司增发新股时，其发行价格的确定方法通常有（　　）。

A. 以市盈率计算　　B. 以资产净值

C. 以每股利润计算　　D. 以未来股利计算

15. 股票的发行价格主要有（　　）。

A. 平价发行　　B. 中间价发行

C. 折价发行　　D. 时价发行

16. 融资租赁的租金包括（　　）。

A. 设备价款　　B. 设备租赁期间利息

C. 租赁手续费　　　　　　　　D. 折旧

（三）判断题

1. 普通股具有双重性质，它既属于自有资金又兼有债券性质。（　）

2. 在售后租回方式中，出租人既出租某项资产，又以该项资产为担保借入资金。（　）

3. 可转换债券在转换权行使之前属于公司的债务资本，权利行使之后则成为发行公司的所有权资本。（　）

4. 优先认股权是优先股股东的优先权。（　）

5. 市盈率是评价上市公司盈利能力的指标，它反映投资者愿意对公司每股净利润支付的价格。（　）

6. 信贷额度是银行从法律上承诺向企业提供不超过某一最高限额的贷款协定。（　）

7. 企业在利用商业信用筹资时，如果企业不放弃现金折扣，则没有实际成本。（　）

8. 所有者权益是企业可以使用的资本，因此所有者权益就是资本金。（　）

9. 根据我国公司法规定，发行普通股股票可以按票面金额等价发行，也可以偏离票面金额按溢、折价发行。（　）

10. 经营性租赁和融资性租赁都是租赁，它们在会计处理上是没有区别的。（　）

11. 债券利息和优先股股利都作为财务费用在所得税前支付。（　）

12. 一旦企业与银行签订周转信贷协议，则在协定的有效期内，只要企业的借款总额未超过最高限额，银行必须满足企业任何时候任何用途的借款要求。（　）

13. 发行公司债券筹集的资金可用于弥补亏损和生产性支出。（　）

14. 在特定的条件下，有些负债可转换为权益资本，但权益资本不能转换为负债资金。（　）

15. 可转换债券的持有人在转换之前既不拥有债权也不拥有股权，在转换之后拥有企业的股权。（　）

16. 在债券面值和票面利率一定的情况下，市场利率越高，则债券的发行价格越低。（　）

（四）综合计算题

1. 某企业向租赁公司租入一台价值为 5 600 000 元的设备，租期为 8 年，双方商定的租赁费率为 8%，租赁期满后设备归企业所有。

要求：

（1）如果等额租金在期初支付，计算每年应付的租金额；

（2）如果等额租金在期末支付，计算每年应付的租金额。

2. 某公司准备发行面值为 500 元的企业债券，年利率为 8%，期限为 5 年。就下列条件分别计算债券的发行价。

要求：

（1）每年计息一次，请分别计算市场利率在6%、8%、10%的条件下的企业债券发行价格；

（2）到期一次还本付息，请分别计算市场利率在6%、8%、10%的条件下的企业债券发行价格。

3. 某企业为扩大经营规模，以融资租赁方式从租赁公司租入了一台机床，该机床的市价为200万元，租期为10年，期满预计残值为10万元，残值收入归租赁公司所有，年利率为10%。

要求：

（1）如果采用等额年金法，每年年末支付，则每期租金为多少？

（2）如果采用等额年金法，每年年初支付，则每期租金为多少？

4. 某公司于1999年9月1日按面值发行公司债券，每张面值1 000元，票面利率为10%，发行期限为3年期，每年9月1日付息，到期一次还本。

要求：某投资者能接受的最终投资报酬率为8%，1999年9月1日该债券按1 040元发行，该投资者是否会购买？

5. 甲公司在1999年1月1日采购了一批发票价格为600 000元的材料，发票上标明的付款条件为“2/20，n/50”，甲公司暂时资金比较紧张，如果要还材料款，需要向银行借款，银行借款利率为12%，而且要求公司在银行中保留20%的补偿性余额。试问：

（1）该公司如果在1月21日付款，则需要支付多少元？

（2）该公司如果在2月20日付款，是否比1月21日付款合算，为什么？

6. 某公司发行面值为1 000元的债券，票面利率为8%，债券发行期限为5年，每年年末付息。试分别计算市场利率为6%、8%、10%时的发行价格。部分时间价值系数为：$(P/F, 6\%, 5) = 0.747$；$(P/F, 8\%, 5) = 0.681$；$(P/F, 10\%, 5) = 0.621$；$(P/A, 6\%, 5) = 4.212$；$(P/A, 8\%, 5) = 3.993$；$(P/A, 10\%, 5) = 3.791$。

7. 某公司拟采购一批零件，供应商规定的付款条件如下：“2/10，1/20，N/30”，每年按360天计算。

要求：

（1）假设银行短期贷款利率为15%，计算放弃现金折扣的成本（比率），并确定对该公司最有利的付款日期和价格。

（2）假设目前一短期投资报酬率为40%，确定对该公司最有利的付款日期。

（五）案例分析题

云天化发行债券案例[1]

① 本案例资料相关数据根据 http://www.sse.com.cn/sseportal/ps/zhs/home.html 以及 http://stock.quote.stockstar.com/600096.shtml 网站数据整理形成。

1. 公司概况

云天化集团有限责任公司的前身是云南天然气化工厂。云南天然气化工厂始建于1974年，1977年建成投产，是我国20世纪70年代初首批引进国外成套设备建成的13家大化肥企业之一；1997年3月，经云南省政府批准，云南天然气化工厂整体改制为省政府授权经营的国有独资有限责任公司，同年发起组建云南云天化股份有限公司并在上海证券交易所上市。云天化集团是全国512户重点企业之一和云南省重点扶持的10户企业集团之一。经过30多年的发展，云天化集团已经从以单一氮肥为主的化肥生产企业，发展成为以化肥为核心业务，以玻纤新材料、盐及盐化工、有机化工、磷矿采选和磷化工为主要发展方向的大型产业集团。公司拥有27家全资、控股子公司和20家参股公司，员工34 000余人。

云天化集团拥有国内单套生产能力最大的氮肥装置，以600万吨高浓度磷复肥产能位列亚洲第一、世界第二，磷矿采选能力和黄磷生产能力均居全国第一，玻纤生产能力国内第二，有机化工产能规模也居国内前列，云天化集团控股的云南盐化股份有限公司（以下简称为"云南盐化"）是云南省重点食盐和工业盐生产企业。2008年，云天化集团排名中国企业500强第219位，比2007年上升30位，并荣获"全国化工系统先进单位"、"2008中国化肥企业100强排行榜第一名"等荣誉称号。2008年年末，云天化集团总资产551.75亿元，总负债398.12亿元，所有者权益153.64亿元，其中少数股东权益58.76亿元，资产负债率72.16%；2008年，公司实现营业收入304.88亿元，利润总额8.74亿元，净利润6.79亿元，经营性净现金流13.52亿元。

2. 发债情况

（1）2006年

债券名称：2006年云天化集团有限责任公司公司债券（简称"06云天化债"）。

2006年4月28日，由中银国际主承销的2006年云天化集团有限责任公司10亿元公司债券今日正式发行。

该债券为15年期固定利率债券，票面年利率为4.05%，在本期债券期限内固定不变。本期债券采用单利按年计息，不计复利，逾期不另计息。债券面值为100元，平价发行，以1 000元为一个认购单位，认购金额必须是人民币1 000元的整数倍且不少于人民币1 000元。本期债券发行期限的第1日为2006年4月28日。自发行首日开始计息，本期债券存续期限内的每年4月28日为该计息年度的起息日。计息期间自2006年4月28日至2021年4月27日。还本付息方式为每年付息一次，到期一次还本，最后一期利息随本金的兑付一起支付。年度付息款项自付息日起不另计利息，本金自兑付首日起不另计利息。付息首日为2007年至2021年每年4月28日。

债券形式：实名制记账式公司债券。投资人认购的本期债券在中央国债登记公司开立的一级托管账户或本期债券的二级托管人开立的二级托管账户中托管记载。本期债券发行结束后，债券认购人可按照有关主管机构的规定进行债券的转让和质押。

担保人：中国农业银行授权其云南省分行提供担保。担保函：担保人以书面形式为本期债券出具的债券偿付担保函。

承销方式为承销团余额包销。本期债券由主承销商中银国际证券有限责任公司，副主承销商国泰君安证券股份有限公司、西南证券有限责任公司、云南国际信托投资有限公司、中国建银投资证券有限责任公司，以及分销商国联证券有限责任公司、光大证券股份有限公司、红塔证券股份有限公司、民生证券有限责任公司和海际大和证券有限责任公司组成承销团，以余额包销的方式进行承销。该债券通过承销团成员设置的发行网点和在北京市、云南省设置的零售营业网点公开发行。该债券发行结束6个月内，将向有关证券交易场所或其他主管部门提出上市或交易流通申请。经上海远东资信评估有限公司和大公国际资信评估有限公司综合评定，本次债券信用等级为AAA级。

本期债券筹集资金10亿元将全部用于云南天安化工有限公司50万吨合成氨、云南富瑞化工有限公司120万吨磷酸二铵、云南盐化股份有限公司10万吨烧碱及10万吨聚氯乙烯工程和1万吨氯化聚氯乙烯、云南云天化股份有限公司2万吨聚甲醛、云天化集团200万吨/年磷矿采选等项目，计划投资总额57.06亿元。

(2) 2007年

经中国证券监督管理委员会证监发行文核准，公司于2007年1月29日公开发行了100 000万元（1 000万张）认股权和债券分离交易的可转换公司债券，每张面值100元，发行总额100 000万元。本次发行向原股东优先配售，原股东优先配售后的分离交易可转债余额采取网下向机构投资者利率询价配售与网上资金申购相结合的方式进行。公司债券和认股权证的分离，认股权和债券分离交易的可转换公司债券中的公司债券及权证将分离上市。2007年2月15日，已与中国证券登记结算有限责任公司上海分公司完成了分离交易可转债中公司债券的登记存管事宜，实现集中存管。

债券简称：07云化债。

债券代码：126003。

债券发行量：100 000万元（100万手）。

债券上市量：100 000万元（100万手）。

债券发行人：云南云天化股份有限公司（以下简称“云天化”）。

债券上市地点：上海证券交易所。

债券上市时间：2007年3月8日。

债券登记机构：中国证券登记结算有限责任公司上海分公司。

上市保荐人：西南证券有限责任公司。

债券担保人：本次发行的分离交易的可转换公司债券不设担保。

“07云化债”为实名制记账式债券，发行总额100 000万元，期限为6年，利率为固定利率，票面年利率为1.2%，按年付息，自2007年1月29日起计息，到期日为2013年1月28日，兑付日期为到期日2013年1月28日之后的5个工作日。现券交易以手为单位（1手=1 000元面值）。“07云化债”按证券账户托管方式进行交易。

本次发行的公司债券为100 000万元，即1 000万张，每手债券的认购人可以获得公司派发的54份认股权证，即权证总量5 400万份。本次发行的公司债券按面值发行，每张面值为100元，所附的认股权证按比例向债券认购人派发。债券上市的起止日期为2007年3月8日至2013年1月28日。本次发行的公司债券按票面金额计息，计息起始日为公司债券发行日（即2007年1月29日），票面利率为1.20%。本次发行的公司债券首次付息日期为发行日的次年当日（即2008年1月29日），以后每年的1月29日（节假日顺延）为当年付息日。发行人将于每年付息日起的5个交易日内完成付息工作。在付息债权登记日当日上海证券交易所收市后，登记在册的云天化股份公司债券持有人均有权获得当年的云天化股份公司债券利息。本次发行的公司债券的到期日为2013年1月28日，兑付日期为到期日2013年1月28日之后的5个工作日。债券回售条款：公司若改变公告内规定的本次公司债券募集资金的用途，将赋予债券持有人一次回售的权利，回售价为面值加上当期应计利息。本次公司债券无担保。本次公司债券由中诚信国际信用评级有限责任公司担任评级机构，评价结果为最高级AAA级。

思考题：

1. 债券的发行条件及种类有哪些？

2. 债券的发行价格有几种，应该如何确定？

3. 通过上述资料，对云天化债券的发行期限、发行利率、发行价格及还本付息方式进行综合评价与分析。

第六章 资本结构决策

一、教学案例

【案例一】清华同方的资本结构案例①

（一）清华同方简介

1997年6月25日，经国家体改委、国家教委批准，由北京清华大学企业集团作为主要发起人，以社会募集方式设立的清华同方股份有限公司正式成立。1997年6月27日，清华同方股份有限公司（股票代码为600100，以下简称“清华同方”）在上海证券交易所鸣锣上市。2006年5月30日，清华同方股份有限公司更名为“同方股份有限公司”。以科技服务社会为宗旨，同方股份有限公司密切依托清华大学的科研实力与人才平台，紧紧围绕“技术+资本”、“合作+发展”、“品牌化+国际化”的发展战略，大力弘扬“承担、探索、超越；忠诚、责任与价值等同”的企业文化，在信息、能源环境两大产业方向上不断探索、创新，形成了以计算机、数字城市、互联网应用、微电子与射频技术、多媒体、半导体与照明、知识网络、军工、数字电视、环境科技十大主干产业为核心的组织架构及发展格局，孵化并培育了同方威视、泰豪科技等一批优质产业公司。截至2010年，同方股份有限公司总资产达到248亿元，营业收入超过180亿元，拥有专利和软件著作权近2 000项。目前，“清华同方”品牌价值已超过550亿元。同方历年入选“中国科技100强”、“中国电子信息百强”、“守信企业”；2008年11月，同方更是首度上榜世界品牌500强。

公司主要经营范围是：计算机及周边设备的生产、销售、技术服务和维修；互联

① 本案例资料源自沈阳化工大学财务管理课程网站。

网信息服务业务；医疗器械的生产；社会公共安全设备、交通工程设备、建筑智能化及市政工程机电设备、电力工程机电设备的设计、生产、销售、安装、技术开发、技术服务；节能，大气与工业污染控制，废弃物处理与综合利用工程设备的设计、生产、销售，承接工程安装及技术开发与服务；人工环境控制设备，通信电子产品，微电子集成电路，办公设备的生产、销售及工程安装；仪器仪表，光机电一体化设备，精细化工及生物制药产品的开发、生产和销售；消防产品的销售；高科技项目咨询、高新技术的转让与服务；物业管理；自营和代理经核准的进出口商品目录内商品及技术的进出口业务（国家限定公司经营或禁止进出口的商品和技术除外）；进料加工和“三来一补”业务；经营转口贸易和对外贸易；承包与出口自产成套设备相关的境外工程及境内国际招标工程；对外派遣实施上述境外工程所需的劳务人员。

自发行上市至2000年，清华同方连续三年保持收入年平均增长100%、净利润年平均增长50%左右的高增长业绩。它在沪深千余家上市公司中表现突出，分别在1998年度及1999年度的上市公司50强评选中位列第3位和第4位，见表6-1。

表6-1 清华同方上市以来经营业绩增长及股本扩张情况 单位：万元

指标名称	1997年	1998年	1999年	2000年
主营收入（万元）	38 516	80 621	166 843	331 885
增值率（%）	—	109.3	106.9	98.9
净利润（万元）	6 943	10 476	16 084	23 598
增值率（%）	—	50.9	53.5	46.7
总资产（万元）	78 636	137 643	256 353	529 058
总股本（万股）	11 070	16 605	25 933	38 307
流通股本（万股）	4 200	6 300	10 362	16 507
每股收益（元/股）	0.627	0.631	0.62	0.616
每股净资产（元/股）	4.64	3.83	5.07	6.72

（二）资本结构状况

清华同方的各项财务指标显示，其资本结构的安全性很强，见图6-2。

表6-2 清华同方资本结构指标

资本结构指标	2001年中期	2000年末期	2000年中期	1999年末期	1999年中期	1998年末期
资产负债比率（%）	33.71	34.19	40.41	38.54	50.86	51.80
股东权益比率（%）	48.58	48.65	40.72	51.31	41.21	45.72
固定资产比率（%）	19.03	14.60	17.45	21.20	23.10	19.55

注：由于表6-2中指标是根据合并报表计算所得，股东权益中不包括少数股东权益，所以股东权益比率与资产负债比率之和并不等于整数1。

1. 负债情况

清华同方的资产负债率从1998年年末以来呈现出一个下降的趋势，到2001年中期已经下降到33.71%，相对于上市公司平均约50%的资产负债率，显示了较强的资产安全性。股东权益（不含资本公积和盈余公积）比率一直保持在40%多，即使是最低时在2000年中期也在40%以上，在1999年年末更是达到了51.31%。

另外，在资产负债率比较低的前提下，清华同方的长期负债在负债总额中占的比例也不大，基本上是流动负债，见表6-3、图6-1。而且，长期负债中，长期借款又几乎占了全部的份额，见表6-4。

表6-3　负债结构　单位：万元

指标名称	2001年年末	2000年年末	1999年年末
流动负债（万元）	214 153.52	154 255.29	80 423.69
长期负债（万元）	23 514.72	26 116.97	18 368.17
负债合计	238 122.74	180 883.57	98 791.86

其中2000年年末负债合计中含递延税款贷项511.31万元；2001年末负债合计中含递税款贷项454.50万元，见图6-1、表6-4。

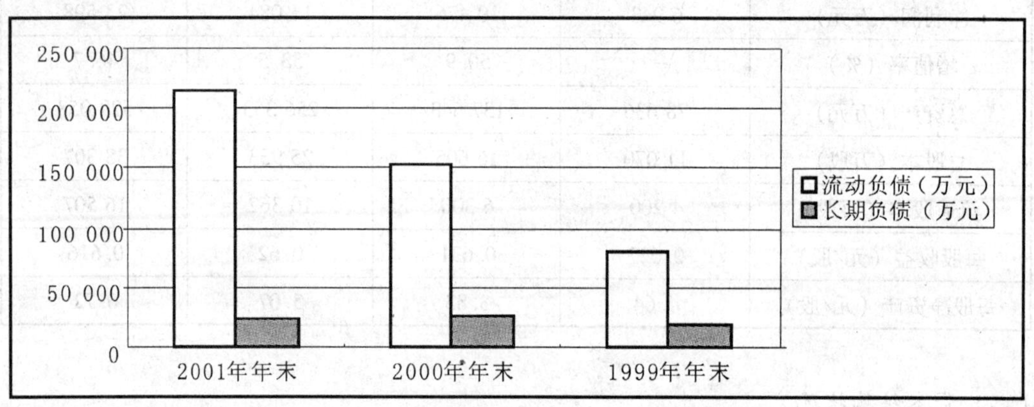

图6-1　清华同方1999—2001年负债结构

表6-4　清华同方长期负债结构列表（2000年年报数据）　单位：元

指标名称	金额（元）
长期借款	267 576 200.00
应付债券	0
长期应付款	8 616 456.21
住房周转金	-15 023 002.84
其他长期负债	0
长期负债合计	261 169 653.37

2. 股权情况

清华同方的股本呈高速扩张态势，随着配股、送股和资本金转增股本而不断增加，见图 6－2；而且流通股在总股本中所占的比重也呈现增长趋势，从 1997 年的 37.94%增长到 2000 年的 43.09%。但由于清华同方上市以来的业绩始终保持了较快的增长速度，所以收益状况保持良好，每股收益保持在 0.6 元以上。

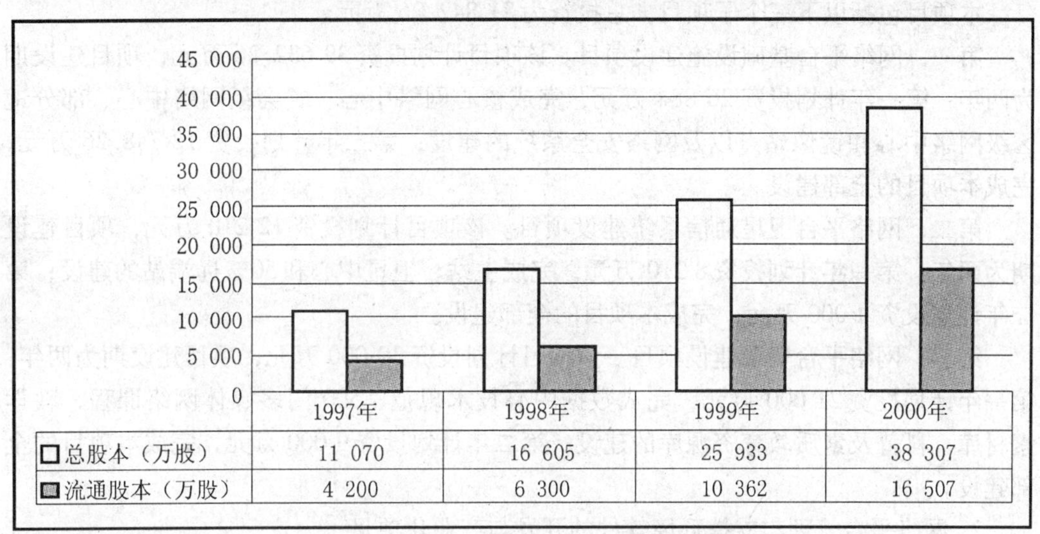

	1997年	1998年	1999年	2000年
□总股本（万股）	11 070	16 605	25 933	38 307
■流通股本（万股）	4 200	6 300	10 362	16 507

图 6－2　清华同方 1997—2000 年股本变化情况

（三）增发新股

2000 年 12 月，清华同方公告增发新股，发行 2 000 万 A 股，股票面值为 1.00 元/股。发行对象是清华同方股权登记日收市后登记在册的社会公众投资者（老股东）和机构投资者（国家法律法规禁止者除外）。在这 2 000 万股中，通过网下竞价方式向机构投资者发行的股数不少于 1 129 万股。根据网下竞价结果确定的发行价格向老股东网上配售的股数将不超过 871 万股。网上配售认购不足的部分向网下回拨。预计募集资金总额（含发行费用）共 90 000 万～100 000 万元。实际确定的发行价格是 46 元/股，共募集资金 89 500 万元。

（四）本次募集资金的使用计划

为了适应网络经济发展，增强公司在网络及其相关技术领域的核心竞争实力，促进自身信息产业的业务升级，并带动其他相关应用业务的发展，公司拟利用本次增发所筹集的资金投资建设和实施包括网络平台在内的网络及其相关技术产业化项目，从而推动公司在实践中发展成为网络平台运营与管理服务的供应商、网络系统产品与技术服务的供应商、电子商务全面解决方案的供应商，以实现公司经营战略的提升。本次增发所募集的资金将用于以下项目，总投资合计 107 442.26 万元。

1. 清华同方网络平台运营环境建设项目

本项目以因特网（Internet）和局域网为基础平台，通过搭建灵活、安全、高效、可扩展的硬件系统和遍布全国的站点，开发通用性强、容量大的软件支撑系统，提供与中国公用计算机互联网（CHINANET）、中国教育和科研计算机网络（CERNET）、电话特服专号上网、卫星网络的多向接入服务和交互式网上交流的实现手段，开发和共享风格多样、内容丰富的网上资源，为客户提供行业应用服务（如教育应用）、通用信息服务、运行管理和技术服务、虚拟园区服务。

本项目包括以下三个子项目，总投资为 81 842.26 万元。

第一，网络平台基础设施建设项目。该项目计划投资 39 632.26 万元，项目建设期为两年：第一年计划投资 26 884 万元，完成核心网络中心、省会级网络中心、部分地区级网络中心和镜像站点以及网络安全系统的建设；第二年计划投资 12 748.26 万元，完成本项目的全部建设。

第二，网络平台卫星通信系统建设项目。该项目计划投资 12 210 万元，项目建设期为两年：第一年计划投资 8 210 万元，完成主站、卫星中心和50%远端站的建设；第二年计划投资 4 000 万元，完成本项目的全部建设。

第三，网络平台资源建设项目。该项目计划投资 30 000 万元，项目建设期为两年：第一年计划投资 21 000 万元，完成数据中心技术规范、500 门多媒体网络课程、教学素材库、科普及素质教育资源库的建设；第二年计划投资 9 000 万元，完成本项目的全部建设。

2. 网络平台管理与支撑环境软件的开发与产业化项目

该项目通过开发基于英特网的包括网络应用服务系统、网络应用管理系统、网络资源开发工具等在内的网络平台运行管理与支撑环境系统软件，在确保网络平台安全、高效运行的同时，针对客户的不同需求为客户提供个性化、全方位、开放式的服务。该项目的实施将使公司全面拥有大型网络系统通用型管理与支撑环境软件的开发、生产和服务能力。该项目计划投资 2 800 万元，用于软件开发、资源库采集、外购软硬件。项目建设期为一年。

3. 网络平台安全解决方案的开发与产业化项目

网络作为一个涉及范围广、结构相对开放的系统，在运行中必然面临着用户风险、数据风险、应用和服务风险、服务器风险等多种风险，这就使得网络安全解决方案在网络的安全运行中具有重要的意义。本项目将投资开发包括网络安全技术体系、网络安全组织体系和网络安全管理体系的完整的网络安全解决方案，以形成公司的网络安全系统及其系列产品。该项目计划投资 4 700 万元，用于设备投资、研究开发、厂房及办公场地建设。项目建设期为一年。

4. 网络平台认证和支付系统的开发与产业化项目

本项目的主要内容是开发基于金融 IC 卡的网络认证和支付系统。金融 IC 卡的核心是 IC 卡上半导体芯片内的操作系统（简称“COS”）。面对广阔的 IC 卡市场前景，公司将在现有技术储备的基础上，进一步提高技术水平和产品性能，并在 IC 卡的制作和卡终端（IC 卡读写设备）生产等方面形成产业规模。该项目计划投资 2 100 万元，用于设备购置和技术开发。项目建设期为一年。

5. 数字校园解决方案的开发及产业化（含配套设施建设项目）

针对中小学校园网建设的实际需求，本公司将开发并实施包括整体化的网络环境建设、优质全面的教育应用产品、层次化的人员培训方案、全面有效的技术保障体系和软性资源建设等在内的完整的校园网建设解决方案。该项目计划投资8 000万元，用于网络建设、硬件设备开发和系统软件开发，其中配套设施建设子项目投资3 000万元。项目建设期为一年。

6. 数字家园（E－Home）解决方案的开发及产业化（含配套设施建设项目）

清华同方数字家园（E－Home）针对现代家居，以提供具有完善的数据通信、语音通信、图形图像通信及计算机网络管理、自动化服务设施的生活场所的方式，巩固和发展社区用户群体，进而提供范围更广泛、内容更全面的个性化的生活服务信息和教育、商业应用；建立覆盖全国、以典型社区住户群体为核心的服务体系，为用户提供具有智能家居管理系统、家庭电子商务应用系统、技能培训与继续教育系统、社区医疗及家庭健康保健系统、小区综合信息服务系统、公共设备管理系统、公共安全防范系统等功能的全面应用解决方案。项目计划投资8 000万元，用于网络建设、硬件设备开发和系统软件开发，其中配套设施建设子项目投资3 000万元。项目建设期为一年。

本次增发新股实际募集资金如超过前述投资项目计划投资总额的部分，将用于补充流动资金；如有不足，则由公司自筹资金解决。截至2000年12月31日，清华同方的大股东持股情况见表6－5。

表6－5　　清华同方2000年主要股东持股情况（前十名股东）

股东名称	持股数（股）	占总股本数（%）
北京清华大学企业集团	193 083 275	50.40
中信证券	4 591 026	1.20
裕隆基金	4 317 102	1.13
江西清华科技集团有限公司	3 985 506	1.04
裕阳基金	3 338 665	0.87
泰和基金	2 891 348	0.75
安顺基金	2 384 237	0.62
汉兴基金	2 126 062	0.56
普丰基金	1 694 400	0.44
中证公司	1 543 895	0.40

北京清华大学企业集团持有国有法人股股份，是清华同方最大的股东。

（五）媒体评价

2000年12月5日的《中国证券报》刊登了《关于清华同方（600100）增发A股

投资价值的分析》，文中谈到了清华同方增发价格的合理性问题。对增发价格，文中提到了以下两种计算方式：

1. 市盈率比较法估值

清华同方的市盈率属于中等水平，但高于软件企业等传统 IT 企业，低于市场预期较高的综合类高科技投资企业，如清华紫光、中关村等。公司的市盈率水平在保持业绩与股本同步扩张的前提下，已基本为市场认同。如果按市场化发行原则，按上述清华紫光等公司的简单平均市盈率的 115 倍计算，股票价格应为 70 元以上。这说明清华同方发行市盈率与发行价格虽创市场新高，但有市场基础。

2. 市净率回归预期法估值

每个企业由于其自身的表现，获得的市场认同度不同，投资者的市场预期亦不同。由于富有扩张力的经营架构与实际的高成长业绩，清华同方一直被理性投资者与机构投资者看好（见表6－6），市净率维持在较高水平。由于市场相信经营者运用所募资金的能力，随着增募资金投资到位，价格将又一次向市场认同的市净率水平回归。

表 6－6　**清华同方发行上市以来的市净率统计及增发后的中期预期**

募集资金时间	加权平均收盘价（元）	每股净资产（元）	市净率（倍）
配股前 18 周	53. 56	4. 24	12. 2
配股后 18 周	49. 33	3. 43	14. 3
增发前 18 周	49. 33	4. 08	12
增发后 18 周（预计）	77. 64	6. 47	12

通过上面的分析，得出结论：按照目前清华同方表现出来的高成长潜质，其理论价位应为每股 70 元。因此本次清华同方增发的价格是比较合理的，具有中长期投资价值。

（六）增发募集资金投资项目进展情况

根据清华同方 2000 年年度报告，增发新股募集资金承诺项目共八项，计划投资 107 442. 26万元，实际募集资金89 500万元。资金不足部分由公司自筹资金解决。为保证项目能够根据市场预期顺利实施，2000 年，公司先通过银行借款和自有资金进行项目开发，募集资金到位后再偿还借款。资金使用情况见表 6－7。

表 6－7　**2000 年清华同方投资项目进展情况**

项目	承诺总投资	2000 年项目投资进度	尚余项目资金	预计收益	实际收益
1. 网络平台基础设施建设项目	39 632. 26	4 319	35 313. 26	0	0
2. 网络平台卫星通信系统建设项目	12 210	2 739	9 471	0	0
3. 网络平台资源建设项目	30 000	4 748	25 252	0	0

表6-7(续)

项目	承诺总投资	2000年项目投资进度	尚余项目资金	预计收益	实际收益
4. 网络平台管理与支撑环境软件的开发与产业化项目	2 800	500	2 300	0	0
5. 网络平台安全解决方案的开发与产业化项目	4 700	733	3 967	0	0
6. 网络平台认证与支付系统的开发与产业化项目	2 100	877	1 223	0	0
7. 数字校园解决方案的开发及产业化项目	8 000	1 450	6 550	0	0
8. 数字家园（E－Home）解决方案的开发及产业化项目	8 000	1 710	6 290	0	0
合计	107 442. 26	17 076	90 366. 26	0	0

（七）新股上市

此次增发股份于2000年12月27日（向一般法人投资者发行的可流通股份345万股于2001年3月27日）上市流通，上市之后很快就跌破了发行价；并且，在上市流通之后到2001年7月爆发的国有股减持危机之前，也没有回涨到发行价位。从2001年1月到6月新增发股份的股价一直处于一个下跌趋势当中。7月以后随着股票市场走势整体转弱，清华同方的股价能够达到分析预计中的77元也很难让人看到希望。

2001年6月最后一个星期的收盘价的平均值为26.93元，中期报告中每股净资产为4.58元，均远低于上文中使用市净率定价时预计的数字，使得实际的市净率只有5.88倍。

（八）后续情况

根据清华同方2001年年度报告，募股资金使用情况进展如下：

公司于2000年通过增资发行股票募集资金总共89 500万元，计划用于总投资为107 442.26万元的投资项目，本报告期内公司运用募股资金总投入43 189.3万元，截至本年度末累计使用60 265.3万元，尚余29 234.7万元存入银行。具体使用情况见表6-8。

表6-8　2001年清华同方投资项目进展情况

项目	承诺总投资	2000年项目投资进度	2001年项目投资进度
1. 网络平台基础设施建设项目	39 632. 26	4 319	16 948. 2
2. 网络平台卫星通信系统建设项目	12 210	2 739	4 602

表6-8(续)

项目	承诺总投资	2000年项目投资进度	2001年项目投资进度
3. 网络平台资源建设项目	30 000	4 748	8 773.2
4. 网络平台管理与支撑环境软件的开发与产业化项目	2 800	500	857.4
5. 网络平台安全解决方案的开发与产业化项目	4 700	733	1 840.8
6. 网络平台认证与支付系统的开发与产业化项目	2 100	877	1 205.7
7. 数字校园解决方案的开发及产业化项目	8 000	1 450	5 138.2
8. 数字家园（E-Home）解决方案的开发及产业化项目	8 000	1 710	3 823.8
合计	107 442.26	17 076	43 189.3

思考题：

1. 讨论各种筹资方式在理论上的优缺点。
2. 试分析清华同方选择增发筹资的必然性。
3. 在选择筹资方式时企业应如何权衡长短期发展的需要？

【案例二】燕京啤酒集团公司资本结构案例①

(一) 公司简介

燕京啤酒集团公司于1980年建厂，1993年组建集团。在发展中燕京始终坚持走内涵式扩大生产道路，在滚动中发展，年年进行技术改造，使企业不断发展壮大；坚持依靠科技进步，促进企业发展；建立国家级科研中心，引入尖端人才，依靠科技抢占先机；积极进入市场，率先建立完善的市场网络体系，适应市场经济要求。目前燕京啤酒在全国市场的占有率达到12%以上，华北市场达50%，北京市场在85%以上；积极完成股份制改造，由产品经营转向产品与资本双向经营，独特的“红筹背景、A股身份”的股权结构模式，为燕京快速稳定的发展提供了雄厚的资金保障。

经过31年快速、健康的发展，燕京已经成为中国最大的啤酒企业集团之一。2010年燕京啤酒产销量达503万千升，进入世界啤酒产销量前八名，销售收入达144.19亿元，实现利税32.26亿元，实现利润10.52亿元。燕京用20年的时间跨越了世界啤酒业100年的发展历程。2011年，燕京拥有有形资产160亿元，其商标商誉价值总计288.18亿元，其中子品牌漓泉啤酒商誉价值为45.86亿元，惠泉啤酒商誉价值为27.26亿元，雪鹿啤酒商誉价值为15.06亿元。集团现有员工33 500人，占地389万平方米，拥有控股子公司（厂）42个，其中啤酒生产企业30个，相关和附属产品企业8家。燕

① 案例资料节选自汤谷良主编的《财务管理案例》。

京总部是亚洲最大的啤酒生产厂。燕京啤酒连年被评为全国500家最佳经济效益工业企业、中国行业百强企业。高品质的燕京啤酒先后荣获“第31届布鲁塞尔国际金奖”、“首届全国轻工业博览会金奖”、“全国行业质量评比优质产品奖”，并获“全国啤酒质量检测A级产品”、“全国用户满意产品”、“中国名牌产品”等多项荣誉称号。燕京啤酒被指定为“人民大会堂国宴特供酒”、“中国国际航空公司等四家航空公司配餐用酒”，1997年燕京牌商标被国家工商总局认定为“驰名商标”，2004年通过中国绿色食品发展中心审核，符合绿色食品A级标准。2005年8月10日燕京啤酒成为国内首家北京2008年奥运会啤酒赞助商。

燕京啤酒集团于1996年开始股份制改造，经过一年认真细致的筹备工作，燕京啤酒集团公司于1997年完成了股份制改造，并在半年内获得了两个融资渠道：一个是1997年5月参加了北京控股有限公司在中国香港的红筹股上市，二是1997年6月25日在深圳证券市场A股上市。燕京啤酒（股票代码为000729）具有A股和红筹股双重身份，这种独特的股权结构使燕京啤酒集团公司可以横跨大陆与中国香港两地证券市场筹资，拓宽了融资渠道；同时燕京啤酒集团公司通过股权置换持有了北京控股有限公司6.9%的股份。

（二）燕京资本结构变化

1997年上市以来，燕京啤酒净资产收益率一直保持在10%以上，符合证监会关于配股资格的认定。因此，燕京啤酒可以在银行贷款和发行新股方面自由选择。燕京啤酒实际选择了股权融资。1998年9月通过配股筹资8.18亿元，2000年5月再次配股筹资10.4亿元。2002年12月，经股东大会决议后，燕京啤酒又发行了7.5亿元的可转换债券；截至2006年3月31日，公司发行的“燕京转债”（代码为125729）已有2.03亿元转成公司发行的股票“燕京啤酒”，“燕京转债”约有4.96亿元在市场流通。表6-9列示了自燕京上市至2005年的资本结构数据。

表6-9　　燕京啤酒资本结构

财务指标	1997	1998	1999	2000	2001	2002	2003	2004	2005
债务资本构成	29.53%	8.28%	4.41%	10.85%	12.70%	26.55%	26.66%	28.78%	31.60%
债务权益比例	41.90%	9.03%	4.61%	12.16%	14.54%	36.14%	36.36%	40.41%	46.20%
流动负债占负债	96.53%	93.06%	88.13%	97.21%	50.22%	54.93%	69.73%	68.55%	96.53%
流通股占总股本	25.98%	25.98%	28.05%	28.05%	28.05%	28.05%	28.82%	29.34%	25.98%

1. 债务比例

持续的股权融资使燕京啤酒的资产负债率不断下降。1997年上市后，燕京啤酒的资产负债率由上市前的59%骤降至29.53%；其后，1998年、2000年的两次配股使燕京的资产负债率继续降至2000年年末的10.85%，在1999年甚至达到了4.41%；2001年燕京啤酒又发行了可转换债券（以下简称“可转债”），虽然可转债不断转换成燕京股票，但公司的资产负债率却呈现不断上升的趋势；2005年，资产负债率达到了燕京啤酒上市以来的最高值31.6%，但是，按照国资委统计的企业绩效评价标准值数据，燕京啤酒的资产负债率在整个啤酒行业中仍然偏低，处于优秀值行列。总体来说，燕京啤酒的资产负债率处于4%～35%这一区间，说明上市之后公司资本结构政策的变化比较明显，由相对冒险型向保守型、稳健型转化。

2. 负债结构

与资本结构的调整相对应，燕京啤酒的负债结构呈现出了较大的变动。1997—2000年，持续的股权融资虽然使得燕京啤酒的资产负债率持续下降，但又加剧了公司在债务融资中对长期负债的依赖。2002年可转债发行后，长期负债占债务总额的49.78%，达到了历史最高水平；其后，随着可转债不断转换成股票，这一比例又呈现下降趋势，截至2005年12月31日，长期负债与债务总额的比例降为31.45%，但与上市初期的零长期负债相比仍然有着较大的提升。

燕京啤酒的资本结构是一个长期的演变过程，是在历次的外部融资过程中逐步形成的。燕京啤酒先后经历了一次上市、两次配股、一次发行可转债等重大融资行为，大规模的股权融资对燕京啤酒资本结构的形成产生了根本性的影响。燕京啤酒自1997年上市以来，长期债务/总资产一直远低于20%。其中，在2000年的第二次配股之后，燕京啤酒的长期负债仅占总资产的1.15%，大大低于同业水平；而流动比率和货币资金又明显超过行业平均水平。2000年年底，燕京啤酒的现金和有价证券占总资产的比例达到了22.48%，而行业平均水平仅为14.58%。燕京啤酒理应属于“现金充足型”企业，具备一定的内部融资能力，其为何选择此种保守的财务行为？

思考题：

1. 在资金充足的情况下，分析燕京啤酒采取保守型财务行为的主要原因是什么？燕京啤酒资本结构的调整是否合理？

2. 我国上市公司股权融资偏好的主要原因是什么？

二、作业与练习题

（一）单项选择题

1. 某公司普通股目前的股价为10元/股，筹资费率为8%，刚刚支付的每股股利为2元，股利固定增长率3%，则该股票的资金成本为（　　）。

A. 22.39%　　B. 21.74%　　C. 24.74%　　D. 25.39%

2. 某企业发行5年期债券，债券面值为1 000元，票面利率10%，每年付息一次，发行价为1 100元，筹资费率3%，所得税税率为25%，则该债券的资金成本是（　　）。

A. 9.37%　　B. .03%　　C. 7.36%　　D. 6.66%

3. 某企业2004年的销售额为1 000万元，变动成本600万元，固定经营成本200万元，利息费用10万元，没有融资租赁和优先股，预计2005年息税前利润增长率为10%，则2005年的每股利润增长率为（　　）。

A. 10%　　B. 10.5%　　C. 15%　　D. 12%

4. 某企业销售收入800万元，变动成本率为40%，经营杠杆系数为2，总杠杆系数为3。假设固定成本增加80万元，其他条件不变，企业没有融资租赁和优先股，则总杠杆系数变为（　　）。

A. 3　　B. 4　　C. 5　　D. 6

5. 在不考虑筹款限制的前提下，下列筹资方式中个别资金成本最高的通常是（　　）。

A. 发行普通股　　B. 留存收益筹资
C. 长期借款筹资　　D. 发行公司债券

6. 下列属于资金结构存量调整的方式有（　　）。

A. 债转股　　B. 融资租赁
C. 发行新股　　D. 股票回购

7. 某企业本期息税前利润为5 000万元，本期实现利息费用为3 000万元，则该企业的财务杠杆系数为（　　）。

A. 3　　B. 1.5　　C. 2　　D. 2.5

8. 下列项目中，同优先股成本成反比关系的是（　　）。

A. 优先股年股利　　B. 发行优先股总额
C. 所得税税率　　D. 优先股筹资费率

9. 比较资金成本法是根据（　　）来确定资金结构。

A. 加权平均资金成本的高低
B. 占比重大的个别资金成本的高低
C. 债券的利息固定
D. 债券利息可以在利润总额中支付，具有抵税效应

10. 当比重过高时，容易出现股票价格狂升，从而产生泡沫经济的是（　　）。

A. 国家股　　B. 法人股　　C. 个人股　　D. 优先股

11. 每股利润无差异点是指两种筹资方案下，普通股每股利润相等时的（　　）。

A. 成本总额　　B. 筹资总额
C. 资金结构　　D. 息税前利润

12. 某公司财务杠杆系数等于1，这表明该公司当期（　　）。

A. 利息与优先股股息为零
B. 利息为零，而有无优先股股息不好确定
C. 利息与息税前利润为零
D. 利息与固定成本为零

13. 只要企业存在固定成本，则经营杠杆系数必（　　）。

A. 与销售量成正比　　B. 与固定成本成反比
C. 恒大于1　　D. 与风险成反比

14. 不存在财务杠杆作用的筹资方式是（　　）。

A. 发行普通股　　B. 发行优先股
C. 发行债券　　D. 举借银行借款

15. 某企业在不发行优先股的情况下，本期财务杠杆系数为2，本期利息税前利润

为400 万元，则本期实际利息费用为（　　）。

A. 200 万元　　B. 300 万元　　C. 400 万元　　D. 250 万元

16. 企业全部资金中，股权资金占50%，负债资金占50%，则企业（　　）。

A. 只存在经营风险

B. 只存在财务风险

C. 存在经营风险和财务风险

D. 经营风险和财务风险可以相互抵销

17. 下列各项中，不影响经营杠杆系数的是（　　）。

A. 产品销售数量　　B. 产品销售价格

C. 固定成本　　D. 利息费用

18. 如果企业的资金来源全部为权益资金，且没有优先股存在，则企业财务杠杆系数（　　）。

A. 等于0　　B. 等于1　　C. 大于1　　D. 小于1

19. 某公司的经营杠杆系数为1.8，财务杠杆系数为1.5，则该公司销售额每增长1倍，就会造成每股利润增加（　　）。

A. 1.2 倍　　B. 1.5 倍　　C. 0.3 倍　　D. 2.7 倍

20. 企业在追加筹资时需要计算（　　）。

A. 加权平均资金成本　　B. 边际资金成本

C. 个别资金成本　　D. 机会成本

21. 进行资本结构决策时，使用（　　）。

A. 个别资本成本　　B. 加权平均资本成本

C. 边际资本成本　　D. 完全成本

22. 在计算个别资本成本时，既不考虑所得税的抵税作用，又不考虑筹资费用的是（　　）。

A. 长期借款成本　　B. 债券成本

C. 普通股成本　　D. 留存收益成本

23. 已知某企业目标资金结构中长期债务的比重为20%，债务资金的增加额在0~10 000 元范围内，其利率维持5%不变。该企业与此相关的筹资总额分界点为（　　）元。

A. 5 000　　B. 20 000　　C. 50 000　　D. 200 000

（二）多项选择题

1. 资金成本包括用资费用和筹资费用两部分，其中属于用资费用的是（　　）。

A. 向股东支付的股利　　B. 向债权人支付的利息

C. 借款手续费　　D. 债券发行费

2. 下列哪项属于权益性资金成本（　　）。

A. 优先股成本　　B. 银行借款成本

C. 普通股成本　　D. 留存收益成本

3. 负债资金在资金结构中产生的影响是（　　）。

A. 降低企业资金成本　　B. 加大企业财务风险

C. 具有财务杠杆作用　　D. 分散股东控制权

4. 下列各项中影响综合杠杆系数变动的因素有（　　）。

A. 固定成本　　B. 单位边际贡献

C. 产销量　　D. 固定利息

5. 下列各项中，影响财务杠杆系数的因素有（　　）。

A. 产品边际贡献总额　　B. 所得税税率

C. 固定成本　　D. 财务费用

6. 下列项目中，同复合杠杆系数成正比例变动的是（　　）。

A. 每股利润变动率　　B. 产销量变动率

C. 经营杠杆系数　　D. 财务杠杆系数

7. 最佳资金结构是指（　　）的资金结构。

A. 企业价值最大　　B. 净资产值最大

C. 每股收益最大　　D. 加权平均资金成本最低

8. 在边际贡献大于固定成本的情况下，下列措施中有利于降低企业复合风险的有（　　）。

A. 提高产量　　B. 提高产品单价

C. 提高资产负债率　　D. 降低单位变动成本

9. 影响资本结构的因素包括（　　）。

A. 企业财务状况　　B. 企业资产结构

C. 投资者和管理人员的态度　　D. 贷款人和信用评级机构的影响

10. 企业最优资本结构的确定方法包括（　　）。

A. 因素分析法　　B. 每股收益无差别点法

C. 比较资本成本法　　D. 公司价值分析法

11. 影响企业加权平均资金成本的因素有（　　）。

A. 资金结构　　B. 个别资金成本高低

C. 筹集资金总额　　D. 筹资期限长短

12. 在计算以下（　　）项个别资本成本时，应考虑抵税作用。

A. 普通股成本　　B. 留存收益成本

C. 长期借款成本　　D. 债券成本

13. 关于边际资本成本下列说法中正确的是（　　）。

A. 适用于追加筹资的决策　　B. 是按加权平均法计算的

C. 它不考虑资本结构问题　　D. 它反映资金增加引起的成本的变化

14. 利用总成本习性模型预测企业总成本时所涉及的变量有（　　）。

A. 固定成本　　B. 单位变动成本

C. 产销量　　D. 机会成本

15. 在资金结构决策方法中，属于定量分析法的有（　　）。

A. EBIT－EPS 分析法　　　　B. 对比分析法

C. 因素分析法　　　　　　　D. 比较资金成本法

16. 利用每股利润无差异点进行企业资金结构分析时，（　）。

A. 当预计息税前利润等于每股利润无差异点时，采用权益筹资方式和采用负债筹资方式的报酬率相同

B. 当预计息税前利润高于每股利润无差异点时，采用负债筹资方式比采用权益筹资方式有利

C. 当预计息税前利润低于每股利润无差异点时，采用权益筹资方式比采用负债筹资方式有利

D. 当预计息税前利润低于每股利润无差异点时，采用负债筹资方式比采用权益筹资方式有利

（三）判断题

1. 资金成本包括筹资费用和用资费用两部分，其中筹资费用是资金成本的主要内容。（　）

2. 在所有资金来源中，一般来说，普通股的资金成本最高。（　）

3. 当经营杠杆系数和财务杠杆系数都为 1.5 时，复合杠杆系数为 3。（　）

4. 在任何情况下，企业固定成本越高，则经营杠杆系数越大，经营风险越高。（　）

5. 利息费用因素包含在计算息税前利润公式的固定成本和变动成本之中。（　）

6. 一个企业的经营杠杆系数和财务杠杆系数都有可能等于 1。（　）

7. 当企业经营处于衰退时期，应降低其经营杠杆系数。（　）

8. 经营杠杆能够扩大市场和生产等不确定性因素对利润变动的影响。（　）

9. 若企业无负债且无优先股，则财务杠杆系数为 1。（　）

10. 在筹资额和利息（股息）率相同时，企业借款筹资与发行优先股筹资的财务杠杆作用是相同的。（　）

11. 在优化资本结构的过程中，综合资本成本最小的方案一定是普通股每股利润最大的方案。（　）

12. 在个别资本成本一定的情况下，企业综合资本成本的高低取决于资金总额。（　）

13. 企业追加筹措新资，通常运用多种筹资方式的组合来实现，边际资金成本需要按加权平均法来计算，并以账面价值为权数。（　）

14. 资本的边际成本需要采用加权平均法计算，其权数应为账面价值权数，不应使用市场价值权数。（　）

15. 使用每股利润无差别点法进行最佳资金结构的判断时考虑了风险的因素。（　）

16. 如果一个企业的债务资金为零，则财务杠杆系数必等于 1。（　）

（四）综合计算题

1. 某公司拟筹资5 000万元，其中按面值发行债券2 000万元，票面利率10%，筹资费率2%；发行优先股800万元，股利率12%，筹资费率3%；发行普通股2 200万元，筹资费率5%，预计第一年股利率12%，以后每年按4%递增，所得税率为25%。

要求：

（1）计算债券成本；

（2）计算优先股成本；

（3）计算普通股成本；

（4）计算加权平均资本成本。

2. 某公司资本结构如下：长期债券4 000万元，每年利息480万元，普通股500万股，每股发行6元，预计每股股利30%，以后每年增长2%，优先股3 000万股，年息15%，求该公司加权平均资本结构？

3. 某企业发行普通股800万元，发行价为8元/股，筹资费率为6%，第一年预期股利为0.8元/股，以后各年增长2%；该公司股票的β系数等于1.2，无风险利率为8%，市场上所有股票的平均收益率为12%，风险溢价为4%。

要求：根据上述资料使用股利折现模型、资本资产定价模型以及风险溢价模型分别计算普通股的资本成本。

4. 某企业发行债券、优先股、普通股筹集资金。发行债券500万元，票面利率8%，筹资费用率2%；优先股200万元，年股利率12%，筹资费用率5%；普通股300万元，筹资费用率7%，预计下年度股利率14%，并以每年4%的速度递增。若企业适用所得税税率为25%。试计算个别资金成本和综合资金成本。（计算结果保留两位小数）

5. 某公司拟筹资1 000万元，现有甲、乙两个备选方案。有关资料见表6-10。

表6-10 **两方案具体数据表**

筹资方式	甲方案	乙方案
长期借款	200，资金成本9%	180，资金成本9%
债券	300，资金成本10%	200，资金成本10.5%
普通股	500，资金成本12%	620，资金成本12%
合计	1 000	1 000

试确定该公司的最佳资金结构。

6. 某公司拥有长期借款100万元，普通股300万元。公司拟筹集新的资本200万元，并维持目前的资本结构。随着筹资数额的增加，各资本成本的变化见表6-11。

表 6－11　不同筹资方式资本成本变化表

资本种类	新筹资额（万元）	资本成本
长期借款	小于等于 40	4%
	大于 40	8%
普通股	小于等于 75	10%
	大于 75	12%

计算各筹资总额分界点及各筹资范围的边际资本成本。

7. 某公司目前拥有资本 100 万元，其中长期负债 20 万元，优先股 5 万元，普通股（含留存收益）75 万元。为了满足追加投资的需要，公司拟筹措新资，见表 6－12。

表 6－12　不同筹资方式资本成本数据表

资本种类	目标资本结构	新筹资的数量范围	资本成本
长期负债	0.20	10 000 元以内	6%
		1 000～40 000 元	7%
		40 000 元以上	8%
优先股	0.05	2 500 元以内	10%
		2 500 元以上	12%
普通股	0.75	22 500 元以内	14%
		22 500～75 000 元	15%
		75 000 元以上	16%

要求：计算该企业新筹资总额的分界点，编制边际资本成本规划表。

8. 某企业生产 A 产品，单价为 50 元，单位变动成本为 30 元，固定成本为 150 000 元，2010 年销量为 10 000 件。2011 年销量为 15 000 件。2012 年目标利润为 180 000 元，通过计算回答下列问题：

（1）计算 A 产品的经营杠杆系数；

（2）2012 年实现目标利润的销售变动比率是多少？

9. 某企业资金总额为 2 000 万元，借入资金与权益资金各占 50%，负债利率为 10%，普通股股数为 50 万股。假定所得税税率为 25%，企业基期息税前利润为 300 万元，计划期息税前利润增长 20%。

要求：计算企业财务杠杆系数。

10. 某企业只生产和销售甲产品，其总成本习性模型为 y = 15 000 + 4x。假定该企业 2011 年度该产品销售量为 10 000 件，每件售价为 8 元，按市场预测 2012 年 A 产品的销售数量将增长 15%。

要求：

（1）计算 2011 年该企业的边际贡献总额；

（2）计算 2011 年该企业的息税前利润；

（3）计算 2012 年的经营杠杆系数；

（4）计算 2012 年的息税前利润增长率；

（5）假定企业 2011 年发生负债利息及融资租赁租金共计 5 000 元，优先股股息 300 元，企业所得税税率 25%，计算 2012 年的复合杠杆系数。

11. A 公司 2011 年度、2012 年度有关资料见表 6－13。

表 6－13 相关数据表 单位：万元

项目	2011 年度	2012 年度
销售收入	2 000	2 400
变动成本（变动成本率 50%）	1 000	1 200
固定成本	800	800
息税前利润	200	400
利息	120	120
税前利润	80	280
所得税（所得税税率 25%）	20	70
净利润	60	210
每股利润（普通股 1 万股）单位：元	60	210

要求：根据上表的资料计算经营杠杆、财务杠杆、综合杠杆。

12. 某公司原有资本 1 000 万元，其中债务资本 400 万元（每年负担利息 30 万元），普通股资本 600 万元（发行普通股 12 万股，每股面值 50 元），企业所得税税率为 30%。由于扩大业务，需追加筹资 300 万元，其筹资方式有三个：一是全部发行普通股：增发 6 万股，每股面值 50 元；二是全部按面值发行债券，债券利率为 10%；三是发行优先股 300 万元，股息率为 12%。

要求：

（1）分别计算普通股筹资与债券筹资以及普通股筹资与优先股筹资每股利润无差别点的息税前利润；

（2）假设扩大业务后的息税前利润为 300 万元，确定公司应当采用哪种筹资方式（不考虑风险）。

13. 已知某公司当前资金结构见表 6－14。

表 6－14　　　　　　　　　　　　　　　目前资本结构表

筹资方式	金额（万元）
长期债券（年利率 8%）	1 000
普通股（4500 万股）	4 500
留存收益	2 000
合计	7 500

因生产发展需要，公司年初准备增加资金 2 500 万元，现有两个筹资方案可供选择：甲方案为增加发行 1 000 万股普通股，每股市价 2.5 元；乙方案为按面值发行每年年末付息、票面利率为 10% 的公司债券 2 500 万元。假定股票与债券的发行费用均可忽略不计；适用的企业所得税税率为 25%。

要求：

（1）计算两种筹资方案下每股利润无差别点的息税前利润；

（2）计算处于每股利润无差别点时乙方案的财务杠杆系数；

（3）如果公司预计息税前利润为 1 200 万元，指出该公司应采用的筹资方案；

（4）如果公司预计息税前利润为 1 600 万元，指出该公司应采用的筹资方案；

（5）若公司预计息税前利润在每股利润无差别点增长 10%，计算采用乙方案时该公司每股利润的增长幅度。

14. 中大公司目前年销售额为 10 000 万元，变动成本率为 70%，全部固定成本和费用为 2 000 万元，优先股股息 24 万元，普通股股数为 2 000 万股，该公司目前总资产为5 000万元，资产负债率为 40%，平均负债利息率为 8%，假设该公司的所得税税率为 40%。该公司拟改变经营计划，追加投资 4 000 万元，预计固定成本增加 500 万元，同时销售额增加 20%，并且变动成本率下降至 60%。该公司以提高每股收益的同时降低总杠杆系数作为改进经营计划的标准。

要求：

（1）计算目前的每股收益、利息保障倍数、经营杠杆、财务杠杆和总杠杆；

（2）所需资金以追加股本取得，每股发行价 2 元，计算追加投资后的每股收益、利息保障倍数、经营杠杆、财务杠杆和总杠杆，判断应否改变经营计划；

（3）所需资金以 10% 的利率借入，计算追加投资后的每股收益、利息保障倍数、经营杠杆、财务杠杆和总杠杆，判断应否改变经营计划；

（4）若不考虑风险，两种方案相比，哪种方案较好？

（五）案例分析题

韩国大宇集团资本结构案例分析①

① 本案例根据中南财经政法大学《高级财务管理》教学网案例资料整理形成。

1. 公司简介

韩国大宇集团于1967年创建，初创时主要从事劳动密集型产品的生产和出口。20世纪70年代侧重发展化学工业，20世纪80年代后转向汽车、电子和重工业领域投资，并参与国外资源的开发。经过30年的发展，通过政府的政策支持、银行的信贷支持和在海内外的大力购并，大宇集团的经营范围涉及外贸、造船、重型装备、汽车、电子、通信、建筑、化工、金融等，有系列公司29个，国外分公司30多个。大宇集团曾经为仅次于现代集团的韩国第二大企业，是世界20家大企业之一，资产达650亿美元。在一代人的心目中，大宇集团是韩国的象征。大宇是“章鱼足式”扩张模式的积极推行者，认为企业规模越大，就越能立于不败之地，即所谓的“大马不死”。更让韩国人为大宇着迷的是：在1997年韩国陷入金融危机时，大宇不仅没有被危机困倒，反而在国内的集团排名中由第4位上升到第2位。

2. 公司发展

“以小吃大”的兼并战略是大宇崛起的诀窍之一，他们总是能以顽强的生命力将兼并的大企业迅速扭亏为盈。最著名的是1976年大宇买下了比它大一倍多的老牌国有大企业——“韩国机械”。该公司3 600名员工担心被兼并后会大量裁员和降薪，大宇集团果断决策：第一，原韩国机械员工一个不裁；第二，原韩国机械员工增薪20%；第三，把“韩国机械”60亿元的可用资金的一半用来为员工新建医院、宿舍、食堂等非生产性的福利设施。结果奇迹发生了：大宇集团仅用了一年时间竟然使具有40年亏损历史的韩国机械扭亏为盈。

公司产品一直以来代表着韩国机械工业的发展水平，在柴油发动机、挖掘机、车辆、自动机床、机器人等领域创造了公认的成就。在柴油机方面，1958年与澳大利亚合作生产船舶发动机，1975年与德国MAN公司合作推出了系列重载柴油机，1990年成立欧洲大宇工厂，1994年成立大宇重工业烟台公司，1996年成立美国大宇重工业公司。大宇柴油机被广泛应用于国防、航空、车辆、船舶、工程机械、发电机组，并以其体积小、重量轻、抗突加负载能力强、噪音低、经济可靠等特点被世界认可。

3. 宣告破产

在过去宏观经济景气的条件下，韩国国内金融机构大量借入海外资金，并把这些资金贷给像大宇这样的企业。大宇集团出现了资本结构放大的投资收益率。但是金融危机爆发以后，大宇集团的高负债率造成巨额债务负担，盈利的减少又造成股价的下降，投资遭受巨大的打击。大宇集团为韩国经济崛起贡献过力量，但该企业也存在一些问题：商业行为上的暗箱操作、无节制的贷款融资以及过度扩张，这些都成为受到亚洲金融危机严重影响的原因。

1997年亚洲爆发了金融危机。外国银行和机构投资者开始撤走资金。年底金融危机波及韩国，其他韩国企业集团都开始收缩，但大宇集团仍然我行我素，结果导致债务越背越重。尤其是1998年年初，韩国政府提出“五大企业集团进行自律结构调整”方针后，其他集团均把结构调整的重点放在改善财务结构方面，努力减轻债务负担。大宇却认为，只要提高开工率，增加销售额和出口就能躲过这场危机。因此，它继续大量发行债券，进行“借贷式经营”。

1998年大宇集团发行的公司债券达7万亿韩元（约58.33亿美元）。1998年第4季度，大宇集团的债务危机已初现端倪，在各方援助下才避过债务灾难。此后，在严峻的债务压力下，大梦方醒的大宇集团虽作出了种种努力，但为时已晚。

1999年7月中旬，大宇集团向韩国政府发出求救信号；同年7月27日，大宇集团因“延迟重组”，被韩国4家债权银行接管。1999年8月，大宇集团的12家公司的负债额超过了86万亿韩元（大约800韩元兑换1美元），而全部资产不足25万亿韩元。由于资不抵债，因此自主重建大宇计划未能实现。其中在8月11日，大宇集团在压力下屈服，割价出售两家出现财务问题的公司；8月16日，大宇集团与债权人达成协议，在1999年年底前，出售盈利最佳的大宇证券公司以及大宇电器、大宇造船、大宇建筑公司等，大宇集团的汽车项目资产免遭处理。“8月16日协议”的达成，表明大宇集团已处于破产清算前夕，遭遇“存”或“亡”的险境。由于在此后的几个月中，经营依然不善，资产负债率仍然居高，大宇集团最终不得不走向破产。大宇集团在1999年11月1日向新闻界正式宣布，该集团董事长金宇中以及14名下属公司的总经理决定辞职，以表示“对大宇的债务危机负责，并为推行结构调整创造条件”。韩国媒体认为，这意味着大宇集团解体进程已经完成，大宇集团已经消失，大宇集团的问题将交给债权银行和政府来处理。至此，大宇集团这艘被誉为“不沉的航空母舰”已开始沉没。

大宇集团为什么会倒下？在其坍塌的背后，存在的问题固然是多方面的，但财务杠杆的消极作用是其中重要的一方面。大宇集团在政府政策和银行信贷的支持下，走上了一条“举债经营”之路。试图通过大规模举债，达到大规模扩张的目的，最后实现“市场占有率至上”的目标。1997年亚洲金融危机爆发后，大宇集团已经显现出经营上的困难，其销售额和利润均不能达到预期目的；而与此同时，债权金融机构又开始收回短期贷款，政府也无力再给大宇集团更多支持。1998年年初韩国政府提出“五大企业集团进行自律结构调整”的方针后，大部分集团把结构调整的重点放在改善财务结构方面，努力减轻债务负担；但大宇集团却认为，只要提高开工率，增加销售额和出口就能躲过这场危机。因此，大宇集团继续大量发行债券，进行“借贷式经营”。正是由于经营上的不善，加上资金周转上的困难，韩国政府于7月26日下令债权银行接手大宇集团并对其进行结构调整，以加快这个负债累累的集团的解散速度。由此可见，大宇集团的举债经营所产生的财务杠杆效应是消极的，不仅难于提高企业的盈利能力，反而因巨大的偿付压力使企业陷于难于自拔的财务困境。从根本上说，大宇集团的解散，是其财务杠杆消极作用影响的结果。

思考题：

1. 结合案例，论述财务杠杆效应是一把双刃剑。
2. 获得财务杠杆利益的前提条件是什么？
3. 什么是最优资本结构？应如何衡量？
4. 我国的企业，应从“大宇神话”中吸取哪些教训？

专题四 投资决策

第七章 投资决策原理及实务

一、教学案例

（一）项目概况

2000年，天津师范大学、天津理工学院和天津工业大学联名提出了建设新校区的发展规划，并得到天津市市政府及有关部门的批准。三校新校区建设的总体目标是：努力将天津师范大学、天津理工学院和天津工业大学建设成高水平的多学科性大学，以达到资源共享、优势互补、规模效益的目的，成为我市现代化高等教育的重要基地。

为了解决建设资金紧张的问题，三校与天津市三源电力公司协商，由三源电力公司出资建设三校区的供电工程，并负责运行和维护。而三源电力公司通过收取租赁费的方式，回收资金。事实上，此种经营方式属于“BOR”（Build，Operate，Return——建设、运营、归还）融资经营方式。本项目中所指的BOR是由三源电力公司融资、设计、建设变电站并由其负责电站的经营和维护，然后以融资租赁的形式将变电站出租给校方，向校方收取适当的租赁费用，由此回收项目投资、经营和维护成本并获得合理的回报；合同期满后，最终的变电站所有权仍然是三源电力建设有限公司的。实质上，三源电力公司的BOR融资经营方式是企业与学校合作经营基础设施项目的一种特殊运作模式，该种经营合作方式符合企业创新发展战略目标。

（二）技术可行性论证

1. 电网现状及规划

该三所大学的校区位于西青区第三高教区，目前距该地区较近的电源点有吴庄500千伏的变电站、华苑110千伏变电站和张家窝110千伏变电站。吴庄500千伏变电站位于三校以南约8公里处，可以为三校区提供110千伏电源。华苑110千伏变电站位于三校区东北约1公里处，该电站安装两台31.5兆伏安主变压器，现已满负荷，不能为三校提供电源。张家窝110千伏变电站位于三校区西北方约7公里处，安装了35千伏、50兆伏安和31.5兆伏安主变压器各一台，该电站扩建为2×50兆伏安主变压器后，有能力为三校区提供一路35千伏电源。

另外，位于三校区附近的华苑220千伏变电站、大寺110千伏变电站正在建设中，预计2004年可以投产。这两个变电站建成后均可以为三校区提供电源。华苑220千伏变电站位于三校区西北约 2 公里处，规划容量为 3 × 180 兆伏安，可以为三校区提供 110 千伏、35 千伏的电源。大寺 110 千变电站位于三校区东南约 5 公里处，规划容量为 3 ×50 兆伏安，可以为三校区提供 35 千伏电源。

2. 供电方案的提出

方案一：110 千伏供电方案

三校区采用共建一座 110 千伏变电站的供电方式，新建 110 千伏变电站的规划容量为 3 ×50 兆伏安，110 千伏采用线路变压器组结线。110 千伏变电站电源有三路，其中两路由华苑 220 千伏变电站提供，另一路由吴庄 500 千伏变电站提供，建议尽量采用架空方式，导线为 LGJ－300，总长度约 12 公里，其中约 1/3 可能需要采用电缆。

方案二：35 千伏供电方案

在三个校区内各自建设 35 千伏变电站的供电方式，共计需要新建三座 35 千伏变电站，每站规划容量均为 3 × 16 兆伏安，35 千伏均采用线路变压器组结线，三座变电站共需 35 千伏电源五路，其中华苑 220 千伏变电站提供三路，每路电源供两台变压器；大寺 110 千伏变电站提供一路，供两台变压器；张家窝 110 千伏变电站提供一路，供一台变压器。电源线路的总长度约 18 公里，其中约 1/3 为电缆线路，电缆采用双根 300 平方毫米铜芯交联电缆，其中约 2/3 位架空线路，采用 LGJ－300 导线。

3. 供电方案的比较

（1）供电方案费用估算

参考类似电网工程估算（其中不包括征地费、赔偿费），只作为供电方案比较的参考，工程投资以设计概算为准。

对于方案一，新建 110 千伏线路（90 万元/公里）需 90 ×8 =720（万元），扩建 110 千伏出线间隔（110 万元/个）需 110 ×3 =330（万元），新建 110 千伏电缆（800 万元/公里）800 ×4 =3 200（万元），110 千伏变电站本体需 5 000 万元，共计需要 9 250万元。

对于方案二，新建 35 千伏架空线路（70 万元/公里）需 70 ×12 =840（万元），新建 35 千伏电缆线路（100 万元/公里 · 根）需 100 ×6 ×2 =1 200（万元），扩建 35 千伏出线间隔（45 万元/个）需 45 ×5 =225（万元），35 千伏变电站本体（2 000 万元/座）需 2 000 ×3 =6 000（万元），共计需要 8 265 万元。

（2）方案比较

上述两个方案均可以满足三校区的用电需求，由三源电力公司投资建设电源工程，这两种供电模式具有技术上的可行性。但两个方案各有优势，下面对两个方案进行比较：

①110 千伏方案

优点：外部供电工程较简单，便于管理。

缺点：分期建设不够灵活，一次投资较高；10 千伏供电半径过长（约 2.5 公里）。

②35 千伏方案

优点：可根据三校建设速度分期建设，一次投资低；10 千伏供电半径短。

缺点：供电工程总体量大且工程安装复杂。

4. 结论

优选第二种建设方案，即选择35千伏方案。这样，三源电力公司可以借助良好的企业声誉，争取分期建设的政策性支持，减少初期投资，分步实施，以获得相应的政策利润，而且还有利于将来三源电力集团公司的长期统一管理。但是，这种方式必须以变电站由三源电力公司投资或控股为前提。

（三）项目优势论证

1. 抢先占领供电服务市场，提升企业经营发展战略

当前电力行业面临的是格局分化、厂网分开、电网独家经营的市场形式。这样，在电力行业内垄断是相对的，而竞争是绝对的，并且会越来越激烈。新的形势给我们带来了严峻的挑战，同时也面临着新的发展机遇（请见图7－1）。公司一直主要承担建设、安装工程，而此次的大学城项目在公司本业的基础之上，扩大了企业经营项目，由建安扩展到服务——电力设施物业管理，从而进一步完善了企业供、产、销、售后服务的一体化，形成企业经营方式向多源化发展、“产品”向多角化经营的良好开端，这不仅有利于提高企业实力，而且能够展现企业的持久战略眼光，促使企业走在市场趋势的前列。

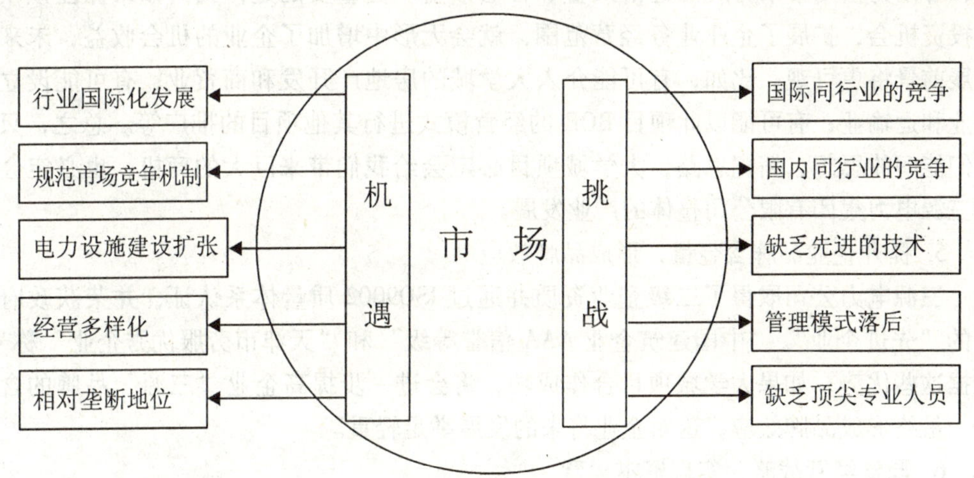

图7－1 我国电力行业的机遇与挑战图

2. 吸引外部人才，安置内部职工，提供就业机会

面对当前公司员工密集、支付压力大的严峻形势，以及此项目变电站的设计、建设、管理、维护等都需要相关技术人员的现实状况，再加上从发展壮大电力物业管理的角度来说，我们也必须要培养一批专业人才，因此，该项目将为公司创造新的收入和就业机会。针对需要，首先，要引进或培养符合市场经济和企业发展的经营管理人才，这类人才要求熟悉财务管理、投资融资和资本运营；其次，要招聘或培训电力物业管理专业人员，可以聘请有实践经验和专业知识的现有公司内部人员、退休人员，也可以从社会招聘。这样，既能安置一部分人员又能降低成本，从而能够增强公司职

工队伍实力。

3. 降低企业经营风险，保证公司获取部分稳定收入

我们选择的合作对象是教育行业，相对来讲可以规避部分信用风险。因为教育行业是一个高速发展的行业，资金来源多为国家拨款，而且学生数量也在不断增长，学校的收入比较稳定，因此特别适合我们这种长期投资的项目。首先，总体上看，与其他长期投资项目比较，投资风险比较小。其次，可以要求校方提供学生收费权担保、房产担保等来防范企业风险。再次，充分利用银行贷款，降低投资风险。此项目需要资金数目很大，不能完全用公司自有资金来投资。目前贷款利率比较低，是我们充分利用银行资金的良好时机，从而可以降低投资风险。最后，定期收到租金，可以提高企业的固定性收益。目前，三源电力公司曾涉及的配电物业管理项目的规模都比较小，不仅不成体系而且面临管理上分散、复杂性的问题，根本不可能创造较好的经济效益。此次预计开发的项目具有规模整体性，是以租金的方式定期回收资金，并由校方支付电站维护人员管理费用、维护成本等相关的费用，这样公司便可以得到稳定的收益，从而增强企业经济实力。

4. 长期收益和潜在收益前景更可观

经过仔细地推敲与论证，此项目在财务可行性研究上是可行的，如果将其付诸实践，可以为公司带来可观的经济效益和社会效益。更重要的是，我们如果抓住该项目的投资机会，扩展了企业业务经营范围，就会无形中增加了企业的机会收益，未来的发展前景将更可观。比如，有可能介入大学城的房地产开发和商贸业；有可能设立旅游业和运输业；有可能以此项目 BOR 的经营模式进行其他项目的推广等。总之，只要我们能解放思想，拓宽思路，大学城项目必定会给我们带来巨大的商机，也必定会带动三源电力集团有限公司整体的产业发展。

5. 提升企业品牌含金量，形成品牌效应

三源电力公司取得了二级企业资质并通过 ISO9002 质量体系认证，并荣获政府授予的“先进企业”、“中国建筑企业 AAA 信誉等级”和“天津市劳服优秀企业”称号。依据这些优势，如果大学城项目合作成功，将会进一步提高企业“三源”品牌的含金量，最终形成品牌效应，这对企业将来的发展举足轻重。

6. 调整经营战略，实现资本运营

通过对电力施工企业现有主营业务的开发与经营，在某种程度上只能解决生存的问题，但解决不了施工企业深层次的积累与发展；因此，资本运营将成为企业未来发展的必然趋势。从我们公司经营战略的调整来看，也是一种具有前瞻性的决策行为。此项目若能运作成功，将会很好地实现资本运营，并为今后的资本运营提供经验和范例。

（四）相关财务数据

根据协议，大学新校区无偿提供用地，三源电力公司投资电源引线、主变电站系统，对新校区实施供电运行、检修和管理等服务，在服务范围内，保证变电站正常运行，保障大学用电需要。三所大学定期支付三源电力公司报酬即租赁费用及与电站相

关的运行成本，作为三源公司的费用和利润。双方合作期限为20年（2004—2023年），此期限届满后，双方可根据自身需要再签订续展合作协议。

1. 初始投资估算数据（见表7－1、表7－2）

公司计划投资总额为8 265万元，分两期投资。第一期投入80%，4年后的第二期投入20%；前4年生产负荷为67%，从第5年开始达到100%。

相关投资估算数据见表7－1，表7－2。

表7－1　　一期固定资产投资估算表

序号	项目	折旧年限	净残值率（%）	建筑工程费	设备购置费	合计
1	变电设备				2 100.00	2 100.00
1.1	变压器	18	3.00		800.00	800.00
1.2	电气及控制设备	18	0.00		1 300.00	1 300.00
2	配电线路及设备				0.00	0.00
2.1	配电线路	14	3.00		0.00	0.00
2.2	配电设备	18	3.00		0.00	0.00
3	输电线路				3 262.00	3 262.00
3.1	架空输电线路	30	3.00		1 970.00	1 970.00
3.2	电缆输电线路	30	3.00		1 292.00	1 292.00
4	建筑物			650.00		650.00
4.1	生产用房屋	30	0.00	650.00		650.00
	合计			650.00	5 362.00	6 012.00

表7－2　　二期固定资产投资估算表

序号	项目	折旧年限	净残值率（%）	建筑工程费	设备购置费	合计
1	变电设备				600.00	600.00
1.1	变压器	18	3.00		200.00	200.00
1.2	电气及控制设备	18	0.00		400.00	400.00
2	配电线路及设备					0.00
2.1	配电线路	14	3.00			0.00
2.2	配电设备	18	3.00			0.00
3	输电线路				890.50	890.50
3.1	架空输电线路	30	3.00		567.50	567.50
3.2	电缆输电线路	30	3.00		323.00	323.00

表7－2(续)

序号	项目	折旧年限	净残值率(%)	建筑工程费	设备购置费	合计
4	建筑物			162.50		162.50
4.1	生产用房屋	30	0.00	162.50		162.50
	合计				1 653.00	1 653.00

其中：一期固定资产投资时需垫支流动资金600万元，采用直线法计提折旧。

2. 各项收入估算数据，见表7－3、表7－4。

表7－3　　收入估算数据表

序号	项目	第1至4年收费（万元/年）	第5至20年收费（万元/年）
1	租赁费收入	670	870
2	代理维护收入	181.33	252.87
	合计	851.33	1 122.87

另外：在项目投资时还会产生建筑安装收益和处理设备收益。

表7－4　　建筑安装收益及处理设备收益表

序号	项目	第0年（万元）	第4年（万元）
1	建筑安装收益	520	130
2	处理设备收益	90	120
	合计	610	250

3. 各项费用估算数据（见表7－5）

表7－5　　费用估算表

序号	项目	第1至4年（万元/年）	第5至20年（万元/年）
1	大修费	52	78
2	试验调试费	48	72
3	营业税及附加	47.25	62.32
	合计	147.25	212.32

三源电力公司适用的企业所得税税率为33%，资金成本为8%。

思考题：

1. 三源电力公司采取的“BOR”经营方式与传统的“BOT”方式有哪些区别？

2. 针对两个方案，在进行投资决策分析之前，为什么选择方案二35千伏方案？判断的依据是什么？

3. 对该方案进行投资决策时，适合采取什么样的指标作为判断的标准？为什么？

4. 对该方案进行投资决策，判断是否可行？

二、作业与思考题

（一）单项选择题

1. 企业目前有一台旧设备，账面价值为150 000元，变现价值为180 000元，所得税税率为30%。企业打算把该设备投入到一个项目中，相关的投资额为（　　）元。

A. 150 000　　B. 180 000　　C. 126 000　　D. 171 000

2. 当两个投资方案为互斥选择时，应优先选择（　　）。

A. 净现值大的方案　　B. 项目周期短的方案

C. 投资额小的方案　　D. 现值指数大的方案

3. A企业投资20万元购入一台设备，预计使用年限为10年，按直线法计提折旧，无残值。设备投产后预计每年可获得净利3万元，则该投资的回收期为（　　）年。

A. 5　　B. 3　　C. 4　　D. 6.7

4. 某投资方案的年营业收入为100 000元，年营业成本为60 000元，其中年折旧额10 000元，所得税税率为33%，该方案的每年营业现金流量为（　　）元。

A. 26 800　　B. 36 800　　C. 16 800　　D. 43 200

5. 关于内含报酬率的说法不正确的是（　　）。

A. 投资人要求得到的最低收益率

B. 使未来现金流入量现值等于未来现金流出量现值的贴现率

C. 使投资方案净现值为零的贴现率

D. 方案本身的投资报酬率

6. 下列关于评价投资项目的回收期法的说法中，不正确的是（　　）。

A. 它忽视了时间价值　　B. 没有考虑回收期后的收益

C. 主要用来测度项目的营利性　　D. 主要用来测度项目的流动性

7. 某投资项目的项目计算期为5年，没有建设期，投产后每年的净现金流量均为100万元，原始总投资为150万元，资金成本为10%，（P/A，10%，5）=3.791，则该项目的年均净现值约为（　　）万元。

A. 100　　B. 60.43　　C. 37.91　　D. 50

8. 某投资方案，当贴现率为16%时，其净现值为38万元，当贴现率为18%时，其净现值率为-22万元。该方案的内部收益率（　　）。

A. 大于18%　　B. 小于16%

C. 介于16%与18%之间　　D. 无法确定

9. 当贴现率与内含报酬率相等时（　　）。

A. 净现值小于零　　B. 净现值等于零

C. 净现值大于零　　D. 净现值不一定

10. 下列不属于终结现金流量范畴的是（　　）。

A. 固定资产折旧　　B. 固定资产残值收入

C. 垫支流动资金的收回　　D. 停止使用的土地的变价收入

11. 投资决策评价方法中，对于互斥方案来说，最好的评价方法是（　　）。

A. 净现值法　　B. 获利指数法

C. 内含报酬率法　　D. 平均报酬率法

12. 下列有关投资决策指标的各种说法中正确的是（　　）。

A. 净现值法不但能够反映各种投资方案的净收益，还能揭示各个投资方案本身能达到的实际报酬率

B. 在只有一个备选方案的采纳与否决策中，净现值法与内含报酬率法得出的结果总是一致的

C. 获利指数可以看作1元的原始净投资渴望获得的现值净收益

D. 在资本有限，但是投资机会比较充足的情况下，净现值法也是优于获利指数法的

13. 当一项长期投资的净现值大于零时，下列说法不正确的是（　　）。

A. 该方案不可以投资

B. 该方案未来报酬的总现值大于初始投资的现值

C. 该方案获利指数大于1

D. 该方案的内含报酬率大于其资本成本

14. 某投资项目原始投资为12万元，当年完工投资，有效期3年，每年可获得现金净流量为4.6万元，则该项目内含报酬率为（　　）。

A. 6.68%　　B. 7.33%　　C. 7.68%　　D. 8.32%

15. 营业现金流量是指投资项目投入使用后，在其寿命周期内由于生产经营所带来的现金流入和流出的数量。这里现金流出是指（　　）。

A. 营业现金支出　　B. 缴纳的税金

C. 付现成本　　D. 营业现金支出和缴纳的税金

16. 下列说法不正确的是（　　）。

A. 当净现值大于零时，获利指数小于1

B. 当净现值大于零时，说明该方案可行

C. 当净现值为零时，说明此时的贴现率为内含报酬率

D. 净现值是未来总报酬的总现值与初始投资额现值之差

17. 已知某设备原值为60 000元，税法规定的残值率为10%，最终报废残值为5 000元，该公司所得税税率为25%，则该设备最终报废由于残值带来的现金流入量为（　　）元。

A. 5 250　　B. 6 000　　C. 5 000　　D. 4 600

18. 在新旧设备使用寿命不同的固定资产更新决策中，不可以使用的决策方法是（　　）。

A. 差量分析法　　B. 年均净现值法
C. 年均成本法　　D. 最小公倍寿命法

19. 某投资方案的年营业收入为10 000元，年营业成本为6 000元，年折旧额为1 000元，所得税税率为33%，该方案的每年营业现金流量为（　）元。

A. 1 680　　B. 2 680　　C. 3 680　　D. 3 990

20. 当使用新旧设备的未来收益相同，但准确数字不好估计时，应该选用的固定资产更新决策方法是（　　）。

A. 差量分析法　　B. 年均净现值法
C. 年均成本法　　D. 最小公倍寿命法

（二）多项选择题

1. 某公司正在开会讨论投产一种新产品，你认为应列入该项目评价的现金流量有（　）。

A. 5年前曾经为该项目支付20万元的项目评估费
B. 该项目利用现有未充分利用的设备，如将该设备出租可获收益200万元
C. 产品销售会使本公司同类产品减少收益100万元
D. 该项目导致流动资产增加20万元，流动负债也增加20万元

2. 对于风险调整贴现率法，下列说法正确的有（　　）。

A. 对时间价值和风险价值同时进行调整
B. 对时间价值和风险价值分别进行调整
C. 可能夸大远期现金流量的风险
D. 理论根据是资本资产定价模型

3. 下列关于营业现金流量的计算公式不正确的是（　　）。

A. 营业现金流量＝营业收入－付现成本－所得税
B. 营业现金流量＝税后净利润＋折旧
C. 营业现金流量＝营业收入－付现成本＋折旧抵税
D. 营业现金流量＝收入×（1－税率）－付现成本×（1－税率）＋折旧

4. 下列说法不正确的是（　　）。

A. 计算营业现金流入时，不需要扣除付现成本
B. 所谓净营运资金的需要，指的是流动资产与流动负债之间的差额
C. 项目现金流量中的现金指的是货币资金
D. 现金净流量指的是1年内现金流入量和现金流出量的差额

5. 下列说法正确的是（　　）。

A. 如果净现值大于0，则获利指数一定大于1
B. 获利指数反映投资的效益，而净现值反映投资的效率
C. 根据内含报酬率法确定独立方案的优先次序时，不受贴现率高低的影响
D. 会计收益率法属于非贴现的分析评价方法

6. 公司拟投资一项目20万元，投产后年营业收入为60 000元，营业成本为50 000

元，预计有效期10年，按直线法提折旧，无残值。所得税税率为30%，投资人要求的必要报酬率为10%，则该项目（　　）。

A. 年营业现金流量为27 000元　　B. 回收期7.41年

C. 获利指数小于1　　D. 内含报酬率小于10%

7. 现值指数法与内含报酬法的共同之处在于（　　）。

A. 都是相对数指标，反映投资的效率

B. 都可以用于相互独立方案的比较

C. 都不能反映投资方案的实际投资收益率

D. 都考虑货币时间价值因素

8. 在单一方案决策中，与净现值评估结论可能发生矛盾的评价指标是（　　）。

A. 现值指数　　B. 平均收益率

C. 投资回收期　　D. 折现的投资回收期

E. 内含报酬率

9. 对于同一投资方案，下列说法正确的是（　　）。

A. 资本成本越高，净现值越低

B. 资本成本越高，净现值越高

C. 资本成本相当于内含报酬率时，净现值为零

D. 资本成本高于内含报酬率时，净现值小于零

E. 资本成本高于内含报酬率时，净现值大于零

10. 关于净现值、内含报酬率和获利指数这三种指标的比较的说法，正确的是（　　）。

A. 在多数情况下，运用净现值和内含报酬率得出的结论是相同的

B. 在互斥选择决策中，净现值法有时会得出错误的结论

C. 在这三种方法中，净现值法是最好的评价方法

D. 一般来说，内含报酬率法只能用于有资本限量的情况

E. 这三个指标在采纳与否的决策中都能得出正确的结论

11. 利润与现金流量的差异主要表现在（　　）。

A. 购置固定资产付出大量现金时不计入成本

B. 将固定资产的价值以折旧或折耗的形式计入成本时，不需要付出现金

C. 现金流量一般来说大于利润

D. 计算利润时不考虑垫支的流动资产的数量和回收的时间

E. 只要销售行为已经确定，就应计入当期的销售收入

12. 下列关于相关成本的论述，正确的有（　　）。

A. 相关成本是指与特定决策有关，在分析评价时必须加以考虑的成本

B. 差额成本、未来成本、重置成本、机会成本都属于相关成本

C. A设备可按3 200元出售，也可对外出租且三年内可获租金3 500元，该设备是三年前以5 000有购置的，故出售决策的相关成本是5 000元

D. 如果将非相关成本纳入投资方案的总成本，则一个有利的方案可能变得不

利，从而造成失误

E. 相关成本一般是在未来将要发生的成本，历史成本不属于相关成本

13. 对于项目使用年限不等的投资决策，可采纳的决策方法有（ ）。

A. 最小公倍数法　　B. 内含报酬率法

C. 年均净现值法　　D. 获利指数法

E. 年均成本法

14. 某公司有五个可供选择的项目 A、B、C、D、E，其中 B、C 项目互斥，D、E 项目互斥，下面的项目组合中，不存在的项目组合有（ ）。

A. ABC　　B. ACD

C. BDE　　D. ADE

E. ABE

15. 下列关于企业投资的说法中正确的是（ ）。

A. 企业投资是提高企业价值的基本前提

B. 企业投资仅指将闲置资金用于购买股票、债券等有价证券

C. 直接投资是指把资金投放于证券等金融资产，以便取得股利或利息收入的投资

D. 企业投资是降低风险的重要方法

E. 按投资与企业生产经营的关系，投资可以分为直接投资和间接投资

（三）判断题

1. ABC 公司对某投资项目的分析与评价资料如下：该投资项目适用的所得税税率为 30%，年税后营业收入为 600 万元，税后付现成本为 300 万元，税后净利润为 90 万元。那么，该项目年营业现金流量为 390 万元。（ ）

2. 投资项目评价的获利指数法和内含报酬率法都是根据相对比率来评价投资方案，因此都可用于独立投资方案获利能力的比较，一般来说，两种方法的评价结论是相同的。（ ）

3. 在调整现金流量法中，利用肯定当量系数把不肯定的现金流量折算为肯定的现金流量，去掉了现金流量中有风险的部分，则去掉的是系统风险。（ ）

4. 在调整现金流量法中，可以根据风险的差别使用不同的肯定当量系数进行调整，因此，不会夸大远期现金流量的风险。（ ）

5. 对内投资都是直接投资，对外投资都是间接投资。（ ）

6. 原有固定资产的变价收入是指规定资产更新时变卖原有固定资产所得的现金收入，不用考虑净残值的影响。（ ）

7. 进行长期投资决策时，如果某一备选方案净现值比较小，那么该方案内含报酬率也相对较低。（ ）

8. 固定资产投资方案的内含报酬率并不一定只有一个。（ ）

9. 某些自然资源的储量不多，由于不断开采，价格将随储量的下降而上升，因此对这些自然资源越晚开发越好。（ ）

10. 某公司2006年想新建厂房，之前已经支付了10 000元的咨询费，这10 000元是公司进行新建厂房决策时的相关成本。 （ ）

11. 在计算营业现金流量时，应将机会成本视为现金流出。 （ ）

12. 在新旧设备使用寿命不同的固定资产更新决策中，直接使用净现值法得出的答案一定是错误的。 （ ）

13. 如果一项固定资产的变价收入是10 000元，其账面价值是20 000元，在固定资产更新决策中在不考虑营业税的情况下，因固定资产变价导致的现金流量增加额为10 000元。 （ ）

14. 某公司每月要支付一项保险费1 000元，该公司的所得税税率为25%，那么该公司实际承担的保险费只有750元。 （ ）

15. 如果一项新产品的上市会减少公司原有产品的销量或者价格，那么在计算新项目的现金流量时应将这部分减少的现金流扣除。 （ ）

（四）业务题

1. 甲企业拟建造一项生产设备，预计建设期为1年，所需原始投资100万元于建设起点一次性投入。该设备预计使用寿命为4年，使用期满报废清理时残值为5万元。该设备采用双倍余额递减法计提折旧。该设备投产后每年增加净利润30万元。假定适用的行业基准折现率为10%。

要求：

（1）计算项目计算期内各年的净现金流量；

（2）计算该项目的净现值；

（3）利用净现值指标评价该投资项目的财务可行性。

2. 某企业现有生产设备每年实现销售收入为3 500万元，每年发生营业总成本为2 900万元（含折旧10万元），该设备尚可使用10年，无残值。该企业拟购置一套新设备进行技术改造，如果实现的话，每年销售收入预计可增加到4 500万元，每年成本预计增加到3 500万元（含折旧62万元）。根据市场调查，新设备投产后生产的产品可在市场上销售10年，10年后转产。转产时新设备预计残值为30万元，可以通过出售取得。

如果决定实施技术改造方案，现有设备可以按账面净值100万元出售，新设备买价为650万元。该企业的加权资本成本率为10%，所得税税率为30%。

要求：使用净现值法和差量分析法分析评价该项目技术改造方案是否可行。

3. 某公司原有设备一套，购置成本为150万元，预计使用10年，已使用5年，预计残值为原值的10%，该公司采用直线法计提折旧。现该公司拟购置新设备替换旧设备。新设备购置成本为200万元，使用年限为5年，采用直线法计提折旧，预计残值为原值10%。使用新设备后公司每年销售额可以从1 500万元上升到1 650万元，每年付现成本将从1 100万元上升到1 150万元。公司如购置新设备，旧设备出售可得收入100万元，所得税税率为33%，资本成本为10%，请使用净现值法和差量分析法决策是否更新？

4. 东大公司于2005年1月1日购入设备一台，设备价款为1 500万元，预计期末无残值，采用直线法按3年计提折旧（均符合税法规定）。该设备于购入当日投入使用。预计能使公司未来三年的销售收入分别增长1 200万元、2 000万元和1 500万元，经营成本分别增加400万元、1 000万元和600万元。购置设备所需资金通过发行债券方式予以筹措，债券面值总额为1 400万元，期限为3年，票面年利率为8%，每年年末付息，债券发行价格为1 500万元。该公司适用的所得税税率为33%，要求的投资收益率为10%。

要求：

（1）计算债券资金成本率；

（2）计算设备每年折旧额；

（3）预测公司未来三年增加的净利润；

（4）预测该公司项目各年经营净现金流量；

（5）计算该项目的净现值。

5. 某企业计划进行某项投资活动，有甲、乙两个备选的互斥投资方案资料如下：

（1）甲方案原始投资为150万元，其中固定资产投资100万元，流动资金投资50万元，全部资金于建设期起点一次性投入；建设期为0，经营期为5年，到期净残值收入5万元，预计投产后年营业收入90万元，年总成本60万元。

（2）乙方案原始投资额为200万元，其中固定资产投资120万元，流动资金投资80万元。建设期为2年，经营期为5年，建设期资本化利息10万元；固定资产投资于建设期起点投入，流动资金投资于建设期结束时投入，固定资产净残值收入10万元；项目投产后，年营业收入170万元，年经营成本80万元，经营期每年归还利息5万元。固定资产按直线法折旧，全部流动资金于终结点收回。企业所得税税率为30%。

要求：

（1）计算甲、乙方案各年的净现金流量；

（2）该企业所在行业的基准折现率为10%，计算甲、乙方案的净现值；

（3）计算甲、乙两方案的年等额净回收额，并比较两方案的优劣。

专题五　营运资本管理

第八章　短期资产管理

一、教学案例

【案例一】全程公司的营运资金管理

全程公司成立于1993年，总部位于北京，为油气公司在勘探、开发和生产的过程中，提供产品与技术服务。截至2007年10月底，公司拥有中外籍员工近800人，公司已通过ISO9001－2000国际认证，同时致力于达到ISO14000环境管理标准。公司采用事业部组织形式。公司在国内外设有西部分公司、东部分公司、哈萨克分公司、北美公司，并在天津设有制造中心。主要服务市场覆盖国内各主要油气田和以哈萨克斯坦为中心的中亚市场。

全程公司所在行业提供的服务涉及石油及天然气勘探、开发及生产的各个阶段，主要分为钻井服务、油田技术服务、船舶服务、物探勘察服务四大板块。目前，行业内主要的竞争者有中海油服、安东石油和准油股份三家公司。行业发展受下游客户影响较大。2007年，中海油服、安东石油、准油股份和全程公司的营业收入、营业成本、营业利润、税前利润和净利润数据见表8－1。从中可以看出，中海油服的经营业绩远远超过另外3家。从营收规模还是从各利润率指标来看，全程公司和安东石油可构成直接的竞争对手关系。

表8－1　　2007年全程公司与主要竞争对手盈利能力对比

		营业收入	营业成本	营业利润	税前利润	净利润
中海油服	金额（亿元）	90.08	62.19	28.27	28.67	22.38
	比例（%）	100	69	31	32	25
安东石油	金额（亿元）	4.93	3.61	1.33	1.27	1.13
	比例（%）	100	73	27	26	23
准油股份	金额（亿元）	2.54	2.21	0.32	0.33	0.27
	比例（%）	100	87	13	13	11
全程公司	金额（亿元）	4.88	3.31	1.56	1.56	1.23
	比例（%）	100	68	32	32	25

分析全程公司近三年的财务报表，得到该公司营运资金及主要财务数据见表 8－2。

表 8－2　　全程公司 2005—2007 年营运资金数据

指标 \ 年份	2005	2006	2007
流动比率	1.70	1.78	2.42
资产负债率	0.48	0.45	0.34
流动资产占资产比	0.81	0.80	0.82
货币资金占资产比	0.14	0.16	0.19
净营运资金占收入比	0.31	0.35	0.47
存货周转天数	40.57	85.70	133.35
应收账款周转天数	176.15	153.86	127.69
应付账款周转天数	129.04	119.17	91.77
现金周转期	87.69	119.86	169.27

思考题：

1. 全程公司在营运资金管理方面存在哪些问题？
2. 你认为可以采取何种措施改善此状态？

【案例二】美的电器营运资金策略案例①

（一）美的电器公司基本情况

美的电器在 1992 年 8 月进行股份改造，1993 年 9 月 7 日向社会公开发行股票，2004 年 5 月正式更名为“广东美的电器股份有限公司”。美的电器是一家大型家电生产企业，主要产品有空调器、空调压缩机、冰箱和洗衣机系列，产品远销国内外，经营范围包括相关电器产品及零部件的制造和销售及其相应的技术咨询服务，同时涉及多项进出口业务。经过 30 多年的不断发展，美的已成为以家电业为主的大型综合性现代化企业，是中国最具规模的家电生产基地和出口基地之一。美的电器确立了国际化发展规划及长远发展的目标，采取了全方位的国际化企业战略。美的电器实行合资合作，持续技术升级，将逐步建立起分布全球的技术研发中心，并根据“先市场、后工厂”的原则，适时推进海外制造基地的建设，实行产研销一体化运作模式。同时，美的电器通过以 OEM 为主的出口业务向多种模式混合经营的转型，以优势产品为龙头，有选择地在新兴市场拓展自有品牌经营，探讨海外运作，逐步实现公司的国际化战略与发展目标。美的产品出口量自 1992 年以来一直雄居家电行业第一。

自 2006 年起，公司在空调行业总体增长速度放缓、原材料成本上升的外部不利经营环境下，持续推进经营模式与管理机制的变革，凭借完善的内部管理和竞争优势，实现了效益与规模的稳步增长。2006 年，公司实现主营业务收入 201.38 亿元，在考虑

① 资料来源：汤谷良．公司财务管理案例评析［M］．北京：北京大学出版社．2008（05）155～165.

业务同口径比较基础上分别较上年同期增长19.79%（说明：2005年数据包含了小家电业务半年的销售收入45.02亿元）；同时，公司整体实力和行业竞争力明显增强，空调产业链纵向一体化程度加深，产品种类进一步向冰箱和洗衣机横向延伸。在公司整体竞争力不断加强的同时，公司品牌影响力也获得了全面提升，2006年"美的"品牌被评为中国最有价值品牌，居中国品牌的第七位，居中国白色家电行业的第二位。

（二）美的电器的主要财务数据与指标

1. 美的电器2004—2006年年度报告期内公司资产构成（见表8-3）

表8-3　2004—2006年公司资产构成表　单位：百万元

资产项目	2006年		2005年		2004年	
	金额	占总资产	金额	占总资产	金额	占总资产
货币资金	1 125	9.04%	1 255	12.94%	778	7.09%
应收票据	835	6.71%	176	1.83%	157	1.43%
应收账款净额	933	7.50%	893	9.30%	1 581	14.42%
预付账款	762	6.13%	727	7.57%	1 013	9.24%
存货	4 345	34.92%	3 277	34.11%	3 772	34.40%
流动资产合计	8 191	65.83%	6 368	66.27%	7 324	66.79%
长期股权投资	163	1.31%	151	1.57%	104	0.94%
固定资产	3 318	26.67%	2 359	24.55%	2 578	23.51%
在建工程	111	0.89%	128	1.33%	431	3.93%
资产总计	12 442	100.00%	9 609	100.00%	10 965	100.00%
短期借款	537	4.32%	655	6.82%	310	2.83%
应付票据	1 637	13.15%	1 582	16.46%	1 581	14.42%
应付账款	4 411	35.45%	2 341	24.36%	3 821	34.84%
预收账款	332	2.67%	757	7.88%	1 401	12.78%
流动负债合计	7 938	63.80%	5 672	59.03%	7 414	67.62%
营运资金	253		696		-91	

2. 2006年美的电器主营业务收入及利润变动分析（见表8-4）。

表8-4　2006年美的电器主营业务收入及利润变动分析表　单位：百万元

经营指标	2006年	2005年	增长比率
主营业务收入	20 139	21 314	-5.51%
主营业务利润	3 638	3 929	-7.42%
净利润	505	382	32.42%

3. 美的电器2006年年度报告期内公司费用变动（见表8－5）。

表8－5　　美的电器2006年年度报告期内公司费用变动表　　单位：百万元

费用项目	2006年	2005年	增减变动
营业费用	2 068	2 372	－12.81%
管理费用	720	788	－8.60%
财务费用	139	132	5.74%
所得税	60	61	－2.63%

4. 美的电器2006年度报告期内现金流量表构成（见表8－6）。

表8－6　　美的电器2006年度现金流量结构表　　单位：百万元

	2006年	2005年	增减变动
经营活动现金净流量	1 118	1 853	－40%
投资活动现金净流量	－721	－150 5	52%
筹资活动现金净流量	－516	118	－538%

5. 美的电器2006年年底流动资产与流动负债表（见表8－7）。

表8－7　　美的电器2006年年底流动资产与流动负债表　　单位：百万元

项目	金额	占流动资产%	项目	金额	占流动负债%
货币资金	1 125	14%	短期借款	537	6.8%
应收票据	835	10%	应付票据	1 637	20.6%
应收股利			应付账款	4 411	55.56%
应收利息			预收账款	332	4.2%
应收账款	933	11%	代销商品款		
预付账款	763	9%	应付职工薪酬	125	1.58%
应收补贴款	54	0.67%	应付股利	64	0.8%
应收关联公司款			应交税费	1	0.017%
其他应收款	136	1.66%	其他应交款	－320	－2.9%
存货	4 344	53%			
存货跌价准备			其他应付款	200	2.49%
存货净额			预提费用	861	10.85%
待摊费用	1	0.012%			
流动资产合计	8 191	100%	流动负债合计	7 938	100%

6. 美的电器2006年公司综合能力指标（见表8-8）。

表8-8　　美的电器2006年公司综合能力指标表　　单位：百万元

<table>
<tr><th colspan="2">项目/报告期</th><th>2006年</th><th>2005年</th><th colspan="2">项目/报告期</th><th>2006年</th><th>2005年</th></tr>
<tr><td rowspan="4">投资与收益</td><td>每股收益（元）</td><td>0.80</td><td>0.61</td><td rowspan="2">盈利能力</td><td>净利润率（%）</td><td>2.51</td><td>1.79</td></tr>
<tr><td>每股净资产（元）</td><td>5.53</td><td>4.85</td><td>总资产报酬率（%）</td><td>4.58</td><td>3.97</td></tr>
<tr><td>净资产收益率（%）</td><td>14.51</td><td>12.48</td><td rowspan="2">经营能力</td><td>存货周转率（%）</td><td>5.28</td><td>6.05</td></tr>
<tr><td>扣除后每股收益（%）</td><td>0.82</td><td></td><td>存货周转天数</td><td>68</td><td>60</td></tr>
<tr><td rowspan="5">偿债能力</td><td>流动比率</td><td>1.03</td><td>1.12</td><td rowspan="3">资本构成</td><td>净资产比率（%）</td><td>28.00</td><td></td></tr>
<tr><td>速动比率</td><td>0.49</td><td>0.54</td><td>固定资产比率（%）</td><td>26.67</td><td>25.44</td></tr>
<tr><td>应收账款周转率（次）</td><td>14.20</td><td>15.19</td><td></td><td></td><td></td></tr>
<tr><td>应收账款周转天数</td><td>25</td><td>24</td><td colspan="2">应付账款周转率（次）</td><td>4.04</td><td>4.57</td></tr>
<tr><td>资产负债比率（%）</td><td>64</td><td>60</td><td colspan="2">应付账款周转天数</td><td>89</td><td>79</td></tr>
</table>

注：表8-8中的应收账款周转率和应收账款周转天数的计算包含了应收账款和应收票据，等于主营业务收入除以应收账款和应收票据之和的年平均数；应付账款周转率和应付账款周转天数包含了应付账款和应付票据，等于主营业务收入除以应付账款和应付票据之和的年平均数。

（三）美的电器与供应商、销售商的业务关系与资金往来概况

披露的资料显示，公司与供应商和经销商保持良好合作关系，为消费者提供了优质的产品和服务，整体经营状况稳定。公司持续改善和提升产品品质，并实行售后服务承诺，且实施情况较好。2006年随着业务量增加，美的电器往来资金有较大幅度的增长，应付账款年末余额较上年末增加207 000万元，增长88%，主要原因是公司2006年度的生产规模扩大以及年末存货金额上升。该账项中有29 900万元是应付关联公司款项，见表8-9。

表8-9　　2005—2006年美的电器主要关联方以及往来余额表　　单位：百万元

关联企业名称	2006年年底	2005年年底
应收账款： 广州华凌空调设备有限公司	32	154
应收票据： 广州华凌空调设备有限公司	50	—
应付账款	299	78
其中：威灵（芜湖）电机有限公司	39	45
广东威灵电机制造有限公司	91	33
佛山威奇电工材料有限公司	32	—
广州华凌空调设备有限公司	28	—
中国雪柜实业有限公司	27	—
佛山市顺德区百年科技有限公司	28	—
芜湖百年科技发展有限公司	55	—

其他应收款年末余额前五名欠款单位共欠付余额 10 400 万元，占本账项余额的 73.10%，较上年年末增加 12 000 万元，增长 511%，主要是开展原材料套期保值业务支付的期货保证金较大。

应收账款年末余额中有 3 200 万元是应收关联公司款项，年末余额中前五名欠款单位共欠付余额 16 300 万元，占总余额的 17%。应收票据中的商业承兑汇票均为应收关联公司票据，年末余额较上年年末增加 65 900 万元，增长 375%，主要是本公司下半年空调淡季销售大幅增长。

在营运资金规模上，还有一个“净现金需求”，该需求并不是一般意义上的流动资金需求，它是生产经营商存货、应收账款等流动资产占用所需资金，以及来自应付账款等而不是满足短期借款的流动负债后，仍然不足而需要企业零星筹集的那部分现金需求。它主要通过企业生产经营过程中的资金占用（流动资产部分项目）与生产经营中的资金来源（结算性流动负债的部分项目）的差额来反映。决定企业生产经营过程中现金需求的因素主要有：存货、预付购货款、应收账款（包括应收票据）。决定生产经营过程中结算性资金来源的因素有：预收货款、应付票据、应付账款等。公式为：

净资金需求 = 存货 + 预付购货款 + 应收账款 - 预收款 - 应付账款 - 应付票据

如果一家公司净现金需求为负数，在财务战略上被称为 OPM（Other People's Money）战略。这种 OPM 战略是指企业占用供应商的资金资本超过公司在存货和应收账款上所占用的资金，也就是善于利用供应商在货款结算上的商业信用政策，用别人的钱经营自己的事业。企业采用 OPM 是一种高风险（易招供应商挤兑）和低成本的经营策略。

思考题：

1. 简述营运资金政策类型，并分析美的公司的营运资金政策类型。
2. 对美的公司的现金周转期、营运资金结构进行分析。
3. 对美的公司的营运资金与经营现金流量进行分析。
4. 企业运用 CPM 战略时应如何控制风险？
5. 不同的“净现金需求”规模的安排应如何控制风险？
6. 分析美的电器公司的营运资金经营绩效与风险。

【案例三】宏利公司的应收账款管理

宏利公司是成立于 1989 年的股份制电器企业，1995 年 5 月，经中国证监会批准，宏利公司上市。该公司经营范围非常广，包括各种电器及电子产品，其中彩色电视机是宏利公司的主营产品，并长期处在国内市场的领先地位。1998 年前后，宏利公司通过大幅降价的策略，确保了其在国内彩电市场的市场领导者地位。此后几年中，随着竞争对手竞相降价，利润空间逐渐缩小。为摆脱当时的不利局面，宏利公司迫切希望开拓国际市场，特别是美国市场，通过在国内和国际两个市场发展，以减小经营的风险。

自 1997 年以来，宏利公司的应收账款迅速增加，应收账款周转率逐年下降，至 2006 年已明显低于其他三家彩电上市公司的同期应收账款周转率。巨额的应收账款大幅度减少了经营活动中产生的现金流量净额，从 2000 年的 30 亿元急剧下降到 2003 年的-30亿元。截至2005年年底，宏利公司经营活动产生的现金流量净额为7.6亿元。

2005年12月底，宏利公司发布公告称，由于计提大额坏账准备，该公司今年将面临重大亏损。受专利费、美国对中国彩电反倾销等因素影响，宏利公司的主要客户——美国进口商MN公司出现了较大亏损，全额支付宏利公司的欠款存在较大困难。MN公司是宏利公司的最大债务人，应收账款金额占应收账款总额的96.4%。据此，公司决定对该项应收账款计提坏账准备，当时预计计提最大坏账准备金额为3.1亿美元左右。

从2002年7月开始，宏利公司将其彩电源源不断地发往MN公司。然而发货后款项无法收回，MN公司总是以质量问题或其自身其他货款未收回为借口，拒付或拖欠宏利公司货款。MN公司在与宏利公司的交易中，宏利公司的货款回收有两种方式：保理程序和MN公司的支票担保。对此，在国际贸易中，买方的支票担保对于卖方的保护程度与常用的信用证完全不同，支票担保的有效性取决于买方的信用及资金账户状况，银行不承担支付责任。

2003年度宏利公司与MN公司的贸易总额为5亿美元，其中有2亿美元未收回。为防范美国零售商可能倒闭带来的风险，宏利公司和MN公司双方另外向保险公司投保，宏利公司如果在两个月之内收不到货款，保险公司就要赔付。但实际上，MN公司的货款平均回收期绝对不止两个月。2003年度宏利公司回收0.4亿美元的货款，据报表附注称，截至2003年3月10日，已回收MN公司的货款8 906万美元，另有10 199万美元票据在托收中。在2004年的中期报告中，针对数额较大的应收账款，显示结果为：账龄在1年以内的应收账款，根据公司历年经验，一般可在次年收回。但是2004年年报中，宏利公司披露，MN公司所欠货款，账期1年以内的为35.12亿元，1~2年的为9.33亿元。

宏利公司2004年年报、2005年年报都显示，MN公司拖欠宏利公司的应收账款近40亿元。2005年3月23日，宏利公司2004年年度报告披露：截至2004年年末，公司应收账款为49.85亿元人民币，其中MN公司的应收账款为44.46亿元。2004年3月25日，宏利公司发表的2002年年报显示，宏利公司实现收入为125.9亿元，实现净利为1.75亿元，但经营性现金流量为-29.7亿元。这是自编制现金流量表以来（1999年），宏利公司经营性现金流首次出现负数。截至2003年年底，宏利公司的应收账款仍高达42.2亿元，其中未收回的MN公司的应收账款数额为38.3亿人民币（4.6亿美元）。两者相比较，应收账款不降反升。同时宏利公司拥有70多亿元的存货，其中31.2亿元是库存商品，22.56亿元是原材料。令人迷惑不解的是，尽管MN公司欠下如此巨额的款项，但是在年报中，无论是监事会报告还是会计师事务所的财务报告，均没有对此做出特别提醒。

宏利公司受MN公司所累，已非一朝一夕。早在2004年3月5日就有媒体报道，MN公司与宏利公司之间的业务往来可能让宏利公司蒙受损失。自2005年后半年来，宏利公司在生死关头曾经谋划收购MN公司，重新启动国际化战略。而收购MN公司的代价就是收回MN公司的4.7亿美元货款。对于MN公司来说，4.7亿美元首先是偿付能力的问题，要 MN 公司一时拿出这么多现金相当困难；即使是有，MN 公司也会想出种种办法予以拖欠。让 MN 公司还款的路径已被证明是行不通的。以 4.7 亿美元为代价接盘 MN 公司进军北美市场，可能是一种胜利之举，也可能是一种无奈之举。接收 MN 公司至少有两个好处：一是借助收购 MN 公司之渠道，宏利公司国际化一步登天；二是解决 MN 公司遗留的欠款问题，轻装前进。但收购 MN 公司存在大量的诉讼及调查取证问题，牵涉多宗商业纠纷，情况十分复杂。因此，无论是 MN 公司的价格竞争力还是品牌价值已经不具竞争优势。

经宏利公司努力，2006 年 3 月从 MN 公司追回近 1 亿美元，5 月 MN 公司宣布，MN 公司以及其控股人 JOY 将拥有的 MN 公司旗下的中国香港上市公司 LH 公司股权全部抵押给宏利公司，作为宏利公司应收 MN 公司货款的担保。受 MN 公司近 40 亿元人民币应收账款拖累的宏利公司似乎获得了一个好消息。但 MN 公司和 JOY 在 LH 公司分别拥有约 2.38 亿港元和 0.83 亿港元的市值，两项合计仅为 3.21 亿港元。而若以资产净值计，这两项的抵押仅值1 260万港元，与宏利公司近 40 亿元人民币的应收账款相去甚远。

2006 年 7 月，双方达成协议，MN 公司向宏利公司提供三部分资产抵押，作为其部分欠款 1.5 亿美元的担保。MN 公司抵押的三部分资产：一是 MN 公司的不动产抵押担保；二是 MN 公司及其总裁 JOY 持有的中国香港创业板上市公司“LH 公司”股权担保；三是 MN 公司商标担保。三部分资产的抵押登记手续均在当月办理完毕。

2006 年 9 月，宏利公司董事会公告显示，在对 MN 公司 4.675 亿美元的欠款中，宏利公司可能从 MN 公司收回的欠款只有 1.5 亿美元，这意味着还有 3.175 亿美元（26 亿元人民币）的欠款面临无法收回的境地。这一数字高于自 2000—2005 年 6 年间宏利公司的利润之和。由于宏利公司大笔应收款难以收回，而且，在宏利公司既往的 140 亿元净资产中，存货就有将近 90 亿元的财务状况下，宏利公司的后续发展堪忧。2006 年年初，宏利公司通过向银行融资获得 30 亿元综合授信额度，但宏利公司仍在数年内深受应收账款管理失败的困扰。

思考题：

1. 你认为，宏利公司在应收账款管理方面存在什么问题？
2. 对于宏利公司应收账款，提出一种较为可行的处理方式。
2. 企业应收账款的日常管理包括哪些内容？

【案例四】安达公司存货管理

安达饮料公司是德国西南部的一家软饮料经销商，这家公司在过去 40 年里一直从事此行业。该公司创办至今一直蓬勃发展，但一年前开始的经济衰退导致公司的销售额有一定程度的下降，而在过去 6 年里公司的销售额都有显著的增长。总裁安达对于公司的增长模式感到非常骄傲，但也对本人能够实施足够控制的能力感到担忧。安达饮料公司需要加以变化的地方很多，而总裁安达无法参与所有决策，其中存货管理是问题之一。

存货随收入增长而同步增长，安达对保持大量存货的合理性有所怀疑。而生产经理对总是能及时满足订单需要而感到自豪。然而安达总是觉得库存大大超出了需要的水平而无法证明。因此，安达需要一种用来确定未来计划期最佳存货水平的定量分析方法，他声称可以用这样一种定量分析技术来进行决策，从而减少存货管理方面的问题。

为寻求审查公司存货政策的科学方法，安达拜访了管理咨询公司总经理。假设你是管理咨询公司的一名员工，总经理把这个任务交给了你，让你为安达饮料公司开发一个存货模型。

在参观公司经营场所的过程中，你检查了公司的记录并同有关人员面谈，最终得到以下信息：

(1) 公司的销售额在一定程度上受季节影响，第一、二季度销售额占总销售额的70%，剩下两个季度的销售额大致相等。营销部预计下一年度销售额将达到186万美元。

(2) 安达饮料公司有三条产品线，但CD（一种饮料的简称）的销售额占总销售额的85%，其存货也占了大量比例。剩下两条产品线相对较新，还没有出现真正的存货管理方面的问题。

(3) 饮料只在零售终端销售，每个包装包括6件不需要返还的容器，售价是75美分。

(4) 审查了这种6件装生产线的生产和包装成本后你得出以下结果：

原材料为0.3美分，人工为0.18美分，容器为0.06美分，分摊的费用为0.03美分。

(5) 在生产过程中，管理人员先后采用了几种生产方案，例如，按每个季度的销售额安排生产。然而，经过调查后，公司员工认为生产在整个年度内保持稳定的生产方案是最佳的。

(6) 生产过程包括三个独立步骤：生产饮料、制作容器、灌装和密封并对容器加以包装。每个步骤所需要的机器启动时间分别是7小时、5小时和6小时。执行启动的人工资率为4.75美元，每个步骤都一样。除人工外，启动阶段还需要几种关键的原材料，经过仔细询问，你把每个步骤的成本确定如下：

混合启动为48美元，容器启动为17美元，包装启动为24美元。

(7) 当前存货金额代表当前的存货状况，可以看出，存货大部分（60%）是以产成品的形式存在的，这正是安达关心的部分。

(8) 尽管产成品库中的CD被认为过多了，但还没有制定一个衡量标准。在同有关人员交谈过程中，你发现了这两点。首先，由于银行不断施加压力要求提高公司盈利水平，安达更加关心资产的利用效率；其次，安达认为在产成品脱销情况下，10%盈利水平是可以被接受的，不管使用哪个标准，马上加以调整不太可能，存货修订政策要到年底才能完成。

(9) 存货管理的其他成本包括：每个月保险费，存货按生产成本80%投保，每1 000美元的保险费是1.83美元；存储设施的租赁费，每平方码的月租金是10美分，可用来存放90件容器；存货维护设备的固定折旧费1 400美元；人工成本，当年是45 467美元，与平均存货量有直接关系。

（10）公司资金的机会成本是10%。

思考题：

1. 存货管理的目标是什么？
2. 安达饮料公司存货管理的主要问题是什么？
3. 开发存货模型需要考虑哪些因素？
4. 安达饮料公司的存货管理应做哪些改进？

二、作业与思考题

（一）名词解释

1. 营运资本　2. 短期资产　3. 短期金融资产　4. 信用标准
5. 信用条件　6. 收账政策　7. 经济批量

（二）填空题

1. 广义的营运资本指__________，狭义的营运资本指__________。
2. 企业持有现金主要有__________、__________、__________和__________四种动机。
3. 现金预算的编制方法主要有__________、__________两种方法。
4. 短期金融资产主要包括__________、__________、__________、__________、__________等。
5. 应收账款成本包括__________、__________和__________。
6. 信用政策主要包括__________、__________和__________三部分。
7. 存货成本由__________、__________和__________构成。

（三）单项选择题

1. 狭义的营运资金指的是（　　）。
   A. 流动资产减去流动负债后的余额
   B. 增加的流动资产减去增加的流动负债后的余额
   C. 减少的流动资产减去减少的流动负债后的余额
   D. 增加的流动负债减去增加的流动资产后的余额
2. 在企业每年的销货成本中，不需要支付现金的有（　　）。
   A. 修理费　B. 折旧费　C. 期间费用　D. 间接费用
3. 现金的短缺成本与现金持有量的关系是（　　）。
   A. 两者成正比关系　B. 两者成反比关系
   C. 两者无明显的比例关系　D. 两者无任何关系
4. 当现金持有量超过最佳现金持有量时，（　　）。
   A. 资金成本大于短缺成本　B. 资金成本等于短缺成本
   C. 资金成本大于管理成本　D. 资金成本小于短期成本
5. 某企业按“2/10，n/30”的条件购买一批商品，价值8万元，若放弃这笔折扣在30天内付款，该企业将承受的成本率为（　　）。

A. 35%　　B. 30%　　C. 35.73%　　D. 36.73%

6. 假设某企业投资国债的年利率为10%，每次转换成本为80元，基于经营需要企业的现金存量不应低于2 000元，又据以往经验测算出现金余额波动的标准差为1 000元，则当该企业的现金超过（　　）时，应将多余的部分现金投资于国债。

A. 8 000元　　B. 14 000元　　C. 20 000元　　D. 24 000元

7. 设企业年耗用某种材料3 600件，材料单价为4元，一次订货的订货成本为10元，单位存货的年储存成本为0.80元。从企业发出订货单到收到材料需要10天，在经济订货量模型下，当企业的库存达到（　　）时，应发出订货单。

A. 100件　　B. 200件　　C. 300件　　D. 400件

8. 在确定最佳现金持有量的存货模式中，属于决策无关成本的是短缺成本和（　　）。

A. 转换成本　　B. 机会成本　　C. 管理成本　　D. 坏账损失

9. 某企业预计全年总的现金需求量是720万元，企业以有价证券作为外部筹资间断的缓冲形式，假设每次交易成本是25元，适用利率10%. 最佳现金库存水平下，企业的平均现金余额是（　　）。

A. 10 000元　　B. 30 000元　　C. 40 000元　　D. 60 000元

10. 下列措施中不利于提高现金使用效率的是（　　）。

A. 缩短销售的信用期　　B. 充分利用现金浮游

C. 加快偿付应付账款　　D. 力争做到现金流入与流出同步

11. 设企业年耗用某种材料3 600件，材料单价为4元，一次订货的订货成本为10元，单位存货的年储存成本0.80元，那么该企业一年订货（　　）次最经济。

A. 6　　B. 12　　C. 24　　D. 36

12. 某企业采用30天信用期的产品销售量为10 000件，若将信用期放宽至45天，产品销售量增加到12 000件，产品的单价为5元，单位变动成本为4元，该企业由于放宽信用增加的收益为（　　）。

A. 12 000元　　B. 2 000元　　C. 1 000元　　D. 20 000元

13. 某企业的"1/20，n/30"的条件购入货物10 000元，假定企业在20天以后（不超过30天）付款，那么企业因放弃折扣所负担的成本是（　　）。

A. 10%　　B. 20%　　C. 30%　　D. 36.4%

14. 假设某企业预测的年赊销额为2 000万元，应收账款平均收账天数为45天，变动成本率为60%，资金成本率为8%，一年按360天计，则应收账款的机会成本为（　　）万元。

A. 250　　B. 200　　C. 15　　D. 12

15. 以下各项与存货有关的成本费用中，不影响经济进货批量的是（　　）。

A. 专设采购机构的基本开支　　B. 采购员的差旅费

C. 存货资金占用费　　D. 存货的保险费

16. 企业为满足交易动机而持有现金，所需考虑的主要因素是（　　）。

A. 企业销售水平的高低　　B. 企业临时举债能力的大小

C. 企业对待风险的态度　　D. 金融市场投机机会的多少

17. 企业在进行现金管理时，可利用的现金浮游量是指（　）。

A. 企业账户所记存款余额

B. 银行账户所记企业存款余额

C. 企业账户与银行账户所记存款余额之差

D. 企业实际现金余额超过最佳现金持有量之差

18. 在对存货实行 ABC 分类管理的情况下，ABC 三类存货的品种数量比重大致为（　）。

A. 0.7：0.2：0.1　　B. 0.1：0.2：0.7

C. 0.5：0.3：0.2　　D. 0.2：0.3：0.5

19. 在确定最佳现金持有量时，成本分析模式和存货模式均需考虑的因素是（　）。

A. 持有现金的机会成本　　B. 固定性转换成本

C. 现金短缺成本　　D. 现金保管费用

20. 在下列各项中，不属于商业信用融资内容的是（　）。

A. 赊购商品　　B. 预收货款

C. 办理应收票据贴现　　D. 用商业汇票购货

（四）多项选择题

1. 企业信用政策的内容包括（　）。

A. 信用标准　　B. 信用额度

C. 信用期间　　D. 现金折扣政策

2. 以下有关企业信用政策的表述中正确的有（　）。

A. 信用标准太严可能会损失销售

B. 信用标准太松会导致扩大坏账损失

C. 信用标准越严，发生坏账的可能性越小，企业利润越高

D. 信用标准越松，企业利润越高

3. 企业的最佳现金持有量是（　）之和最小的现金持有规模。

A. 短缺成本　　B. 管理成本　　C. 机会成本　　D. 沉落成本

4. 企业持有现金的动机在于（　）。

A. 交易性需要　　B. 预防性需要

C. 管理性需要　　D. 投机性需要

5. 在保险储备的情况下，确定再订货点需要考虑（　）。

A. 保险储备量　　B. 平均库存量

C. 平均日需要量　　D. 订货批量

E. 交货时间

6. 信用标准有（　）。

A. 品质　　B. 能力

C. 资本　　D. 抵押

E. 条件

7. 短缺成本是企业缺乏必要现金，不能应付业务开支而蒙受的损失，这种损失主要包括（　　）。

A. 丧失购买机会　　B. 造成信用损失

C. 丧失投资机会　　D. 造成投资损失

8. 为实现现金收支管理的目的，企业可以采取以下一些措施（　　）。

A. 力争现金流量同步　　B. 使用现金浮游量

C. 加速收款　　D. 推迟应付款的支付

9. 下列表述不正确的有（　　）。

A. 现金持有量越大，资金成本越高

B. 现金持有量越大，短缺成本越高

C. 现金持有量越大，资金成本越低

D. 现金持有量越大，短缺成本越低

10. 下列表述正确的有（　　）。

A. 信用标准越高，坏账损失越小

B. 信用标准越高，坏账损失越大

C. 信用标准越高，销售量越大

D. 信用标准越高，销售量越小

11. 存货决策的内容包括（　　）。

A. 决定进货项目　　B. 选择供货单位

C. 决定进货时间　　D. 决定进货批量

12. 存货经济进货批量的基本模型考虑的成本有（　　）。

A. 缺货成本　　B. 订货成本　　C. 储存成本　　D. 进价成本

13. 企业发生应收账款的原因有（　　）。

A. 商业竞争　　B. 客户未付款

C. 客户延期付款　　D. 销售和收款的时间差距

14. 下列有关信用期限的表述中，正确的有（　　）。

A. 缩短信用期限可能增加当期现金流量

B. 延长信用期限会扩大销售

C. 降低信用标准意味着将延长信用期限

D. 延长信用期限将增加应收账款的机会成本

15. 下列属于流动资产的有（　　）。

A. 现金　　B. 短期投资　　C. 应付账款　　D. 预付账款

16. 确定最佳现金持有量的存货模式考虑的成本主要是（　　）。

A. 机会成本　　B. 管理成本　　C. 短缺成本　　D. 转换成本

17. 确定企业最佳现金持有量的方法有（　　）。

A. 成本分析模式　　B. 随机模式

C. 存货模式　　D. 现金周转期模式

18. 应收账款的成本主要有（　　）。

A. 机会成本　　B. 管理成本　　C. 短缺成本　　D. 坏账损失

19. 在享受数量折扣条件下经济进货批量模型中，属于决策相关成本的是（　　）。

A. 进价成本　　B. 订货成本　　C. 储存成本　　D. 缺货成本

20. 制定收账政策，要在（　　）之间做出权衡。

A. 增加坏账损失　　B. 减少机会成本

C. 增加收账费用　　D. 减少坏账损失

（五）业务题

1. 某企业预计存货周转期为 90 天，应收账款周转期为 50 天，应付账款周转期为 30 天；预计全年需要现金 1 080 万元，该企业第 12 月期初的现金余额为 300 万元，第 12 月的现金收入为 100 万元，现金支出为 80 万元。

试求该企业的现金周转期、最佳现金余额和现金余缺额。

2. 富达自行车有限公司财务经理为了尽量减少企业闲置的现金数量，提高资金收益率，考虑确定最佳现金持有量，财务科对四种不同现金持有量的成本做了测算，具体数据见表 8－10。

表 8－10　　现金持有方案　　单位：元

方案	A	B	C	D
现金持有量	25 000	50 000	75 000	100 000
管理成本	20 000	20 000	20 000	20 000
短缺成本	10 000	6 000	2 000	0

财务经理根据上述数据，结合企业的资本收益率 12%，利用成本分析模式，确定出企业最佳现金持有余额。

要求：

（1）不同现金持有量的机会成本；

（2）财务经理为什么确定 75 000 元为企业最佳现金持有余额？

3. 某企业预测 2005 年度销售收入净额为 4 500 万元，现销与赊销比例为 1∶4，应收账款平均收账天数为 60 天，变动成本率为 50%，企业的资金成本率为 10%，一年按 360 天计算。

要求：

（1）计算 2005 年度赊销额；

（2）计算 2005 年度应收账款的平均余额；

（3）计算 2005 年度维持赊销业务所需要的资金额；

（4）计算 2005 年度应收账款的机会成本额；

（5）若 2005 年应收账款需要控制在 400 万元，在其他因素不变的条件下，应收账款平均收账天数应调整为多少天？

4. A 公司是一个商业企业。由于目前的收账政策过于严厉，不利于扩大销售，且收账费用较高，该公司正在研究修改现行的收账政策。现有甲和乙两个放宽收账政策的备选方案，有关数据见表 8－11。

表 8－11　　甲乙方案对照表　　单位：万元

项目	现行收账政策	甲方案	乙方案
年销售额（万元/年）	2 400	2 600	2 700
收账费用（万元/年）	40	20	10
所有账户的平均收账期	2 个月	3 个月	4 个月
所有账户的坏账损失率	2%	2.5%	3%

已知：A 公司的变动成本率为 80%，资金成本率为 10%。坏账损失率是指预计年度坏账损失和销售额的百分比。假设不考虑所得税的影响。

通过计算分析回答应否改变现行的收账政策？如果要改变，应选择甲方案还是乙方案？

5. 某企业存货的经济批量订货次数为每年 12 次，平均日耗用量 5 件，平均交货时间为 20 天，每件年储存成本为 25 元，每件缺货一次的成本为 18 元。又知交货期内不同耗用量的概率见表 8－12。

表 8－12　　存货耗用量概率表

耗用量	25	50	75	100	125	150	175
概率	0.05	0.10	0.15	0.25	0.20	0.15	0.10

若想建立保险储备，可选择保险储量为 0、25、50、75 四种方案。请计算该项存货的最佳再订货点。

6. ABC 公司全年需用某零件 1 600 个，生产该部件的设备每天可以生产 10 个，生产成本为 14 元，每批调整准备成本 50 元。生产中每天领用 5 个，单位产品的年储存成本为 2 元。请计算经济生产批量、最优生产批量、最优生产批次和最低的年总成本。

7. 某企业每年需耗用 A 材料 45 000 件，单位材料年存储成本为 20 元，平均每次进货费用为 180 元，A 材料全年平均单价为 240 元。假定不存在数量折扣，不会出现陆续到货和缺货的现象。

要求：

（1）计算 A 材料的经济进货批量；

（2）计算 A 材料年度最佳进货批数；

（3）计算 A 材料的经济进货批量的总成本；

（4）计算 A 材料的经济进货批量占用资金。

8. 东方公司 2008 年计划销售收入为 7 200 万元，预计有 60% 为赊销，应收账款的平均收现期为 60 天。

试求：2008 年度该公司应收账款平均占用资金的数额。

第九章　短期筹资管理

一、教学案例

【案例一】天美公司短期融资管理

天美公司是一家以生鲜产品的生产及销售为主要业务的中型企业，信用级别为AA级。在每一年度的经营旺季，资金就会出现短缺，这使得企业管理层十分为难。一方面资金严重不足，另一方面产品供不应求，这种状况容易导致公司失去良好的发展机遇。2009年，经多方共同努力，天美公司筹集到生产急需资金100万元。该公司的主要财务数据见表9－1。

表9－1　　天美公司2009年年末主要财务数据表　　单位：万元

主要财务指标	账面余额
总资产	5 600
其中：应收款项	125
货币资金	800
一年内到期的长期负债	188
商业票据和其他应付票据	812
短期负债合计	1 000
长期负债	2 600
所有者权益	2 000
负债及所有者权益	5 600

天美公司的产品销售利润率为12%。

备选融资方案：

（1）银行短期借款。工商银行提供期限为3个月的短期借款20万元，年利率为12%，要回存款20%。

（2）商业信用贷款。A公司愿意为天美公司提供商业信用贷款，即按“2/10，n/30”的条件每天为其提供5 000元的材料，商业信用期限为1个月。

（3）安排专人将应收款项催回。

思考题：

1. 根据案情资料，分别按不同融资方式计算天美公司的可融资数额。

2. 试比较哪种融资方式更适合天美公司的生产经营需要。

3. 在当前的市场经济条件下，短期融资方式中哪种将成为企业短期融资的主要来源，为什么？

4. 试分析企业进行短期融资的内外部环境。

【案例二】迅驰房地产公司商业信用筹资案例

迅驰控股有限责任公司成立于1994年，是目前中国规模最大的全国性房地产企业集团之一，主要从事房地产的开发和物业管理，具有国家建设部核定批准的一级资质。迅驰公司在11年中累计了操作房地产项目57个，销售面积近600万平方米，累计实现销售收入近300亿元，迅速发展成为中国房地产行业极具影响力的企业，并在2004年成为业内达到百亿销售规模的企业之一。

迅驰公司已初步形成全国化的战略布局，下设北京、天津、上海、武汉、苏州、无锡、郑州、洛阳、山东、石家庄、重庆11个城市公司，拥有可支撑企业长期发展的近800万平方米的土地储备。迅驰中国凭借卓越的操作水平，向客户提供性价比最优的产品，获得了广大客户的认可与支持。目前，在全国拥有5万余名忠实于该品牌的客户，重复购买率始终保持在较高的水平。

在房地产业的运作中，即使是通过“招拍挂”方式购买的土地，也有一个分期支付的条件。因此，开发商从取得一块土地的控制权到交付全款会有一段时间，这等于让开发商取得一段时间的商业信用融资。比如，迅驰在拍卖会上取得北京领海项目，首期付30%；第二次所需支付的30%是在一年后履行的，其余部分在两年内付清。房地产商可以通过由施工单位垫资施工的办法来获得商业信用融资。一般预付一定比例的保证金（比如30%），然后在工程完成后才支付余款；或者依据工期的进度分期支付。当然，施工单位也通过赊账等方式向材料供应商取得商业信用融资，甚至以欠薪等方式解决资金周转困难。这种模式形成了产业债务链，发展商是顶端的债务人，一旦支付发生问题，就会影响整个产业债务链的清偿。

据专家披露，迅驰在取得以上两种商业信用融资方面不遗余力。首先，积极通过各种方法，获得政府同意，缓交地价款，即所谓“推迟首付款时间并合理拉长后续付款”。其次，大量使用施工单位的垫付资金。迅驰一般在工程完成一半以后，才支付部分工程款；全部完工后，施工单位取得的工程款还不到工程预算的50%，有的单位甚至在做下一个工程时才能拿到上一个工程的部分款项。

地产商取得土地使用权证书、建设用地规划许可证、建设工程规划许可证和施工许可证、销售许可证（即五证）时就可以预售房屋。如果市场条件好、项目销售策划成功，地产商通过预售就可在正式交房以前预先收到房款。而为了推动预售，地产商往往给予一定的打折优惠。我们可以把这种折扣优惠理解为商业信用融资的成本。其实，房地产商在做这种预售的时候，有时候的“代价”可能是很大的。上海的物业价格在过去几年里涨幅惊人，可是有些房地产开发商的利润却并不见得很丰厚，原因就是“预售”。由于物业价格在短期内急剧上升，开发商往往在交楼的时候发现，业主买楼的利润率比自己开发商的利润率高得多。

为了尽可能缩短取得“五证”的时间，尽快进入销售阶段，迅驰采取了一系列的办法。

一般发展商在成功拍得一块土地之后才会花成本去做规划设计等工作，否则“举牌”失败时损失太大。但迅驰为节省策划工作，会在拍卖会之前提早做好包括市场调查、规划设计等工作，这样对土地的价值有更实在的判断，而且可以缩短从拿地到报送方案的时间。对于迅驰这个重视现金流管理的房地产商来说，利用这种方法获得的时间机会最为宝贵。据称，在苏州“湖畔天城”项目中，迅驰甚至在获得土地的第二天就将开发方案汇报了上去。

迅驰的另一个加快进度、缩短周期的方法，是“并联作业”，即在保证工程时间的前提下，尽可能地将各项作业交叉进行。一般的开发商是串联的，首先拿地，然后规划、设计、办手续、开工、销售等；而迅驰则是拿到一块地之后，所有的部门同时行动，甚至包括销售和物业部门。当然这样的所谓“并联作业”将引致较高的成本，但这样做会比常规的开发程序快三个月到半年。

房地产项目最需要资金的时期是拿地以后到办理完“四证”（土地使用权证书、建设用地规划许可证、建设工程规划许可证和施工许可证）之前，一旦走过这个阶段，就有现金流入的可能性。这时可以向银行申请流动资金贷款，还可以运用应付账款和预收账款的商业信用融资。

迅驰在 2004 年提出年销售额 100 亿元的目标的时候，引来的是业界的广泛质疑。而当 2004 年年底迅驰高达 95 亿元的销售额证明了自身高速成长的潜力。

思考题：

1. 分析迅驰公司取得资金的方式。
2. 公司在运用融资条件时，应注意的问题。

【案例三】美国 F 医药公司信用管理

美国 F 医药集团公司是美国第 3 大医药集团，从业时间长达 80 多年。F 公司很早就开拓了国际市场，并且在欧洲、亚洲和南美洲都占据了一定的市场份额，旗下多个医药产品是世界级品牌。F 公司的主要销售额还是来源于美国本土，占其销售总额的 65%。该公司从 20 世纪 70 年代中期建立商业信用管理制度以来，被认为是商业信用管理制度运行成功的典型，公司的销售额、内部财务状况和市场占有率都是在这个时期得到巨大提高的。

在 1970 年以前，F 公司的前身，UM 公司一直采用信用销售手段开发客户，集团专门成立了销售公司，而且发展了 30 多个国内销售代理和十几个海外销售代理，同时海外还有 5 家子公司。由于没有信用管理部门，信用管理的实际职能分配到了几个部门的手里：财务部门负责管理销售产生的应收账款，业务部门专家咨询负责收集客户的资料和审核赊销的金额，法律部门负责追收逾期的应收账款。1975 年，UM 公司与另一家企业合并，成立 F 集团公司。

1975 年，F 医药集团在董事会改组后任命了新的总经理拉斐尔先生。拉斐尔先生是美国哈佛大学管理学硕士，曾长期在石油、汽车和电信等领域的大企业任职，在业界享有很高声誉。

拉斐尔上任的 4 个月里，便马不停蹄地穿梭于国内销售代理、子公司和世界各地的销售网点，并认真研究了公司以往的销售策略和管理方式。他认为，影响公司在销售和财务方面出现危机的根本原因，主要是信用管理存在严重缺陷，体现在企业坏账和拖欠账款比较严重，同时销售竞争的方式也存在问题。4 个月后，拉斐尔向董事会提交了一整套销售管理改革方案，各环节的具体情况如下：

(一) 信用部门的筹备

1976 年 3 月，董事会完全采纳了拉斐尔的方案，拉斐尔开始大刀阔斧地进行管理体制和机构的改革。

他指示财务副总监辛迪女士分管信用的全面工作，并限期着手组建信用管理部门。辛迪立刻从财务部门和清欠部门抽调了两位长期从事账款管理和经验丰富的职员，专职协助她开始信用管理部门的筹建工作。

辛迪深知建立信用管理部门的工作烦琐，专业性强。为提高效率，达到公司预定的目标，辛迪与信用管理的专业机构取得联系，并最终委托了一家专业的信用管理机构作为管理顾问，并签署了一年的管理顾问合同。

4 月，以资深信用管理专家雷蒙德先生、会计顾问乔恩先生组成的工作小组前往 F 公司，开始协助 F 公司的筹建工作。辛迪向拉斐尔汇报后，组织公司财务部门、业务部门、管理部门、仓储部门、采购部门和分公司主管，以及筹备组人员一起，参加信用管理知识的讲座和培训，由雷蒙德先生授课和讲解信用管理的知识和技巧。之后，雷蒙德先生又分头召开小组会议，就各部门的具体工作和相互协作等问题细致深入地进行了探讨。

5 月，为了寻找信用管理部门合适的人选，辛迪、雷蒙德和人力资源部共同起草了一份招聘广告，公开招聘信用经理。经过大量的面试，辛迪和雷蒙德终于从众多的应聘人员中找到合适的人选——杰森先生。杰森毕业于英国的信用管理学院，取得硕士学位，并在英国的一家信用管理机构实习一年。杰森在 2 家较小的公司担任过信用管理部门经理，对信用管理的理论和实际经验都有一定经验。在得到拉斐尔总裁的批准后，杰森正式上任了。

(二) 部门的建立

6 月下旬，杰森上任后，与雷蒙德先生一起讨论部门建设方案。在雷蒙德的协助下，杰森在一个月后提交了 5 份报告，分别是《企业信用管理的诊断结论和问题》、《各部门的信用资源整合和利用》、《信用管理部门初期组建方案》、《关于组建信用管理部门的费用申请》和《人员培训计划》。

在《企业信用管理的诊断结论和问题》中，系统阐述了企业目前的信用政策、营销策略、客户资料完整性、信用分析与决策、应收账款回收天数（DSO）、坏账率、现金流量、应收账款账龄结构、账款逾期率等与信用管理密切相关的问题，并分析造成目前状况的原因。

在《各部门的信用资源整合和利用》中，阐述了建立客户信用档案数据库，整合企业各部门的客户资料，报告标准化设计，制作各种信用调查表格，培训信息收集人员，帮助企业用最低成本收集客户信用资料等方面的问题。

在《信用管理部门初期组建方案》中，报告设计了信用管理部门的职能、架构，企业招聘、选拔信用经理和其他信用管理人员；指导企业建立内部纵向申报、横向通报制度等方面的内容。

在《关于组建信用管理部门的费用申请》中，报告提出年度普通预算、年度特殊预算的计划和申请。

在《人员培训计划》中，提出了培训企业管理、销售、财务、仓储、采购、客户服务等部门人员，传授信用管理理论与实务知识，以提高企业信用管理意识和管理水平。

8月，公司开始第二轮招聘，招聘对象是信用管理部门的信用调查和管理员、信用评估员和账款管理员。其中，信用调查和管理员要求具有档案管理的学历和经历，信用评估员具有会计师执照，账款管理员有律师执照并有多年的法律事务经验。9月初，5名信用管理部门的人员到齐。9月下旬，在雷蒙德先生的配合下，信用经理杰森先生起草出了一部公司信用政策的大法——《企业信用政策管理和实施方案（草案)》，并上报财务副总监辛迪女士。辛迪女士立刻上报拉斐尔总裁，并在总裁召集下召开了高层经理办公会议，会议由辛迪主持，杰森详细介绍信用管理纲要的内容。经过1天的讨论，在征求了其他部门的意见后，杰森把意见汇总起来，并起草正式方案。10月，大法修订稿再次上报给董事会和公司最高管理层，并抄送财务部、销售部、会计部、采购部、仓储部、资料室、子公司、直销店和销售网点等，并在7天后通过。同月，信用管理部门年度预算报告被批准。10月底，公司特意召开了全体员工大会，公开宣布了信用管理部门正式成立的消息和信用政策的执行方案。至此，信用管理部门成功组建起来了。

（三）运转

由于没有计算机系统，信用管理部门临时雇佣了几个图书专业的大学生，负责整理散落在各部门的客户信用资料，并长期订购了一个信用调查机构的信用报告。经过两个月的整理和收集，信用管理部门基本建立了公司1 000多个客户的信用资料。审计发现，有多达304笔业务长期未收回欠款，也长期没有与客户联系，有56笔出现争议而无人解决，账款逾期现象严重，坏账率很高。经过信用管理部门2个月的努力，82%的欠款得以全部或妥善解决，一些失踪和倒闭的企业被销户。

在运转4个月，信用档案和应收账款处理完善后，企业开始着手建立信用审批制度。这时，计算机开始进入市场，信用管理部门申请建立计算机信用管理系统。

1977年5月，公司专门为信用管理部门购进两台计算机，并委托专业机构逐步设计客户管理数据库，应收账款预警系统和自动提示打印系统。1980年，企业最终实现了信用管理全部自动化的管理目标，企业的信用管理水平、速度、规范性都进一步大幅度改善，管理费用降低至原来的1/3。

到1977年年底，公司的信用管理部门完全走入正轨。统计显示，经过一年的信用管理，企业的销售额上升了56%，坏账率从7.9%下降到2.5%，销售未清账期从83天降到55天，客户的数据库档案齐全，每笔交易都记录在册，客户的信用等级基本建立。各项指标全面超过行业平均水平，企业从年初的轻度亏损一越盈利5 000多万美元。在随后的20年中，F公司的信用管理一直非常规范，信用部门成为公司最卓有成效的部门之一。

思考题：

该公司的信用管理制度有何借鉴意义？

【案例四】国美电器短期筹资管理

国美电器成立于1987年，是一家以经营各类家用电器为主的全国性家电零售连锁企业，隶属于鹏润集团。国美电器成立之初只是北京珠市口一家100平方米左右的小门店，然而经过19年的不断发展，已成为中国驰名企业，中国最大的家电零售连锁企业，位居全球商业连锁第22位。国美电器在北京、天津、上海、成都、重庆、西安、广州、深圳等国内100多个城市以及中国香港地区拥有直营店270余家，加盟店150余家，员工4万多名，是目前国内外众多知名家店厂家在中国的最大经销商。在国家商务部公布的2005年中国连锁经营前30强中，国美电器以498亿元的销售额位列第二，并再次蝉联家电连锁第一名，继续领跑中国家电零售业。

国美电器的主营业务：售卖各式各样的国际及国产品牌（包括海尔、LG、三星、索尼、松下、惠而浦及西门子）的电器及消费电子产品。这些产品可分为七大类：影音、冰箱及洗衣机、空调、通信、电脑、小型家电和数码产品。

国美电器目前在中国电器及消费电子产品零售业占据了领导者的地位。从2000年至2004年，在国家商务部公布的中国连锁经营百强排名中，国美电器分别位于第八名（30.2亿元）、第六名（61.5亿元）、第四名（108.96亿元）、第三名（177.9亿元）及第二名（238.32亿元）。从2002年至今，国美电器连续三年在国家商务部商业改革发展司公布的中国家电零售企业经营业绩排名中稳居第一。2005年上半年，国美电器继续以195.73亿元的成绩名列中国连锁企业第二名、家电零售企业第一名。在2005年8月21日由中国企业联合会和中国企业家协会共同进行的“2005年中国企业500强”评选中，国美电器位列中国500强第103位，是中国家电连锁行业领导者。

国美电器控股有限公司（0493.HK）在中国香港公布2006年年度报告中，在行业资源整合加速和竞争激烈的背景下，国美继续保持了快速发展势头。截至2006年年底，国美实现销售收入247.29亿元人民币，同比增长38%；权益所有者应占净利润8.19亿元，同比增长64%，每股收益0.38元。国美年报显示，其盈利能力与2005年相比有所提升：毛利率由2005年同期的9.20%上升至9.54%；综合毛利率由2005年的13.32%上升至2006年的14.60%。

在2007年5月29日，国美电器在中国香港举办了首届“国美杯”赛马日，庆贺国美电器成立20周年，每场比赛以其战略合作伙伴海尔、西门子等的名字来命名，意图是改善与供应商关系。然而，其采用的对战略合作伙伴的优化营运模式，其实就是国美为了应对西门子、海尔等大企业强硬要求“现款现货”而做出的应对措施。美的日电集团只是开端，而供应商的现款现货要求主要是针对国美长期坚持的拖延货款和直接扣款的方式而提出的。

（一）“美的断货”事件

在2007年5月22日发生了对国美商业信用融资方式产生较大影响的“美的断货”事件。

2007年5月22日，美的集团下属的日用家电集团向国美四大区域停止供货。2007年5月29日美的集团表示：鉴于前期谈判以及国美与其他厂家签订的2007年贸易合同，国美对结算问题以及合同模式没有任何改善的举措，对待美的日用家电集团采取歧视策略，根本不是从善意和发展的角度去深化双方的战路合作伙伴关系，经集团研究决定，根据谈判进度对东北、华北、华中、西南大区自5月22日起停止供货。同时美的日电集团已向下属单位下发文件，要求各经营单位不允许与国美签订地方性合同：分公司负责协助做好客户货款对账和货款回收工作；美的集团还要求其下属经营单位步调一致，严格遵守集团统一部署。在紧急与美的日电集团沟通后，国美电器就其与美的集团的2007年供货合同做出了重大让步。

（二）“海尔现款现货”要求

海尔是国美的一个重要的供货商，国美电器与海尔的合作开始之初。海尔就要求现款现货。

而在2007年年初国美对海尔集团做出了重大让步：海尔在国美的海尔事业部中派出了来自海尔的财务人员。这些人员的主要作用就是监督现款现货能否落实到位。与此同时国美也与西门子家电签署了主要条件是现款交易的战略合同。

深入探究，为何出现上述事件，国美为何在商业信用上面作出如此重大让步，原因是随着国美的加速扩张，各大供应商在2006年投入产出比下降，国美的拖延货款，各大供应商的压力会逐渐加大，并且事实上国美与供应商的矛盾本来就一直存在。这使得各大供应商感到必须改变以往的结算方式，因此出现了上述事件。

（三）“价格差”问题

所谓“价格差”就是在家电零售的终端，基层店长、采购经理利用自身权力为自己谋取私利。在每年4、5月份，国美与供应商签署年度合同，以确定具体返利和销售规模。然而这份合同需要具体落实到国美各地的分公司和供应商各地的营销机构来店商议签署分合同，这些合同内的费用双方都不会存在很多异议；而在合同之外发生的费用和“价格差”却成为一些基层人员谋取私利的渠道。当采购经理以9折的价格向供应商采购一批家电后，又会与一些小经销商协商在不开发票的前提下，以8折或更低的价格来出售，这些在供应商处只能拿到全价的小经销商当然欣然应允。接下来，一些小经销商到供应商谈判，以其供价太高来要求给予8折的优惠，这样采购经理就会以此来向供应商讨要说法，最终供应商不得不同意以8折出售。在这样的情况下，采购经理又会找到供应商，说竞争对手出现了更低的价格，供应商扰乱了市场秩序，在这样的情况下。供应商不得不同意经销商只付8折的货款。

这种“价格差”是行业内普遍存在的问题。使供应商面临着巨大的压力，而国美的商业信用融资过多，更加剧了其与供应商的矛盾。所以越来越多供应商现在都要求现款现货。

（四）国美电器的家电新规则

2007年5月17日，国美电器推出家电新规则：国美的新合同取消了进场费，改成考核厂家的综合利润贡献率；但是在货款结算问题上会“因人而异”，对于市场热销的产品以及大品牌厂家给予优待，然后逐步推广；同时加大包销定制、现金买断的方式，改变对制造商结款账期迟缓的问题。国美已经与西门子、海尔、飞利浦、索尼签署了战略合作协议，将严格按照新规则来改善零供关系，为此国美通过配售和发行可转股债募集了超过65亿港元的现金。国美营运模式的变化背后，其实是海尔、西门子、索尼等大供应商的巨大压力，让更多的供应商开始要求国美现款现货。

思考题：

1. 结合国美实际情况，说明该公司在融资方面存在什么问题。

2. 提出改进建议。

二、作业与思考题

（一）名词解释

1. 短期筹资　2. 自然性短期负债　3. 商业信用　4. 应付费用
5. 短期融资券　6. 票据贴现

（二）填空题

1. 短期筹资政策的类型包括______、______、______三种。

2. 短期负债筹资的特征通常包括______、______、______和______几个方面。

3. 以短期负债的形成情况为标准，可以分成______和______。

4. 自然性融资包括______和______两种形式。

5. 商业信用的形式主要包括______、______和______。

6. 短期借款的种类包括______、______和______三类。

7. 短期融资券又称______、______。

（三）单项选择题

1. 某企业拟以“1/10，n/30”信用条件购进材料，其丧失现金折扣的机会成本率为（　　）。

A. 10%　　B. 20%　　C. 18%　　D. 28%

2. 企业取得2006年为期一年的周转信贷额为1 000万元，承诺费率为0.4%。2006年1月1日从银行借入500万元，8月1日又借入300万元，如果年利率8%，则企业2006年度应向银行支付的利息和承诺费共为（　　）万元。

A. 49.5　　B. 51.5　　C. 64.8　　D. 66.7

3. 甲公司与乙银行签订了一份周转信贷协定，周转信贷限额为1 000万元，借款利率为6%，承诺费率为0.5%，甲公司需按照实际借款额维持10%的补偿性余额。甲公司年度内使用借款600万元，则该笔借款的实际税前资本成本是（　　）。

A. 6%　　B. 6.33%　　C. 6.67%　　D. 7.04%

4. 企业采取保守型组合策略，则（　　）。

A. 收益性较高，流动性较低　　B. 收益性较低，风险性较低
C. 流动性较高，风险较低　　D. 收益性较高，流动性较高

5. 下列各项中，不属于短期筹资特点的是（ ）。

A. 筹资速度快　B. 筹资有弹性

C. 筹资成本低　D. 筹资风险低

6. 下列各项中，不属于自然筹资的是（ ）。

A. 应付账款　B. 应付工资　C. 信用借款　D. 应交税金

7. 下列各项中，说法正确的是（ ）。

A. 与短期借款相比，长期借款具有再投资风险

B. 短期筹资就是短期借款

C. 利率较低是短期筹资券融资的优点

D. 代收筹资在我国可以运用

8. 下列筹资方式中，属于短期筹资方式的是（ ）。

A. 商业信用　B. 发行股票　C. 发行债券　D. 融资租赁

9. 某企业在生产经营淡季资产为 1 000 万元，在生产经营旺季资产为 1 200 万元。企业的长期负债、自发性负债和权益资本可提供的资金为 900 万元，则企业采取的是（ ）。

A. 稳健（保守）型筹资策略

B. 激进型筹资策略

C. 折中（平稳、中庸）型筹资策略

D. 乐观型筹资策略

10. 折中型组合策略不具有的特点是（ ）。

A. 在季节性低谷时，企业只有永久性负债

B. 临时负债既满足临时性也满足永久性流动资产的资本需求

C. 固定资产和永久性流动资产的资本需求全部由长期筹资来满足

D. 长期筹资线与永久性流动资产线重合

11. 如果某公司的长期筹资线在永久性流动资产线之上，则该公司采用的是（ ）。

A. 稳健（保守）型筹资策略

B. 激进型筹资策略

C. 折中（平稳、中庸）型筹资策略

D. 悲观型筹资策略

12. 能迅速形成生产能力，并可以规避设备淘汰的筹资方式是（ ）。

A. 发行普通股　B. 债券

C. 短期借款　D. 融资租赁

13. 有时不存在筹资成本，而一旦发生筹资成本且成本又很高的筹资方式是（ ）。

A. 发行股票　B. 融资租赁　C. 商业信用　D. 银行借款

14. 下列筹资方式中，不需要筹资费用的是（ ）。

A. 留存收益　B. 普通股　C. 优先股　D. 银行借款

15. 风险较小，收益较高但必须保证临时性流动资产与临时性流动负债对应；自发性流动负债、长期负债和股东权益筹集的资金则保证永久性流动资产和固定资产需要的资金的组合策略是（　）。

A. 激进型组合策略

B. 保守（稳健）型组合策略

C. 折中（平稳、中庸）型组合策略

D. 乐观型组合策略

16. 下列筹资方式按一般情况而言，企业所承担的财务风险由大到小排列为（　）。

A. 融资租赁、发行股票、发行债券

B. 融资租赁、发行债券、发行股票

C. 发行债券、融资租赁、发行股票

D. 发行债券、发行股票、融资租赁

（四）多项选择题

1. 短期负债融资的特点（　）。

A. 筹资速度快，容易取得　　B. 筹资富有弹性

C. 筹资成本较低　　D. 筹资风险高

2. 放弃现金折扣的成本受折扣百分比、折扣期和信用期的影响。下列各项中，使放弃现金折扣成本提高的情况有（　）。

A. 信用期、折扣期不变，折扣百分比提高

B. 折扣期、折扣百分比不变，信用期延长

C. 折扣百分比不变，信用期和折扣期等量延长

D. 折扣百分比、信用期不变，折扣期延长

3. 在平稳型组合策略中，永久性资产可以使用（　）来满足。

A. 长期借款筹集的资金　　B. 长期债券筹集的资金

C. 权益资金　　D. 商业信用筹集的资金

4. 企业在持续经营的过程中，会自发地直接产生一些资金来源，部分地满足企业的资本需求，这些自发的资本有（　）。

A. 应付税金　　B. 应付企业债券

C. 应付利息　　D. 应付工资（或应付职工薪酬）

E. 应付账款

5. 下列各项中，企业可能采取稳健型组合策略的情形有（　）。

A. 长期资本来源不足　　B. 长期资本来源多余

C. 预计短期负债成本较低　　D. 预计短期负债成本较高

E. 预计长期负债成本较低

6. 如果采用商业信用筹资，没有成本代价的情况有（　）。

A. 存在现金折扣规定，买方在信用期限内付款

B. 没有现金折扣规定，买方在信用期限内付款

C. 买方在现金折扣期限内付款

D. 采用预收账款形式

E. 采用无息的商业票据形式

7. 下列各项中，属于短期筹资方式的有（　　）。

A. 商业信用　　B. 债券筹资　　C. 经营租赁　　D. 融资租赁

8. 下列（　　）情况下，借款的实际利率大于名义利率。

A. 未足额使用的周转信贷协定

B. 补偿性余额

C. 利随本清偿还利息

D. 贴现法付息银行贷款

9. 关于放弃现金折扣的机会成本，下列说法正确的有（　　）。

A. 折扣率越大，成本越高

B. 折扣率与其成本反方向变化

C. 信用期越长，其成本越低

D. 折扣期与其成本同方向变化

（五）业务题

1. 如果M公司正面临着甲、乙两家提供不同信用条件的卖方。甲公司的信用条件为“3/10，n/30”；乙公司的信用条件为“2/20，n/30”，请回答下面问题并说明理由：

（1）如M公司在10～30天之间用该笔应付账款有一投资机会，投资回报率为60%，M公司是否应在10天内归还甲公司的应付账款，以取得3%的折扣？

（2）M公司准备享有现金折扣，应选择哪家供应商？

2. 某企业与银行签订周转信贷协定，在该协议下公司以12%的年利率向银行举借不超过100万元的贷款，外对未动用部分支付0.5%的承诺费，该企业全年动用贷款40万元，所有借款如期偿还。

计算：贷款的实际利率。

3. 某公司向银行申请1年期贷款200万元，请就下列不相关问题回答实际利率各为多少：

（1）周转信贷协定的申贷指标中有60万元因资金充足未使用，年利率6%，承诺费率0.5%。

（2）申请200万元，但银行要求企业保留20%的补偿余额，年利率为6%。如果某项目需要200万元资金，企业应向银行申请贷款多少？

（3）其他条件同（2），但银行采取贴现法收取利息。

4. 某企业购买原材料10 000元。对方提出的现金折扣条件：当日付款，只要9 630元；第30天付款，支付9 750元；第60天付款，支付9 870元；第90天，按发票金额付款，如果银行短期借款利率为15%。

问：企业应何时付款？

专题六　股利政策

第十章　股利理论与政策

一、教学案例

【案例一】用友股份有限公司的高额现金股利分配①

2001 年 5 月 18 日，北京用友软件股份有限公司在上海证券交易所上市，上市当日开盘价为 76 元，是发行价 36.68 元的 2 倍多，当日最高价达 100 元，最终以 92 元报收，并创出中国股市新股上市首日最高的收盘价。

2002 年 4 月 28 日，在上市仅一年的时间内，用友软件推出 2011 年度 10 股派 6 元（含税）的高额现金分红分配方案。一石激起千层浪，这一高额现金分红的分配方案引发市场上激烈的讨论，观点各一。用友公司董事长王文京更是因为此次分红而拿到 3 312万元的现金红利成为投资者和证券市场关注的焦点。

如此高额的现金股利发放究竟代表什么？它又是在怎样的情况下酝酿出炉的？是企业对投资者的回报抑或是出于大股东套现需要？这一分红政策又是否体现了用友软件的企业发展思路？这值得深思和探讨。

（一）公司发展背景

用友软件股份有限公司的前身是其创始人王文京、苏启强于 1988 年 12 月 6 日成立的北京市海淀区双榆树用友财务软件服务社。王文京、苏启强两人以借来的 5 万元人民币作为注册资本，在租赁的 9 平方米的工作间中，以 1 台电脑开始了创业之路。此时，正值中关村实验区刚刚成立，限于当时的高新技术企业只能注册成国有和集体两种形式，王文京与苏启强只好放弃了注册为高新技术企业的设想，而选择领取了个体工商户营业执照。

1990 年 3 月，用友登记为私营企业，并更名为“北京市海淀区用友电子财务技术有限责任公司”。1990 年 12 月至 1993 年 7 月，公司规模扩张，注册资本增加至 500 万元人民币。1995 年 1 月 18 日，经过五年的奋斗，用友集团公司组建成立，注册资本达到 2 000万元人民币。1997 年 11 月，公司注册资本再次增加到 5 000 万元人民币。1999 年 12 月 6 日，经北京市人民政府批准，公司由有限责任公司变更为股份有限公司，注

① 本案例主要资料来自 http：//business. sohu. com 搜狐财经频道和 http：//www. cnlist. com 上市公司资讯网站。案例中数据和公告原文来自上海证券交易所。

册资本最终增至7 500万元人民币。公司建成占地1万平方米、可容纳500人的全智能大厦办公楼，当时是我国最大的财务及管理软件研发基地。

（二）发行上市

用友作为民营软件企业的佼佼者，为谋求更为广阔的发展前景，就需要获取更为充裕的资金，所以用友公司决定首先冲击资本市场，筹划上市。

1997年年底，董事会决定于1998年正式启动用友上市计划。几经波折，在获取上市额度无望的情况下，用友借国家扶持高新科技企业的政策，取得科技部和中科院对高新技术企业的"双高认证"，因而获得了上市的契机。经过股份制改造，用友注册资本达7 500万元人民币，北京用友科技有限公司、北京用友企业管理研究所有限公司、上海用友科技投资管理有限公司、南京益倍管理咨询有限公司、山东优富信息咨询有限公司作为股东分别持有用友公司55%、15%、15%、10%、5%的股份。

2001年3月16日，在刚刚改革的股票发行核准制下，用友以第一家按核准制要求发行股票的企业于4月10日发布招股说明书，发行了2 500万股流通股，将公司的注册资本提高为10 000万元，资金来源于以上五公司和社会公众。这样，以上五公司的持股比例分别减少至41.25%、11.25%、11.25%、7.5%、3.75%。而董事长王文京在以上五公司中则分别占有73.6%、73.6%、90%、42.8%、86%的股份。

2001年4月23日，用友软件以36.68元的发行价、64.35倍的市盈率在上海证券交易所网上定价2 500万A股。由此用友募集资金8亿多元人民币，净资产也从2000年年底的8 384万元飙升了10倍。

2001年5月18日，用友软件在上海证券交易所正式上市，在76元开盘价附近略有震荡后，股价一路飙升，最高价达100元，换手率高达85.6%，成交2 140万股，成交总额为17.36亿元，最后以92元收盘。

作为我国首家核准制下发行并上市的股票，用友创造了新股上市首日收盘价最高的纪录，这与当时行业内的主要竞争对手深圳金蝶在中国香港创业板上市的情形形成了鲜明的对比。

（三）公司主营业务

用友软件股份有限公司自1988年成立以来，一直专注于自有知识产权软件产品的开发与推广，主要从事财务软件、管理软件和其他企业应用软件产品的研发、销售和服务。用友具有较完整的产品线，并拥有较为健全的全国销售服务网络，其财务及企业管理软件在国内广泛应用。

2001年5月用友在上海证券交易所挂牌上市，2002年"用友"商标被认定为"中国驰名商标"。

1. 用友公司是中国最大的管理软件/ERP软件供应商

用友公司管理软件销售额稳居中国市场首位，在制造业、流通业、服务业、金融业、政府机构，用友软件都得到了广泛的应用，成为推动中国企业管理信息化和政府信息化的主流应用软件。根据中国电子信息产业发展研究院（CCID）发布的《2001—2002年中国软件市场研究报告》，用友软件摘取了2001—2002年度中国管理软件、财务软件、本土ERP软件市场占有率三项第一的桂冠，占有率分别为15.9%、20.9%、16.2%；根据互联通数据中心（IDC）的市场调查结果，用友软件为2001年度中国企业资源管理软件（ERM）的市场占有率第一。

2. 用友公司是中国最大的财务软件供应商

用友公司财务软件市场占有率自1990年以来一直稳居中国市场首位，成为推动中国财务管理信息化的主流应用软件和实际应用标准；用友集中式财务管理软件已经成为集团型企业进行集中式管理的首选产品。用友公司与中国工商银行总行的合作将使中国工商银行通过用友软件向客户提供电子银行服务。

3. 用友公司是中国最大的独立软件供应商

根据CCID的统计，用友公司在1999年就已经成为中国最大的独立软件供应商。用友公司现有25家分公司，2家海外全资子公司，9家控股子公司，3家参股子公司，同时设立15家办事处，形成了600多人的软件开发队伍和3 000多人的企业规模。

（四）2001年度财务状况

2001年年初，公司开始实施“全面升级、扩展发展”的业务战略，通过产品升级、服务升级、销售平台升级、人才升级和国际合作等方式，公司由以往集中于财务软件产品和服务提供商领域向管理软件解决方案、产品和服务提供商的领域迈进，实现全面升级。

1. 主要财务数据

2001年，公司实现主营业务收入32 707万元，主营业务利润30 444万元，与去年同期相比，分别增长了56.2%和55.9%，主要财务数据见表10－1。

表10－1 用友软件1999—2002年中期主要财务数据

项目＼时间	2002年中期	2001年末期	2000年末期	1999年末期
主营业务收入（万元）	20 490.44	33 348.32	21 288.53	18 514.36
主营业务利润（万元）	18 561.04	30 443.66	19 523.85	16 740.18
其他业务利润（万元）	7.55	1.25	18.85	40.86
营业利润（万元）	2 821.98	5 010.51	2 632.84	4 226.28
投资收益（万元）	—	—	－61.14	6.95
补贴收入（万元）	1 781.47	3 132.90	2 030.18	118.13
营业外收支（万元）	7.36	－110.94	85.83	－14.31
利润总额（万元）	4 429.54	7 923.94	4 687.70	4 337.05
所得税（万元）	504.82	916.12	689.73	827.50
净利润（万元）	4 011.88	7 040.06	4 004.29	3 506.56
获利能力指标：				

表10-1(续)

项目＼时间	2002年中期	2001年末期	2000年末期	1999年末期
销售毛利润（%）	92.56	93.21	93.37	94.03
主营业务利润率（%）	90.58	91.29	91.71	90.42
销售净利润（%）	19.58	21.11	18.81	18.94
总资产报酬率（%）	3.56	6.03	24.64	27.04
净资产收益率（%）	3.85	7.02	47.76	45.22
运营能力指标:				
应收账款周转率（次）	6.85	12.00	9.09	11.33
货存周转率（次）	5.54	9.74	7.20	7.85
固定资产周转率（次）	—	5.59	3.66	3.17
股东权益周转率（次）	0.20	0.61	2.64	2.38
总资产周转率（次）	0.18	0.50	1.46	1.40
偿债能力指标:				
流动比率（倍）	12.46	6.60	1.13	1.12
速动比率（倍）	12.43	6.58	1.11	1.07
资产负债比率（%）	7.27	13.82	48.17	39.96
股东权益比率（%）*	92.44	85.82	51.60	59.80
固定资产比率（%）	6.61	5.49	33.99	47.02
发展能力指标:				
主营业务收入增长率（%）	53.66	56.65	14.98	43.81
营业利润增长率（%）	31.54	90.31	-37.70	60.40
税后利润增长率（%）	37.69	75.81	14.19	60.00
净资产增长率（%）	2.09	1 095.45	8.11	-0.99
总资产增长率（%）	4.78	618.69	25.31	-3.98
现金流量指标:				
现金及现金等价物净增额（万元）	-9 024.47	67 300.56	1 724.52	—
经营活动现金流量（万元）	1 543.79	10 329.34	4 764.64	—
销售商品收到的现金（万元）	23 153.14	40 116.22	24 163.62	—
销售商品收到的现金占主营收入比例（%）	112.99	120.29	113.51	—

注：由于根据合并报表数据计算，所以股东权益比率中的分子数（股东权益比率）未包含少数股东权益在内，致使资产负债率与股东权益比率相加并不等于1。

2001 年度用友软件财务报告指出：主营业务利润随公司业务规模的扩大与软件销售收入的增加而相应增加，净利润随公司软件销售收入的增加而相应增加。除此之外，由于发行新股募集的货币资金导致报告期的利息收入增加了人民币 1 294 万元，净利润的增长幅度高于主营业务收入及利润的增长幅度。

2. 投资项目进展

公司在 2001 年度使用募集资金的投资项目进展情况见表 10－2。

表 10－2　　用友公司 2001 年度投资项目进展　　单位：百万元

募集资金的方式	承诺投资项目	计划投资总额	实际投资金额	完成进度
A 股发行	用友企业级财务软件 8.20 版	28	28	100%
A 股发行	用友企业级财务软件 9.0 版	30	10	33%
A 股发行	用友企业级财务软件 10.0 版	29	5	17%
A 股发行	用友 B/S 版企业管理软件 1.0 版	30	20	67%
A 股发行	用友 B/S 版企业管理软件 2.0 版	29.5	4.5	15%
A 股发行	用友软件发展研究中心	30	8	27%
A 股发行	用友大型企业客户关系管理系统	30	6.5	22%
A 股发行	用友财经报表软件	30	8.9	30%
A 股发行	用友管理软件通用接口软件	28	24	56%
A 股发行	用友网上结算系统	27	9.5	35%
A 股发行	用友决策支持——管理驾驶窗软件	30	7.8	26%
A 股发行	行业（金融、电信、外贸）财务及业务管理应用系统	30	13	43%
A 股发行	行业（医药）财务及业务管理应用系统	22	5.6	25%
A 股发行	行业（传媒、出版、图书）财务及业务管理应用系统	30	2	7%
A 股发行	行业（零售、批发）财务及业务管理应用系统	23	9.5	41%
A 股发行	行业（运输、电力）财务及业务管理应用系统	20	6	30%
A 股发行	行业（机械）财务及业务管理应用系统	27	12	44%
A 股发行	行业（石油）财务及业务管理应用系统	23	8.5	37%
A 股发行	行业（服务）财务及业务管理应用系统	28	12	43%
A 股发行	用友普及型财务软件 2.0 版	30	25	83%
A 股发行	用友普及型财务软件 3.0 版	29.5	10	34%
A 股发行	用友普及型财务软件 4.0 版	29	3	10%
A 股发行	中小企业电子商务应用系统	30	11.5	38%

表10－2(续)

募集资金的方式	承诺投资项目	计划投资总额	实际投资金额	完成进度
A股发行	用友内当家商务软件3.0版	30	2.5	8%
合计	673	—	—	

在2001年度报告中对项目投资相关事宜有以下说明："公司于2001年4月23日首次发行人民币普通股2 500万股，募集资金总额达91 700万元。由于按照公司募集资金投入使用计划，这些资金将在3年内陆续投资使用，故在2001年度和2002年度将会有部分资金处于阶段性闲置状态。公司针对这一状况，在安全、积极的原则下，为了保障投资人的投资回报，采取的措施包括，按照募集资金投资使用计划，进行项目投资，安排银行定期和活期存款，安排1亿元人民币购买国债，另外委托兴业证券股份有限公司管理2亿元人民币资金进行委托理财。"

同时需注意，用友软件在A股发行前，曾于2001年3月21日与交通银行北京分行海淀新技术产业开发试验区支行订立金额为人民币4 500万元、月息为4.875%的借款合同，款项用于资金周转，合同期限是2001年3月27日至2002年3月27日。2011年4月29日，公司全部提前偿还该笔贷款。2001年年报中公司长期负债仅为100万元，并无长期借款。

（五）现金分红方案

2002年4月28日上午9时30分，在北京市海淀区土地信息产业基地中国知识产权培训中心，北京用友软件股份有限公司召开2001年年度股东大会。15名股东及股东授权代表出席会议，代表有表决权股份75 692 817股，占公司股份总额的75.69%，会议的召开符合《中华人民共和国公司法》及公司章程的规定。会议由公司董事长王文京先生主持，以记名投票方式审议通过了如下利润分配方案："本公司2001年度净利润为70 400 601元，提取法定盈余公积金7 040 060元，提取法定公益金3 520 030元，上年度结转利润286 436元，期末可供股东分配的利润为60 126 947元。公司在2002年度对2001年度净利润进行一次分配，每10股派发现金6元（含税），共计派发现金股利6 000万元，占本次可分配利润的99.79%，剩余126 947元利润留待以后年度分配。此次分配不计提任意盈余公积金。本年度不进行公积金转增股本。"

经表决，赞成票7 566.98万股，占出席会议有效表决权股份总数的99.97%；反对票16 108股；弃权6 900股。

出席此次股东会的中小股东仅有7名。由于股权较集中，分红方案没有任何悬念地顺利通过。董事长王文京让财务总监吴政平对此高派现方案进行了补充说明，指出此次分红是在响应管理层有关"现金分红的倡导"下，在有充足现金流的前提下，以盈利资金进行分配，是出于对投资者长期投资的回报。

但仍有小股东提出质疑，一度让股东会陷入尴尬。如一位高先生直言："我不同意这个方案，明显是对大股东有利，对小股东不利，为什么不考虑流通股的成本，不考虑小股东的利益。”他还建议，能否派现兼送股，“大股东要钱，小股东要股，相对平衡一下。”高先生对这一分红方案投了反对票。

2002 年 5 月 15 日北京用友软件股份有限公司董事会公布了《北京用友软件股份有限公司 2001 年度分红派息实施公告》，全文如下：

本公司及董事会全体成员保证公告内容的真实、准确和完整，对公告的虚假记载、误导陈述或者重大遗漏负连带责任。

重要内容提示：

每股派发现金红利 0.6 元（含税）；每 10 股派发现金红利 6 元（含税）。

扣税前每股现金红利 0.6 元；扣税后每股现金红利 0.48 元。

股权登记日：2002 年 5 月 21 日。

除息日：2002 年 5 月 22 日。

现金红利发放日：2002 年 5 月 28 日。

一、北京用友软件股份有限公司 2001 年度利润分配方案已经于 2002 年 4 月 28 日召开的公司 2001 年年度股东大会审议通过。

二、分红派息方案

1. 本次分红派息以 2001 年年末总股本 100 000 000 股为基数，向全体股东每 10 股派发现金红利 6 元（含税），共计派发股利 60 000 000 元，占本次可分配利润的 99.79%，剩余 126 947 元利润留待以后年度分配。

2. 发放年度：2001 年度。

3. 发放范围：截至 2002 年 5 月 21 日下午上海证券交易所收市后，在中国证券登记结算有限责任公司上海分公司登记在册的全体股东。

4. 每股税前红利金额 0.6 元。

5. 对于流通股个人股东，公司按 20% 的税率代扣个人所得税后，实际派发现金红利为每股 0.48 元；对于流通股机构投资者及法人股股东，实际派发现金红利为每股 0.6 元。

三、分红派息具体实施日期

1. 股权登记日：2002 年 5 月 21 日。

2. 除息日：2002 年 5 月 22 日。

3. 现金红利发放日：2002 年 5 月 28 日。

四、分派对象

截至 2002 年 5 月 21 日下午上海证券交易所收市后，在中国证券登记结算有限责任公司上海分公司登记在册的全体股东。

五、分红派息实施办法

1. 持有非流通股的法人股的现金红利由公司直接发放。

2. 社会公众股的现金红利委托中国证券登记结算公司上海分公司通过其资金清算系统向股权登记日登记在册，并在上海证券交易所各会员单位办理了指定交易的股东派发。已办理全面指定交易的投资者可于红利发放日在其指定的证券营业部领取现金红利，未办理指定交易的股东红利暂由中国证券登记结算公司上海分公司保管，待办理指定交易后再进行派发。

六、咨询联系办法

联系电话：010－62986688－1270/1219

联系传真：010－62971426

联系地址：北京市海淀区上地信息产业基地开拓路15号

邮政编码：100085

七、备查文件

公司2001年年度股东大会决议及公告

北京用友软件股份有限公司董事会

2002年5月15日

思考题：

1. 根据案例相关资料，搜集用友股利分红前后的股权结构数据，分析用友2001年度现金分红分配方案的真正受益人是谁？

2. 你认为这一股利分配政策究竟是体现对投资者利益的保护还是大股东对小股东的利益侵占？说明理由。

3. 结合所学股利分配理论，解释用友高额现金分红的原因是什么？

【案例二】驰宏锌锗2006年度超能力现金分红案

（一）案情背景

为加强对中小投资者利益的保护，证券市场陆续出台的要求上市公司在有盈利的前提下进行现金分红相关政策的增加，使现金股利日渐成为上市公司股利分配的主要形式，而相关政策在融资方面对现金分红提出的门槛要求，更是催生了上市公司为迎合政策而制定现金分红政策的动机。因此，在证券市场上便出现了许多现金分红超过企业实际赢利能力或实际现金流的股利分配方案，这种现象被称为“超能力派现”。

目前，国内学者对“超能力派现”一般采用两个标准进行衡量：当年每股派现金额大于每股收益或当年每股派现金额大于每股经营现金流。不可忽视的是，甚至有个别上市公司出现现金股利支付率小于零的情况。曾爱军、温海星以当年每股派现金额大于每股收益或当年每股派现金额大于每股经营现金流作为衡量标准，对我国上市公司超能力派现状况进行了初步统计，具体数据见表10－3。

表10－3　我国上市公司派现情况①

年度	上市公司总数	派现公司总数	派现公司比例	超能力派现公司数	超能力派现公司占派现公司比例
2000	1 109	641	57.75%	197	30.73%
2001	1 117	686	61.41%	187	27.26%
2002	1 180	593	50.25%	124	20.91%

① 本表数据取自曾爱军、温海星《我国上市公司超能力派现问题探讨——基于驰宏锌锗的案例研究》一文。

表10－3(续)

年度	上市公司总数	派现公司总数	派现公司比例	超能力派现公司数	超能力派现公司占派现公司比例
2003	1 247	565	45.31%	129	22.83%
2004	1 298	700	53.93%	173	24.71%
2005	1 380	596	43.16%	279	46.81%
2006	1 433	696	48.54%	209	30.03%
2007	1 550	780	50.32%	198	25.38%
2008	1 625	896	55.14%	234	26.12%
2009	1 718	1 041	60.59%	304	29.20%
2010	2 108	1 362	64.61%	386	28.34%

不断出现的超能力派现值得深思。为什么上市公司在盈利能力不足的情况下要进行超能力派现？派现的资金源于何处？我们以驰宏锌锗2006年度股利分配这一典型案例来探索超能力派现背后所隐藏的问题。

（二）案情简介

2007年4月2日，驰宏锌锗股东大会审议通过年度报告并公布分配预案，即：向全体股东送红股，每10股送10股，并派发现金红利30元（含税）；合计派送红股19 500万股，派发现金红利58 500万元，剩余未分配利润结转以后年度分配。具体实施公告如下：

本公司及董事会全体成员保证公告的内容真实、准确和完整，并对公告的虚假记载，误导性陈述或重大遗漏负连带责任。

重要内容提示：

●公司本次分红派息方案为每股送红股1股并派现金人民币3.00元（含税），即每10股送10股并派现金人民币30元（含税）。

●股权登记日：2007年4月11日。

●除权（除息）日：2007年4月12日。

●新增可流通股份上市流通日：2007年4月13日。

●现金红利发放日：2007年4月18日。

一、通过分配方案的股东大会届次和日期

公司2006年度利润分配方案于2007年3月30日召开的2006年度股东大会审议通过，股东大会决议公告已刊登在2007年4月2日《中国证券报》和《上海证券报》。

二、分配方案

1. 分配年度：2006年度。

2. 本次分配以公司2006年年末总股本19 500万股为基数，向全体股东按每股派送现金红利3.00元（含税），每股送红股1股。

3. 对于持有无限售条件流通股的个人股东，分红得到的股息本公司将按10%的税率代扣个人所得税，即实际派发现金红利为每股2.70元；对于持有无限售条件流通股的机构投资者及有限售条件流通股的法人股东，实际派发现金红利为每股3.00元。

三、股权登记日、除息日及红利发放日

1. 股权登记日：2007年4月11日。

2. 除权（除息）日：2007年4月12日。

3. 新增可流通股份上市流通日：2007年4月13日。

4. 现金红利发放日：2007年4月18日。

四、分红派息对象

截至2007年4月11日下午上海证券交易所收市后，在中国证券登记结算有限责任公司上海分公司登记在册的全体股东。

五、分红派息实施办法

1. 持有有限售条件的流通股的现金红利由公司直接发放。

2. 持有无限售条件的流通股的现金红利，由公司委托中国证券登记结算公司上海分公司通过其资金清算系统向股权登记日登记在册并在上海证券交易所各会员单位办理了指定交易的股东派发。已办理全面指定交易的投资者可于红利发放日在其指定的证券营业部领取现金红利，未办理指定交易的股东红利暂由中国证券登记结算公司上海分公司保管，待办理指定交易后再进行派发。

3. 派发的红股按照登记公司的有关规定于股权登记日次日将所分派股份直接计入股东账户。未办妥指定交易的股东红股暂由中国证券登记结算公司上海分公司保管，待办理指定交易后第二个交易日便可获得所送红股。

六、股本结构变动表（见表10－4）

表10－4 股本结构变动表

项目	变动前	变动数	变动后
一、有限售条件的流通股份（A股）			
1. 国有法人持有股份	102 466 704	102 466 704	204 933 408
2. 境内法人持有股份	3 633 296	3 633 296	7 266 592
小计	106 100 000	106 100 000	212 200 000
二、无限售条件流通股份（A股）	88 900 000	88 900 000	177 800 000
三、股份合计	195 000 000	195 000 000	390 000 000

七、实施本次送股方案后，按新股本390 000 000股计算，2006年度每股收益为2.6576元。

八、有关咨询事项

电话：0874－8966698，传真：0874－8966699，邮编：655011

联系地址：云南省曲靖市经济技术开发区公司战略发展部

九、备查文件

公司2006年度股东大会决议及公告

特此公告

云南驰宏锌锗股份有限公司董事会

2007 年 4 月 6 日

说明：以上公告所有资料和数据均来源于《上海证券报》。

这一分配方案的出台，使驰宏锌锗创下了当时我国内地资本市场股价第一、每股盈利第一、派送现金第一的三项纪录。

(三) 分配前后股价变动、重大事项变化情况

2007 年 3 月 8 日，驰宏锌锗发布年度报告公布分配预案的前一天，驰宏锌锗放量大涨，股价上涨幅度远大于大盘，最后以 8.15% 的涨幅收盘。3 月 9 日，分配预案公布当天，开盘虽放量高开，但却低走收盘，最终以 1.19% 的涨幅报收。此后一周，连续五天下跌，出现五连阴；而且自 3 月 9 日至 4 月 5 日期间，驰宏锌锗股价表现出弱于大盘走势的态势。2007 年 4 月 13 日，在年度股利分配方案完成后，尽管上证大盘整体向好，但驰宏锌锗股价开始下跌。表 10－5 显示了派现之前驰宏锌锗股价变动与大盘走势的比较。

表 10－5 派现前期走势比较①

日期	驰宏锌锗		上证指数	
	涨幅	成交量	涨幅	成交量
2007.3.1	-5.12%	4 149 762	-2.91%	133 871 370
2007.3.2	7.26%	4 958 506	1.23%	99 136 695
2007.3.5	3.89%	5 313 363	-1.63%	115 036 906
2007.3.6	-0.23%	2 971 448	1.97%	82 630 781
2007.3.7	1.82%	2 532 178	1.99%	94 891 031
2007.3.8	8.15%	5 018 785	1.08%	94 524 428

第一，驰宏锌锗于 2007 年 4 月向银行申请人民币 6.0 亿元贷款（用于补充公司生产经营性流动资金和工程建设资金）与其派现所需的 5.85 亿元金额相仿。第二，云冶集团总公司作为公司的控股股东，在过去 3 年中其持股比例，除 2006 年中期为 40% 外，其余年份都超过 50%。截至 2006 年年末，云冶集团总公司持股比例是第二大股东的 50 倍左右。第三，2007 年上半年驰宏锌锗计划开展七项投资项目建设，拟投资超过 7 亿元。第四，2006 年度，驰宏锌锗盈利能力大幅度提高，现金流比 2005 年有显著增加。相关财务数据见表 10－6、表 10－7。

① 本表数据来自于曾爱军、温海星《我国上市公司超能力派现问题探讨—基于驰宏锌锗的案例研究》一文。

表 10－6　　报告期末公司前三年主要会计数据与财务指标

主要会计数据	2006 年（元）	2005 年（元）	本期比上期增减（%）	2004 年（元）
主营业务收入	4 457 442 370. 10	1 167 485 541. 95	281. 80	713 503 604. 08
利润总额	1 108 448 925. 75	162 916 859. 69	580. 38	74 349 589. 65
净利润	1 036 468 874. 52	130 801 420. 68	692. 40	58 925 042. 65
扣除非经常性损益后的净利润	925 934 810. 16	138 459 774. 53	568. 74	60 395 865. 49
每股收益（全面摊薄）	5. 3152	0. 818	549. 78	0. 368
净资产收益率（全面摊薄）	44. 34%	18. 13%	增加 26. 21 个百分点	9. 78%
扣除非经常性损益后的净利润为基础计算的净资产收益率（全面摊薄）	39. 61%	19. 19%	增加 20. 42 个百分点	10. 03%
扣除非经常性损益后的净利润为基础计算的加权平均净资产收益率	69. 98%	20. 92%	增加 49. 06 个百分点	13. 39%
	2006 年年末	2005 年年末	本期比上期增减（%）	2004 年年末
总资产	4 567 961 472. 43	2 352 675 222. 24	94. 16	1 711 236 147. 26
股东权益（不含少数股东权益）	2 337 508 885. 16	721 446 480. 64	224. 00	602 390 827. 12
经营活动产生的现金流量净额	461 182 024. 65	201 223 505. 10	129. 19	209 967 535. 63
每股经营活动产生的现金流量净额	2. 365	1. 258	88. 00	1. 312
每股净资产	11. 987	4. 509	165. 85	3. 765
调整后的每股净资产	11. 979	4. 495	166. 50	3. 765

表 10－7　　现金流量相关数据构成及重大变动原因　　单位：万元

项目	2006 年度	2005 年度	变动原因
一、经营活动产生的现金流量净额	46 118. 20	20 122. 35	
销售商品、提供劳务收到的现金	510 291. 94	138 588. 74	产品销售量及价格上涨

表10-7(续)

项目	2006 年度	2005 年度	变动原因
购买商品、接受劳务支付的现金	374 902.98	83 317.64	购买原材辅料价格数量增加
支付给职工以及为职工支付的现金	39 311.45	21 163.38	职工工资增加及附加费用保险等增加
支付各项税费	47 477.07	11 849.44	利润总额大幅增加，增值税同比增加
二、投资活动产生的现金流量净额	-28 306.76	-52 387.49	
购置固定资产、无形资产和其他长期资产所支付的现金	41 167.22	52 039.53	
三、筹资活动产生的现金流量净额	-13 855.50	17 763.48	
吸收投资所收到的现金			
取得借款所收到的现金	47 000.00	45 500.00	
偿还债务所支付的现金	41 000.00	17 800.00	
分配股利、利润和偿付利息所支付的现金	19 060.50	9 936.52	
现金及现金等价物净增加额	3 955.94	-14 501.66	

注：以上数据来源于驰宏锌锗公开披露的2006 年年度报告。

思考题：

1. 根据案例资料，分析驰宏锌锗的现金分红案体现了超能力派现的哪一个标准？

2. 驰宏锌锗现金分红的资金来源是什么？

3. 搜集驰宏锌锗现金分红期间和分红之后即：2007 年 3 月 9 日至 2007 年 4 月 12 日和 2007 年 4 月 13 日至 2007 年 4 月 27 日两个时间段内股价涨幅和成交量数据，并与大盘同期数据比较，分析现金分红方案对股价的影响。

4. 结合股利分配相关理论，分析驰宏锌锗 2006 年度现金分红政策的实质，分析说明现金股利是解决了代理问题还是体现了控股股东的利益。

二、作业与练习题

(一) 单项选择题

1. 以本公司持有的其他公司的有价证券或政府公债等证券作为股利发放的股利属于（　　）。

A. 现金股利　　B. 财产股利　　C. 负债股利　　D. 股票股利

2. 制定利润分配政策时，下列属于应该考虑的股东限制因素的是（　　）。

A. 未来投资机会　　B. 筹资成本

C. 资产的流动性　　D. 控制权的稀释

3. 下列哪种股票回购方式在回购价格确定方面给予了公司更大的灵活性（　　）。

A. 场内公开收购　　B. 举债回购
C. 固定价格要约回购　　D. 荷兰式拍卖回购

4. 当公司的盈余和现金流量都不稳定时，对股东和企业都有利的股利分配政策是（　　）。

A. 剩余股利政策　　B. 固定或持续增长的股利政策
C. 固定股利支付率政策　　D. 正常股利加额外股利政策

5. 按照剩余股利政策，假定某公司资本结构目标为产权比率为2/3，明年计划投资600万元，今年年末股利分配时，应从税后净利中保留（　　）万元用于投资需要。

A. 400　　B. 200　　C. 360　　D. 240

6. 固定股利支付率政策是指（　　）。

A. 先将投资所需的权益资本从盈余中留用，然后将剩余的盈余作为股利予以分配

B. 将每年发放的股利固定在一固定的水平上并在较长时期内不变，只有盈余显著增长时才提高股利发放额

C. 公司确定一个股利占盈余的比例，长期按此比例支付股利的政策

D. 公司一般情况下支付一固定的数额较低的股利，盈余多的年份发放额外股利

7. 受未来投资机会的影响，导致股利波动较大，对于稳定股票价格不利的股利分配政策是（　　）。

A. 剩余股利政策　　B. 固定或持续增长的股利政策
C. 固定股利支付率政策　　D. 正常股利加额外股利政策

8. 属于法律对利润分配进行超额累积利润限制的主要原因的是（　　）。

A. 避免损害少数股东权益　　B. 避免资本结构失调
C. 避免股东避税　　D. 避免经营者从中牟利

9. 比较而言，下列哪种股利政策使公司在股利发放上具有较大的灵活性（　　）。

A. 正常股利加额外股利政策　　B. 剩余股利政策
C. 固定股利政策　　D. 固定股利支付率政策

10. 在下列各项中，计算结果等于股利支付率的是（　　）。

A. 每股收益除以每股股利　　B. 每股股利除以每股收益
C. 每股股利除以每股市价　　D. 每股收益除以每股市价

11. 发放股票股利与发放现金股利相比，其优点包括（　　）。

A. 可提高每股价格　　B. 有利于改善公司资本结构
C. 提高公司的每股收益　　D. 避免公司现金流出

12. 某公司原发行普通股300 000股，拟发放15%的股票股利，已知原每股盈余为3.68元，若盈余总额不变，发放股票股利后的每股盈余将为（　　）元。

A. 3.2　　B. 4.3　　C. 0.4　　D. 1.1

13. 某公司现有发行在外的普通股1 000万股，每股面额为1元，资本公积为8 000万元，未分配利润为16 000万元，股票市价为50元；若按10%的比例发放股票股利并按市价折算，公司资本公积的报表列示将为（　　）万元。

A. 4 900　　B. 5 000　　C. 12 900　　D. 600

14. 对股份有限公司来讲，实行股票分割的主要目的在于通过（　　），从而吸引更多的投资者。

A. 增加股票股数降低每股市价　　B. 减少股票股数降低每股市价

C. 增加股票股数提高每股市价　　D. 减少股票股数提高每股市价

15. 下列哪种股利理论认为股利支付率越高，股票价值越大（　　）。

A. 税差理论　　B. 客户效应理论

C. “一鸟在手”理论　　D. 代理理论

16. 有权领取本期股利的股东资格登记截止日期是（　　）。

A. 股利宣告日　　B. 股权登记日

C. 除息日　　D. 股利支付日

17. 在我国，除息日的股票价格与股权登记日的股票价格相比（　　）。

A. 较低　　B. 较高

C. 一样　　D. 不一定

（二）多项选择题

1. 下列属于客户效应理论表述中正确的有（　　）。

A. 边际税率较高的投资偏好少分现金股利、多留存

B. 养老基金喜欢高股利支付率的股票

C. 较高的现金股利会引起低税率阶层的不满

D. 较少的现金股利会引起高税率阶层的不满

2. 按照公司法的规定，下列各项中属于公司利润分配项目的是（　　）。

A. 法定公积金　　B. 股利

C. 税前补亏　　D. 资本公积金

3. 股利无关理论成立的条件是（　　）。

A. 不存在税负

B. 股票筹资无发行费用

C. 投资规模受股利分配的制约

D. 投资者与公司管理者的信息不对称

E. 股利支付比率不影响公司价值

4. 采用正常股利加额外股利政策的理由是（　　）。

A. 向市场传递公司正常发展的信息

B. 使公司具有较大的灵活性

C. 保持理想的资本结构，使综合成本最低

D. 使依靠股利度日的股东有比较稳定的收入，从而吸引住这部分股东

5. 采用固定股利政策对公司不利的方面表现在（　　）。

A. 稀释了股权

B. 股利支付与公司盈余脱节，资金难以保证

C. 易造成公司不稳定的印象

D. 无法保持较低的资金成本

6. 下列有关发放股票股利表述正确的有（　　）。

A. 实际上是企业盈利的资本化

B. 能达到节约企业现金的目的

C. 可使股票价格不至于过高

D. 会使企业财产价值增加

7. 下列哪些方式可能会改变企业资本结构（　　）。

A. 现金股利　　B. 股票股利

C. 股票回购　　D. 股票分割

E. 负债股利

8. 公司进行股票分割行为后产生的影响有（　　）。

A. 每股市价上升　　B. 每股盈余增加

C. 股东权益总额不变　　D. 股东权益各项目的结构不变

9. 按照筹资的方式的不同股票回购可分为（　　）。

A. 资本市场上进行随机回购　　B. 举债回购

C. 现金回购　　D. 混合回购

E. 荷兰式拍卖回购

10. 下列股利支付方式中，目前在我国公司实务中很少使用，但并非法律所禁止的有（　　）。

A. 现金股利　　B. 财产股利

C. 负债股利　　D. 股票股利

11. 股利决策的制定受多种因素的影响，包括（　　）。

A. 税法对股利和出售股票收益的不同处理

B. 未来公司的投资机会

C. 各种资金来源及其成本

D. 股东对当期收入的相对偏好

12. 下列哪种股利政策不利于股东安排收入与支出（　　）。

A. 剩余股利政策　　B. 固定或持续增长的股利政策

C. 固定股利支付率政策　　D. 低正常股利加额外股利政策

13. 下列有关发放股票股利的影响表述正确的有（　　）。

A. 引起每股盈余下降　　B. 使公司留存大量现金

C. 股东权益各项目的比例发生变化　　D. 股东权益总额发生变化

14. 发放股票股利后，若盈利总额和市盈率不变，则下列表述正确的是（　　）。

A. 每股盈余下降

B. 每股市价下降

C. 持股比例下降

D. 每位股东所持股票的市场价值总额下降

15. 下列有关表述中错误的有（　　）。

A. 每股收益越高，股东不一定能从公司分得越高的股利

B. 从理论上说，债权人不得干预企业的资金投向和股利分配方案

C. 发放股票股利或进行股票分割，会降低股票市盈率，相应减少投资者的投资风险，从而可以吸引更多的投资者

D. 所谓剩余股利政策，就是在公司有着良好的投资机会时，公司的盈余首先应满足投资方案的需要。在满足投资方案需要后，如果还有剩余，再进行股利分配

16. 下列属于税差理论观点的是（　　）。

A. 如果不考虑股票交易成本，企业应采取低现金股利比率的分配政策

B. 如果当资本利得税与交易成本之和大于股利收益税时，股东自然会倾向于企业采用高现金股利支付率政策

C. 对于低收入阶层和风险厌恶投资者，由于其税负低，因此偏好现金股利

D. 对于高收入阶层和风险偏好投资者，由于其税负高，并且偏好资本增长，他们希望公司少发放现金股利

17. 下列属于股利理论中代理理论的观点有（　　）。

A. 在股利分配时企业为了向外部中小投资者表明自身盈利前景与企业治理良好的状况，通过多分配少留存的股利政策向外界传递了声誉信息

B. 债权人在与企业签订借款合同时，习惯于制定约束性条款对企业发放股利的水平进行制约

C. 实施多分配少留存的股利政策，既有利于抑制经理人员随意支配自由现金流的代理成本，也有利于满足股东取得股利收益的愿望

D. 投资者不仅仅是对资本利得和股利收益有偏好，即使是投资者本身，因其所处不同等级的边际税率，对企业股利政策的偏好也是不同的

18. 从下列哪些因素考虑股东往往希望公司提高股利支付率（　　）。

A. 规避风险　　　　B. 稳定股利收入

C. 防止公司控制权旁落　　　　D. 避税

（三）判断题

1. 处于成长期的公司多采取多分少留的政策，而陷入经营收缩的公司多采取少分多留的政策。（　　）

2. 股利分配的信号传递理论认为股利政策是协调股东与管理者之间代理关系的一种约束机制。（　　）

3. 股利分配的税收效应理论认为股利政策不仅与股价相关，而且由于税赋的影响，企业应采用高股利政策。（　　）

4. 股份有限公司利润分配的顺序是：提取法定公积金、提取法定公益金、提取任意公积金、弥补以前年度亏损、向投资者分配利润或股利。（　　）

5. 法定公积金按照本年实现净利润的10%提取，法定公积金达到注册资本的50%时，可不再提取。（　　）

6. 只要企业有足够的现金就可以支付现金股利。 ( )

7. 通常在除息日之前进行交易的股票，其价格高于在除息日后进行交易的股票价格。 ( )

8. 出于稳定收入考虑，股东最不赞成固定股利支付率政策。 ( )

9. 在公司的高速发展阶段，企业往往需要大量的资金，此时适宜采用剩余股利政策。 ( )

（四）计算题

1. 某公司2008年支付股利共255万元，过去的10年期间该公司盈利按固定的10%速度持续增长，2008年税后盈利为870万元。2009年投资总额为1 000万元，预计2009年及以后税后盈利仍会维持10%的增长率。根据上述资料，回答下列问题：

（1）假如采用固定股利政策，则2009年应支付的股利为（ ）万元。

A. 250　　B. 255　　C. 681　　D. 700

（2）假如采用剩余股利政策，企业的目标资本结构是负债资金占30%，权益资金占70%（其中外部权益融资占30%，内部权益融资占40%），则2009年应支付的股利为（ ）万元。

A. 681　　B. 700　　C. 800　　D. 557

（3）假如采用低正常加额外股利政策，正常股利为每年支付100万元，若净利润增长超过10%则将超过部分的50%用于发放现金股利，假设2009的净利润增长15%，则2009年应该支付的股利为（ ）万元。

A. 250　　B. 255　　C. 121.75　　D. 300

（4）假如采用固定股利支付率政策，则2009年应支付的股利为（ ）万元。

A. 280.5　　B. 400　　C. 404.77　　D. 500

2. 假定华泰公司2010年盈余为110万元，某股东持有10 000股普通股（占总股数的1%），目前每股价格为22元。股票股利发放率为10%，假设市盈率不变。

要求：

（1）计算华泰公司的市盈率；

（2）计算发放股票股利之后每股收益；

（3）计算发放股票股利之后每股价格；

（4）计算发放股票股利之后该股东持股总价值。

3. 某投资者拥有A公司8%的普通股，在A公司宣布1股分割为两股拆股之前，A公司股票的每股市价为98元，A公司现有发行在外的普通股股票30 000股。

（1）与现在的情况相比，拆股后投资者的财产状况会有什么变动？（假定股票价格同比例下降）

（2）A公司财务部经理认为股票价格只会下降45%，如果这一判断是正确的，那么投资者的收益是多少？

专题七 财务管理特殊领域

第十一章 公司并购管理

一、教学案例

【案例一】一汽集团收购天津汽车

2002年6月14日，一汽集团公司总经理竺延风和天津汽车工业（集团）有限公司董事长张世堂在北京人民大会堂签订了联合重组协议书，来自国家有关部委及新闻界等单位的近300名嘉宾出席了这一仪式，其中也包括日本丰田汽车公司董事长丰田章男和丰田汽车公司驻中国首席代表服部悦雄。通过此次重组，中国最大的汽车生产企业一汽集团将中国最大的经济型轿车生产企业天津汽车（000927）收入囊中，这是当时中国汽车工业发展史上最大、最具影响力的重组。自中国加入世界贸易组织（WTO）后，汽车行业的并购、合资活动一直不断，此次重组也因为双方的行业地位以及隐藏于后的国际巨头的身影而备受瞩目。通过本次并购，一汽借助天汽的夏利平台将彻底整合中国低端家轿市场，而夏利凭借一汽实力也将彻底摆脱其他经济型轿车的追赶，有望真正夺下“中国家庭轿车第一品牌”的龙头位置。

（一）公司背景

1. 天津汽车

天津汽车工业（集团）有限公司（以下简称“天汽集团”）成立于1945年，是中国改革开放以来迅速崛起的国有特大型企业集团，是全国百户建立现代企业制度试点单位和全国120家企业集团试点单位之一，是集科研开发、生产销售、融资、外贸、服务一体化并进行资产经营的国有特大型汽车生产企业，是国家规划的小排量轿车生产基地。其生产的夏利轿车曾在中国市场拥有较高的市场占有率。

作为民族汽车产业的先行者，天汽集团坚持走“引进、消化、吸收、再创新”的道路，全力打造真正适合国民需求的品牌轿车。1984年，天津汽车工业公司采取合作方式，与日本大发工业株式会社（Daihatsu）签订协议，引进微型面包车 Hijet 850 和微型两厢轿车 Charade 1.0 的全套制造技术，并将该新产品取名为“夏利”，打造出当时中国微型车的著名品牌，也使天汽集团由最初只生产轻型货车发展到生产夏利牌轿车、华利牌微型汽车等四大系列几十个品种。最初，在汽车消费量少、关键技术国产化未实现的环境下，夏利汽车年产3万辆的设计产能并没有实现。因此，夏利在刚刚投产时，售价高达10万元人民币以上；到1990年代初期，价格仍在9万余元的水平。一辆

1.0 升级别的微型轿车能卖到这个价位，无疑是后来的消费者无法想象的。尽管如此，在当时严重缺乏竞争的中国汽车市场，夏利还是受到了追捧，成为了继波兰制造的超微型轿车菲亚特 126P（FIAT 126P）之后又一款热门私人用车，并成为了不少富人的时髦座驾。此后，随着技术不断更新，产能不断提高，1999 年，“夏利”商标被国家工商局商标局认定为驰名商标。自 2000 年年底到 2001 年年初，天汽集团相继推出夏利轿车和华利微型车——“世纪广场”和“幸福使者”；尤其是世纪广场轿车，自问世后便深受广大用户的欢迎。同时，天汽集团也逐步加大与外国公司的合资合作。2000 年 5 月，天津丰田汽车有限公司正式成立，为天津汽车工业在新世纪求得更高、更快的发展打下了坚实的基础。

随着中国加入世界贸易组织，中国的汽车市场进入白热化竞争阶段，面对急剧增长的经济型轿车市场，天汽却显得力不从心。神龙汽车和上海通用都在这一市场上给天汽造成极大的竞争压力。即使 2001 年丰田将其在小型车平台 NBC 上的最新作品之一——Toyota Platz 拿到中国，在天津一汽生产，以“夏利 2000”的名称销售，也未能挽回颓势，夏利经济型轿车市场的市场份额逐渐被蚕食。2001 年天津汽车每股亏损 0.06 元，2002 年第一季度也报出巨额亏损。

2. 一汽集团

中国一汽是中国汽车工业的摇篮，总部位于吉林省长春市，始建于 1953 年。中国一汽经历了建厂创业、产品换型和工厂改造、上轻型车和轿车三个大规模的发展阶段。截至 2002 年年初，拥有中国最大的中重型卡车生产基地，6 万辆轻型车生产基地，3 万辆红旗轿车生产基地和中德合资的 15 万辆轿车生产基地。四大基地构成了中国一汽生产力的核心。

中国一汽是中国汽车行业中最大的企业集团，拥有 8 家直属专业厂，5 家分公司，30 家全资子公司，10 家控股子公司，26 家参股公司；其中包括一汽轿车，一汽四环等股份上市公司和一汽—大众、一汽—大宇等 15 家合资企业，并在海外设立 19 家办事机构和 4 个组装厂。截至 2002 年年初，中国一汽拥有员工 12 万人，资产达 723 亿元人民币，拥有“解放”、“红旗”两大民族品牌和德国大众公司合资生产的“奥迪”、“捷达”两大品牌，形成了“轻、中、重、轿、客、微”多品种、宽系列的产品格局，产品综合生产能力达到 45 万辆。

截至 2002 年年初，中国一汽累计生产汽车 450 万辆。1991 年以来，汽车销量连续 10 年居全国汽车行业首位。1999 年销量超过 30 万辆。据中国国家统计局公布中国 2000 年营业收入最多的企业排名，中国一汽列第 9 位。2001 年销售各种汽车达 40.3 万辆，销售收入达 628 亿元，实现利润达 28 亿元，上缴税金 51.5 亿元，被评为 2001 年度中国“最具影响力十大企业”之一。

第一辆解放牌国产汽车于 1956 年 7 月 13 日在中国一汽下线，它结束了中国不能制造汽车的历史，开辟了中国汽车工业从无到有的新纪元。46 年来，中国一汽立足国情、适应市场、创新发展，积极调整产品结构，加快柴油化、平头化进程，实现了由中型车向轻、重、中全面发展的战略调整。解放牌卡车为中国经济建设和国防建设做出了巨大贡献。产品形成载货车、底盘车、牵引车、特种车四大系列，涵盖了从一吨到三十吨共四百多个品种。1998 年以来解放牌重型卡车销量连续三年实现翻番增长，国内市场占有率达到59%。2001 年 7 月 15 日，第 300 万辆解放牌卡车下线，标志着中国一汽中重型卡车已经具有世界级生产规模。2001 年，中国一汽生产解放牌中重型卡车 16.2 万辆，产销已步入规模经济。解放牌卡车单一品牌销量已居全球第一位。在 2001 年中国最有价值品牌评估中，一汽解放品牌价值为 60.59 亿元。

第一辆国产红旗牌轿车于 1958 年 8 月 1 日在中国一汽下线，开辟了国产轿车生产先河。“红旗”品牌从此成为民族汽车工业的骄傲。红旗牌高级轿车以其庄重典雅的造型和浓郁的民族特色，至今被指定为“国家礼宾车”并享誉海内外。中国一汽坚持“民族品牌、开放发展”的原则，吸收、借鉴国际轿车技术的先进成果，自主开发了具有国际水平的红旗轿车系列产品，通过组建上市公司开辟融资渠道，加快了轿车产品的发展进程。截至 2002 年年初，红旗牌轿车有基本型、豪华型、加长型等三个系列 60 个品种，不仅能够满足各级公务用车的需求，而且拓展到商务、旅游、出租车市场；同时，一汽集团向市场相继推出了红旗世纪星、红旗明仕、红旗 18 等新产品。2001 年，中国最有价值品牌评估结果显示，红旗品牌以 44.06 亿元人民币的价值成为中国轿车第一品牌。

1991 年 2 月 6 日，中国一汽和德国大众公司合资组建了一汽一大众有限公司。自此以来，该公司在“质量至上、技术领先、管理创新、市场导向”经营方针的指导下，坚持“引进、吸收、创新”的原则，累计生产捷达和奥迪轿车 58 万辆。捷达轿车市场占有率居全国第二，奥迪 A6 轿车的投放，促使中国轿车制造业迈上了一个新起点。2001 年 5 月，一汽一大众公司被美国《财富》杂志评价为“中国最受赞赏的合资企业”，2001 年又位列中国机械工业“具有核心竞争力的十强企业”之首。

截至 2002 年年初，中国一汽拥有中国汽车行业规模最大、核心能力最强的集科学研究、产品开发、工艺材料开发于一身的技术中心。1999 年一汽的技术中心在全国 231 家企业技术中心排行榜中居第七位，机械行业居第一位。技术中心有员工 1 881 名，其中工程技术人员 1 340 人，博士 19 人，硕士 91 人；设有两个博士后工作站；在产品开发方面已经完全实现计算机化。技术中心引进了（CATIA）（计算机辅助三维交互应用），（PRO/E）（专业工程师）、EUCLD 等大型软件，并建立了科学、严谨的设计开发体系。多年来技术中心共开发出 300 余项科研成果，获部级以上奖励 200 余项。技术中心在汽车操纵稳定性、平顺性、制动稳定性、振动、噪声、轮胎力学等性能以及发动机电喷增压技术、多气门技术、柴油机燃油喷射装置、路面测量及分析等方面的研究都具有中国领先水平，有些达到或接近国际水平。

中国一汽在积极发展国内市场、开展国内业务的同时，深入国际汽车贸易与循环中，努力拓展国外业务，初步建立起全散装件全球采购及营销体系。它先后在亚洲、非洲、欧洲、美洲建立了五大地区性公司，设立了 19 个分公司和办事机构，与 80 多个国家和地区的 1 000 多家贸易公司、分销商和代理商建立了业务关系。进出口总额从 3 000万美元起步已累计达到 59.9 亿美元。在 2000 年中国企业进出口额排序中中国一汽名列第 60 位，被中国外贸部表彰的外贸出口中央企业中排名第四。2001 年，中国一汽进出口总额达到 10.8 亿美元，创汇 0.8 亿美元，并先后被中国海关评为外贸信誉

"AA"级企业。与此同时，中国一汽还把对外交流与合作放在企业发展的战略高度，加强同大众、奥迪、西门子、福特、通用、丰田、日产、大宇、现代等国际著名厂商的技术交流与合作，先后与国外合资建立了20多家领先于国际汽车工业的合资企业，并实现了轿车系列产品关键部件和非关键部件的全球性采购。

一汽集团公司作为我国汽车生产的龙头企业，尽管其轿车品牌奥迪、宝来、捷达在3个市场中都有上佳表现，但一直以来在小型车方面都没有明确的规划，并且其所缺的正是家用小型车。

（二）收购动因

1. 进军低端家庭轿车市场

作为中国核心三大汽车集团之一的一汽，一直在经济型轿车生产上无所作为。现在，中国的家庭轿车市场已成为汽车厂家必争之地，在众厂家高喊要"打造中国家轿第一品牌"的口号下，一汽却因为产业结构的不完善而丧失了低端家庭轿车市场，这对一汽不得不说是一个损失。即使是中国的另外两大汽车集团——上汽和东风，也没有在中国低端家轿市场占有一席之地。这个市场长期被核心三大汽车集团之外的长安汽车、天津汽车占据，甚至出身草莽的吉利等民营企业也成为低端家轿市场的后起之秀。中国加入世界贸易组织之后，这个市场更热闹了，新面孔不断出现。但是，低端市场始终缺乏一个领军者，长安汽车技术相对成熟，但是奥拓车除了在西南地区游刃有余外，其他地区市场却很难进入。因此，一汽此次收购天津汽车的夏利股份和华利公司就有着高瞻远瞩的意义：一汽借助夏利平台将彻底整合低端家轿市场，而夏利凭借一汽实力也将彻底摆脱其他经济型轿车的追赶，并夺下真正"中国家庭轿车第一品牌"的龙头位置。

2. 增强与丰田的合作

此次并购的幕后推动者日本丰田公司备受关注。丰田公司的高、中、低端产品在全球的销售都有较大的份额，但在中国市场上丰田公司的业绩却与其行业地位极不相称，与天汽的合作也一直很不顺利。此次丰田公司与一汽集团的合作标志着丰田吹响了重新夺回中国市场的号角，实现"有路就有丰田车"的豪言壮语。德国大众、美国通用、法国雷诺、日本本田已经在中国鏖战良久，丰田的加入将使得这些汽车行业的国际巨头在中国的争夺战更为激烈。

3. 改变过分依赖德国大众的状况

此次收购的另一个隐秘的原因是通过收购天津汽车促进与日本丰田的合作，既是因为丰田公司在小型车领域有很强的开发实力，也是为了改变过分依赖德国大众的现状。

（三）收购过程

一汽集团收购天津汽车夏利股份有限公司采取了法人股协议转让的方式。协议规定天津汽车集团公司将其持有的天津汽车夏利股份有限公司国有法人股中的739 294 920股，协议转让给一汽集团，每股转让价格以2002年3月31日为基准日经评估的每股净资产值为准。收购完成后一汽集团持有天津汽车50.98%的股权，为其第一大股东；天汽集团继续持有33.99%的股权。与此同时，天汽集团公司还将其子公司华利公司75%的中方股权全部一次性转让给一汽集团。

（四）收购结果

（1）天津汽车由于经营不善、管理僵化、受制于政策和技术不能上马中档轿车等种种原因导致业绩连年下滑，形势一年不如一年。当时，国家从扶持过去的“三大三小”转而只扶持“三大”，WTO之门也已洞开，外资企业正虎视眈眈。今后天津汽车要生存要发展，依靠自身力量已然不够。此次并购，天津汽车“投靠”大东家成为明智的选择。

（2）并购使一汽集团成功进入低端家庭轿车市场。丰田“威姿”是天汽和一汽合并之后推出的第一款新车，虽然它是夏利2000的亲生兄弟，但在设计思想和底盘技术方面，都是一部不错的小车。拥有纯正丰田血统的“威姿”将其目标直指中国家用轿车市场，有望树立中国家用汽车的新标准。

并购也使一汽集团实现了与丰田的合作。当时，上汽拥有大众、通用两个合作伙伴，东风背后也有日产、标致、雪铁龙。相较之下，三大集团中，只有一汽“守”着德国大众一家合作——虽然德国大众本身是中国市场“一女嫁二夫”的始作俑者。控股天汽，一汽自然多了丰田这个日本最大汽车厂商的重要伙伴，技术、资金、管理都将从后者那里如愿得到。

思考题：

1. 公司并购类型有几种？这一案例中的并购属于哪一种？

2. 选择公司并购理论中符合案例情况的理论对这一并购行为进行评价。

【案例二】TCL收购德国施耐德，拓展海外市场

在我国市场上，家电市场一直处于近乎饱和的状态，而欧美市场的需求潜力却有增无减。然而欧盟每年给予中国7家家电企业共40万台彩电的配额，让中国彩电进入欧盟市场一直受制于贸易壁垒。对于一心寻求国际化道路的TCL来讲，无疑是极大的障碍。如何绕过这一障碍呢？德国的家电企业施耐德公司宣布破产的消息给TCL提供了机会。2002年9月，TCL毫不犹豫地以820万欧元整体收购了这家破产企业，收购了其彩电和视频、音频产品等有关资产，包括机器设备等固定资产（不包括土地厂房）、存货以及一系列注册商标。通过这一收购活动，TCL集团顺利进入德国市场，为自己的国际化道路迈开了一大步。

（一）公司背景

1. TCL集团

TCL集团股份有限公司创办于1981年，是一家从事家电，信息，通信，电工产品研发、生产及销售，集技、工、贸为一体的特大型国有控股企业。经历了20年的发展后，TCL集团现已形成了以王牌彩电为代表的家电、通信、信息、电工四大产品系列，并开始实施以王牌彩电为龙头的音、视频产品和以手机为代表的移动通信终端产品的发展来拉动企业增长的战略。20年来，TCL发展的步伐迅速而稳健，特别是进入20世纪90年代以来，连续12年保持年均50%的增长速度，是全国增长最快的工业制造企业之一，所涉及的家电、通信、信息、电工几大主导产品都居国内同行前列。2001 年，TCL 集团销售总额达 211 亿元，利润达 7.15 亿元，税金达 10.8 亿元，出口创汇 7.16 亿美元，在全国电子信息百强企业中列第 6 名，是国家重点扶持的大型企业之一。2001 年 TCL 品牌价值为 144 亿元，在全国知名品牌中排第 5 名。

2. 施耐德公司

施耐德电器有限公司成立于 1889 年，最初从事木材加工；1953 年，进入音响制造领域。1983 年，施耐德生产出第一台电视机。1986 年，施耐德成为一家上市公司。进入 1990 年代，施耐德开始亏损。2002 年年初，这家拥有 113 年历史的老牌企业宣布破产，当时有 650 名员工，3 条彩电生产线，可年产彩电 100 万台。由于在欧洲有颇为畅通的销售渠道，施耐德公司即使是在破产前的 2001 年，也有 2 亿多欧元的销售额，市场主要集中在德国、英国和西班牙。旗下有两个著名的品牌：施耐德（Schneider）和杜阿尔（Dual）。其中，施耐德号称“德国三大民族品牌之一”。另外，它还有较强的研发能力和高技术计划，打算生产激光彩电，然而它已经没有实施这个计划的资金了。

（二）收购动因

1. 向海外市场扩张的要求

2001 年 4 月 16 日，TCL 集团引进五家战略投资者：东芝、住友商事、中国香港金山、南太和 Pentel（派通公司），并改组为股份有限公司，使 TCL 摇身变为具有国际化色彩的股份公司。同时 TCL 的“阿波罗计划”也渐渐浮出水面，实施国际化战略、加大海外扩张是其中很重要的一部分。而此次收购施耐德可以说是 TCL 在海外扩张中最具关键意义的一步。

2. 绕开欧盟的贸易壁垒

施耐德是一家拥有 113 年历史的家电生产厂家，号称“德国三大民族品牌之一”。施耐德进入 20 世纪 90 年代后开始亏损。2002 年年初，这家老牌企业正式宣布破产，5 月底全面停止生产。但即使这样，在 2001 年，施耐德欧洲市场也有高达 2 亿欧元的销售额和多于 41 万台彩电的市场份额，超过了欧盟给予中国 7 家家电企业 40 万台配额的总和。此次收购有望帮助 TCL 绕过欧洲对中国彩电设置的贸易壁垒。

3. 利用其品牌优势和市场基础，快速切入市场

施耐德在德国与欧洲有相当的市场基础，通过收购施耐德，TCL 可以利用其现成的品牌效应和网络，快速切入此市场。施耐德在通信、信息产业方面也有一定基础，可以把 TCL 这两块产业也带过去。

（三）收购过程及收购后的运营计划

TCL 集团控股的旗下 TCL 国际控股有限公司在 9 月下旬宣布，通过其新成立的全资子公司施奈德电子有限责任公司，与德国施奈德电子股份有限公司之破产管理人达成收购资产协议，收购其主要资产，金额约 820 万欧元。具体包括：①品牌 300 万欧元，包括主线品牌 Schneider 和多个次线品牌商标，包括 Joyce（爵埃斯）、Logix（罗吉克斯）、Audio Logix（奥迪罗吉斯）、Datacash（迪特凯西）、Robin（罗宾）和 Albona（阿波纳）等；②机械、设备、家具等固定资产 178 万欧元；③原材料、半制成品、及

备损件存货25万欧元；④成品存货292万欧元；⑤其他知识产权25万欧元。其中品牌为施耐德技术股份有限公司所有；其他资产为施耐德电子股份有限公司所有，原账面价值总计3 794万欧元，收购资产并不包括厂房，而是采用租赁方式，根据实际生产需要共租用24 000平方米，租金为每平方米2.4欧元，属市场价，以此建立欧洲生产基地。

施耐德电子有限公司主要生产施耐德系列品牌的彩电和音频、视频产品，利用施耐德原有销售网络与渠道资源，重点面向德国市场销售，并通过分销商覆盖欧洲其他地区。公司为实现扭亏为盈拟采取的措施具体包括：①与TCL集团其他企业集合采购，提高议价能力；②改进生产方法、机芯设计、模具设计等，以便在中国及欧洲邻近国家（如土耳其、匈牙利、波兰）等生产机芯然后在新公司组装成品，或生产整机运往欧洲销售；③增强产品开发的力度，推出PDP、LCD彩电等高端、高附加值产品。2003年1月至6月，公司销售彩电1.95万台，AV产品1.89万台，全部销往德国地区，实现销售收入折合人民币4 868万元，净亏损2 463.4万元。预计2003年全年可以首次实现盈亏平衡，盈利10万欧元。

（四）收购后各方反映

尽管TCL收购施耐德并不是中国企业的首次海外收购，但是所引起的人们对中国企业海外收购的关注却是前所未有的。

德国国内舆论认为，中国公司收购德国名牌企业，这在德国是“从未有过的事情”，其主要原因是中国电视厂商具有强大的成本优势。施耐德公司破产就是亚洲彩电企业的强大成本竞争力所致。而TCL国际控股董事局主席李东生则表示：“这次收购施耐德的资产将有助于我们开展欧洲市场的业务。施耐德旗下的多个品牌全是著名的电子产品品牌，我们由此获得了它的分销网络。”当媒体在欢呼胜利的时候，家电企业们却似乎并不高兴。有业内人士甚至说：“这结果对企业没有多大的实际意义，是否成功，很难说。”

（五）收购结果

1. 阳光下的跨国收购

此次收购最值得人们关注的是，此前TCL集团通过改制，内部职工和外部战略投资人已经成为公司的大股东，长期困扰中国国有企业发展的体制问题在TCL得到圆满解决。TCL的跨国收购行为由此更显得是彻底摆脱灰色嫌疑的企业战略布局。其蓄谋长期的规划、收购时机的把握、收购对象（地点）的选择、谈判对价的最终确定全都显示出市场行为的潇洒与自如。

2. 低成本代价获取百年品牌和欧洲市场，中国企业“全球化”走向双车道

“全球化”不仅仅意味着勇敢地打开国门“请进来”，对于经过20多年市场经济洗礼的中国企业来说，适时适当地“走出去”更能体现出中国企业积极参与国际经济合作的进取精神，也只有这种双向互动，才能充分发挥资本的逐利本能和最优配置效应。此次收购前，TCL集团刚与中国香港长城数码公司签订了一份成立合资公司的协议，旨在共同开拓彩电及影音产品的海外市场。这次通过把德国施耐德收归旗下，继续利

用其设备拓展电视机和音响的生产线，无疑是如虎添翼。虽然其进军海外的具体战略尚未明朗，但TCL以仅仅820万欧元整合成熟的市场渠道，足见其胆略卓识和操作效率，其加大海外空间扩张力度、增强行业一体化效用的意图一览无余。

思考题：

1. TCL收购施耐德能否绕得开欧洲对中国彩电的贸易壁垒？

2. 收集TCL收购前后相关财务数据，分析说明TCL的收购是否成功？

3. 谈谈你对这一收购案的思考和评价。

【案例三】买壳上市解读

（一）案例理论背景

1. 借壳上市方式

从目前已经公布的券商借壳上市具体方案看，券商借壳上市的方式主要有以下三种：

第一种：壳公司未进行股改，在具体运作中将壳公司的股改与券商的借壳上市相结合。首先，壳公司以全部资产与负债定向回购，并注销大股东所持公司的非流通股份，造出“净壳”。然后，壳公司以新增股份吸收合并证券公司，从而实现证券公司的上市。如广发证券、长江证券、东北证券等三家券商的借壳上市就是采用这一路径来实现的。当然，由于这一方式是与壳公司的股改同时进行的，还涉及如何平衡壳公司原流通股股东以及其他非流通股股东利益的问题，因此，各家公司在吸收合并后的具体细节上会有所不同。

第二种：壳公司已经完成股改，在具体运作中由壳公司以现金方式向第一大股东出售全部资产与负债，腾出“净壳”；然后，壳公司以新增股份吸收合并证券公司，如海通证券的借壳上市。较之第一种方式，这一方式的顺利实施更多的是得益于地方政府的推动。

第三种：首先以证券公司的第一大股东为主，将所持的证券公司股权与壳公司的全部资产和负债进行置换；随即，再以这些资产和负债为支付对价收购壳公司第一大股东所持壳公司的股权；也即，券商第一大股东在造出“净壳”的同时也实现了自身对壳公司的控股。其次，再由壳公司吸收合并证券公司或整体收购证券公司。这一方式正是国金证券和首创证券所采用的，但由于壳资源自身的特殊性，使得国金证券的上市不能一步到位，而首创证券的整体上市则可以一步到位。第三种方式实质上是由证券公司的大股东先借壳上市，然后再将所持的证券公司股权置换进壳公司，最后在时机成熟时吸收合并或整体收购证券公司实现证券公司整体上市，这有些类似于传统的借壳上市注入优质资产的重组模式。与前两种方式相比较，其主动权在于大股东，而前两种方式的主动权在于证券公司。

另外，这一方式还存在逐步上市的可能，这就会导致未来的发展前景不如一步上市清晰，市场估值也不会很高。

2. 借壳上市的共同特征

上述三种借壳上市的方式尽管在具体操作中有所差异，但也有一些共同之处：

第一，三种方式基本都遵循了先造“净壳”，再由壳公司吸收合并证券公司，最终实现证券公司整体上市的路径。按照证监会的要求，证券公司不能从事实业投资，这就意味着券商所借的壳只能是“净壳”；因此，在券商进入壳公司之前，壳公司的非金融类资产必须首先置换出。

第二，未股改公司是券商选择壳资源的重点关注对象。按照证监会对股改的相关规定，所有非流通股股份自获得上市流通权之日起，12 个月内不得上市交易或转让。而且在解除限制后，交易也是在有条件的情况下进行。这就使得已完成股改的公司的股权协议转让在一定时期内将陷于停滞，上市公司买壳卖壳等重大资产重组行为也无法立即实施，除非这些资产重组行为是由政府主导。另外，对于已经完成股改的上市公司，在与大股东之间就对价和补偿问题还需要重新谈判，可能会使得券商以较高的代价获得较低的持股比例。

第三，券商所寻找的壳资源多数都是本地上市公司。以目前多数券商的实力而言，理想的壳资源应该至少满足以下条件：壳相对干净，或有负债、对外担保、关联交易以及股权投资较少，同时还要与券商自身资本规模相匹配。这就要求券商对壳资源相当熟悉，因此在业务上或股权上与券商有密切联系的上市公司是比较理想的壳资源，一般说来，本地上市公司更容易满足上述条件。一般而言，壳公司多是曾经对当地的经济发展做过一定贡献的企业，当地政府可能会为了地方经济的发展而不愿意看到壳公司的转型，这也就意味着券商还需要获得壳公司所在地方政府的支持。

第四，券商大股东以及券商本地政府在实施借壳上市的整个过程中起着重要作用。从六家券商所公布的借壳上市具体方案中，可以看出，无论是第三种方式的大股东先借壳上市还是第一、二种方式的证券公司直接借壳上市，都离不开大股东在其中的主导以及地方政府的有力支持。

（二）几个典型借壳上市方案①

1. 广发证券借壳 S 延边路方案简介

首先，S 延边路以全部资产及负债定向回购了吉林敖东持有的 50 302 654 股非流通股，以及吉林敖东拟受让的深圳国投持有的本公司 34 675 179 股非流通股，合计回购 84 977 833 股非流通股，占公司总股本的 46. 15%，从而使这些非流通股予以注销。

其次，S 延边路以新增股份换股吸收合并广发证券。S 延边路确定 2006 年 6 月 30 日为吸收合并的基准日，以 1∶0. 83 的换股比例，即每 0. 83 股广发证券股份换 1 股延边公路股份的换股比例实现对广发证券的吸收合并。同时，广发证券向吉林敖东支付 4 000万元补偿款。

最后，S 延边路其他非流通股股东则按每 10 股缩为 7. 1 股的比例单向缩股。完成缩股后，其他非流通股股东持有的股份将减少为 422. 32 万股，该等股份即可获得上市流通权，在公司股权分置改革完成一年后可上市流通。本次股改及以新增股份换股吸

① 以下六个借壳上市方案引自 http：//blog. 163. com/wuchunjie126@ 126/blog/static/2266353820107185539561/网站。

收合并完成后，S 延边路将更名为“广发证券股份有限公司”，注册地迁往现广发证券注册地。

通过 S 延边路以全部资产负债定向回购并注销第一大股东所持股份、新增股份吸收合并广发证券、非流通股股东缩股获得上市流通权等三个步骤，S 延边路完成股改同时更名为“广发证券”，也即实现了广发证券的上市。届时，广发证券的总股本将达 25.07 亿股，接近中信证券 30 亿股的总股本规模。

该方案的各方权益划分：①S 延边路第一大股东：获得 S 延边路的全部资产负债和人员，获得 4 000 万元现金补偿，对价为出让 46.15% 的控股权，退出 S 延边路。②S 延边路原来的其他非流通股股东：以股权缩股比例为 0.71 的方式合计获得存续公司 0.17% 的股权以及上市流通权，对价为每股净资产和每股收益摊薄。③S 延边路的流通股股东：合计获得存续公司 3.72% 的股权，其在原公司中的股权比例合计 50.61%。④广发证券原股东：以股权扩张比例为 1.2 的换股方式获得存续公司 96.11% 的股权，对价为支付 4 000 万元补偿金。

2. 国金证券借壳 S 成建投方案简介

国金证券拟通过上市公司股权分置改革与重大资产重组相结合的方式实现其逐步借壳上市的目的。国金证券通过以下三个步骤借壳上市：

第一步：国金证券第一大股东以股权置换资产的方式控股 S 成建投，S 成建投以全部资产和负债与九芝堂集团、湖南涌金和舒卡股份持有的国金证券合计 51.76% 的股权（按照交易价格）进行置换，51.76% 的国金证券股权存在溢价，这部分置换差价由成都建投向交易对方发行不超过 7 500 万股新股作为支付对价，每股发行价格为 6.44 元。其中，国金证券第一大股东——九芝堂集团，代表资产置入方单方面以其持有国金证券股权置换出成都建投全部资产及负债。

第二步：国金证券第一大股东以资产和现金的方式收购 S 成建投第一大股东的股份，九芝堂集团以所得的置出资产及 1 000 万元的现金支付给成都市国资委，作为收购其所持成都建投 47.17% 的国有股权的对价；同时成都市国资委指定锦城投资接收置出资产。资产置换工作完成后，成都建投持有国金证券 51.76% 的股权。

第三步：股改完成后一段时期内，S 成建投吸收合并国金证券九芝堂集团，并承诺在本次股权分置改革成功完成后，自政策法规允许成都建投申请发行新股（或可转换公司债券）之日起十八个月内，由九芝堂集团负责协调成都建投或国金证券其他股东，通过整体收购或吸收合并方式实现国金证券整体上市。

该方案的各方权益划分：①S 成建投的第一大股东——成都市国资委：获得 S 成建投的全部资产负债，获得 1 000 万元现金补偿；对价为向九芝堂集团出让所持 S 成建投 47.17% 的控股权，退出 S 成建投。②国金证券的相关股东：控股股东九芝堂集团、湖南涌金、舒卡股份合计持有 S 成建投 74.31% 的股权（定向增发后）；对价为向 S 成建投出让所持国金证券合计 51.76% 的股权，支付 1 000 万元补偿金。③S 成建投的其他非流通股股东和流通股股东相当于获得每 10 股送 3.8 ~4.6 股的收益，以及享有 S 成建投业务转型后带来的盈利提升；对价为每股净资产和每股收益摊薄。

3. 海通证券借壳都市股份方案简介

第一步：都市股份向第一大股东——光明食品（集团）有限公司出售资产，腾出净壳。都市股份向光明食品（集团）有限公司转让全部资产、负债和人员，转让价款为75 600万元。

第二步：都市股份以新增股份吸收合并海通证券。都市股份以新增股份换股吸收合并海通证券，海通证券的换股价格为每股人民币2.01元；都市股份公司的换股价格以2006年10月13日的收盘价为基准确定为每股人民币5.8元，由此确定海通证券与公司的换股比例为1∶0.347，即每1股海通证券股份换0.347股公司股份。海通证券在本次合并前的总股本约为87.34亿股，可换为都市股份30.31亿股，合并完成后都市股份总股本将增加至约33.89亿股。同时赋予都市股份除光明集团之外的所有股东现金选择权，具有现金选择权的股东可以全部或部分行使现金选择权；行使选择权的股份将按照每股人民币5.80元的标准换取现金，同时相应地股份过户给第三方光明集团下属全资子公司上海市农工商投资公司。本次合并生效后，都市股份会相应地修改章程、变更住所、变更经营范围，并更名为“海通证券股份有限公司”。

第三步：定向增发做大净资产。在吸收合并海通证券完成后，存续公司向经中国证监会核准的特定投资者非公开发行不超过10亿股的新股，发行价格不低于本公司与海通证券合并时的换股价，即每股人民币5.8元。

对都市股份进行重大资产出售暨吸收合并海通证券，是出于上海国有资产战略性调整的需要，这意味着海通证券的借壳上市很大程度上是在地方政府的推动下实现的。简单而言，该方案分三步：都市股份腾出净壳，海通证券缩股并入，定向增发做大净资产。此次吸收合并完成以后，海通证券实现上市，总股本为33.89亿股，高于中信证券近30亿股总股本。

方案的三方权益划分：①都市股份原控股股东——光明集团：获得存续公司7.12%股权（定向增发后相应会摊薄），获得都市股份全部资产负债和人员；对价为支付7.56亿现金，相对都市股份账面净资产溢价7%。②都市股份原流通股股东：获得存续公司3.45%股权（定向增发后相应摊薄）；对价为每股净资产和每股收益大幅摊薄；③海通证券原66家股东：获得存续公司89.43%股权（定向增发后相应摊薄），对价为股权缩股比例0.347。

4. 长江证券借壳S石炼化方案简介

第一步：S石炼化向第一大股东——中国石化出售全部资产，同时回购并注销中国石化所持公司的非流通股。中国石化以承担石炼化全部负债的形式，购买石炼化全部资产；同时，石炼化以1元人民币现金回购并注销中国石化持有的石炼化920 444 333股非流通股，占公司总股本的79.73%，回购基准日为2006年9月30日。

第二步：S石炼化以新增股份吸收合并长江证券。石炼化以新增股份吸收合并长江证券，新增股份价格为7.15元（石炼化流通股2006年12月6日停牌前20个交易日的均价），长江证券整体作价103.0172亿元。据此，石炼化向长江证券全体股东支付14.408亿股，占合并后公司股本的86.03%，由长江证券股东按照其各自的股权比例分享。吸收合并后公司总股本增加到16.748亿股。

第三步：长江证券的原股东向石炼化流通股股东执行对价安排。定向回购中国石化持有的非流通股股份后，中国石化不再是公司的股东，不承担本次股权分置改革中向流通股股东的送股对价及后续安排。而由公司被吸收方（长江证券）的全体股东按其持股比例将共计 2 808 万股送给流通股股东，流通股股东每 10 股获送 1.2 股。股改及吸收合并完成后，石炼化将修改章程、变更经营范围、迁址武汉及更名为“长江证券股份有限公司”。

通过将石炼化的股权分置改革与资产重组相结合，长江证券实现了其借壳上市的目的。简单而言，该方案分为三步：石炼化出售全部资产负债，腾出净壳；新增股份吸收合并长江证券；长江证券向石炼化流通股股东支付对价。

该方案各方的权益划分：①石炼化控股股东——中国石化：获得石炼化的全部资产和人员；对价是转让所持石炼化 79.73% 的股份，并承担石炼化的全部债务。②石炼化流通股股东：获得每 10 股获送 1.2 股的对价支付，共获得存续上市公司（更名为“长江证券”）15.63% 的股权；其在原上市公司中的股权比例为 20.27%。③长江证券各股东：累计获得存续上市公司（即长江证券）86.03% 的股权；对价是向石炼化原流通股股东支付 2 808 万股作为股改对价。

5. 首创证券借壳 S 前锋方案简介

第一步：首创证券第一大股东首创集团以股权和现金作价置换 S 前锋全部资产及负债。首创集团以其所拥有的首创证券 11.633 7% 的股权（相应的作价为 2.35 亿元）及现金 6 117.79 万元置换 S 前锋股份的全部资产、负债、业务和人员。

第二步：首创集团以 S 前锋全部资产及负债收购 S 前锋第一大股东所持股份。首创集团以所得的公司全部置出资产、负债业务和人员为对价收购 S 前锋第一大股东——四川新泰克数字设备有限责任公司所持公司的 8 127 万股股份。

第三步：S 前锋新增股份吸收合并首创证券资产置换后，S 前锋以新增股份的方式向首创证券股东置换取得剩余 88.366 3% 的首创证券股权（相应的作价为 17.85 亿元），价格为 5.79 元/股，S 前锋向首创证券股东支付 30 829.016 万股，由首创证券股东按照资产置换后其各自的股权比例分享。

第四步：S 前锋非流通股股东按 1∶0.6 的比例实施缩股。缩股前公司非流通股股东合计持股 12 198.60 万股，缩股后公司非流通股股东合计持股 7 319.16 万股。

第五步：以资本公积金转增股本。S 前锋以资本公积金向吸收合并及缩股完成后的公司全体股东按每 10 股转增 6.8 股的标准实施转股，合计转增股份 31 081.56 万股。本次股改及吸收合并完成后，前锋股份将申请更名为“首创证券股份有限公司”。

通过资产置换、吸收合并、缩股和资本公积金转增股本等几个步骤，前锋股份完成了股改，首创证券也实现了上市，总股本增至 76 789.73 万股，第一大股东为首创集团（持股比例为 37.07%），而首创集团及首创证券其他原股东通过吸收合并，使得公司股份将变更为有限售条件的流通股。首创证券的这一借壳上市方案与国金证券的借壳上市方案类同，都是先由第一大股东获得未股改壳公司的控股权后，再通过壳公司新增股份来吸收合并证券公司，从而实现券商的上市。二者所不同的是首创证券一步实现上市。

该方案各方的权益划分：①S 前锋的第一大股东——四川新泰克：获得前锋股份的所有非金融类资产、负债及人员；对价为出让所持原前锋股份的 41.13% 的股权。②S 前锋的其他非流通股股东合计获得存续公司 5.34% 的股权，其在原前锋股份的持股比例合计为 20.60%；S 前锋的流通股股东合计获得存续公司 16.54% 的股权，其在原前锋股份的持股比例合计为 38.26%。③首创证券控股股东——首创集团：获得存续公司 10.67% 的股权，其在原首创证券的持股比例为 11.63%，同时还支付6 117.79万元现金；首创证券的其他股东合计获得存续公司 67.45% 的股权，其在原首创证券的持股比例合计为 88.37%。

6. 东北证券借壳 S 锦六陆方案简介①

第一步：S 锦六陆以全部资产和负债定向回购并注销大股东所持公司的非流通股。S 锦六陆以截至 2006 年 9 月 30 日经审计的全部资产及负债扣除 1 000 万元现金为对价，定向回购并注销中油锦州持有的公司 86 825 481 股非流通股，占公司总股本的 53.55%。公司现有员工及业务也将随资产（含负债）由中油锦州继承。

第二步：S 锦六陆以新增股份吸收合并东北证券，吸收合并的对价为 9.29 元/股（锦州六陆流通股 2006 年 9 月 29 日停牌前 20 个交易日的均价），东北证券整体作价 23 亿元，吸收合并的基准日为 2006 年 9 月 30 日。据此，锦州六陆向东北证券全体股东支付 24 757.81 万股，占合并后公司股本的 76.68%，由东北证券股东按照其在亚泰集团 2 亿次级债转为出资后各自的股权比例分享。吸收合并后公司总股本增加到 32 288.51 万股。

第三步：S 锦六陆向全体股东转增股份。回购及合并后，S 锦六陆向全体股东每 10 股转增 8 股，除原流通股股东以外的其他股东将部分转增股份送与原流通股股东作为对价，相当于流通股股东每 10 股转增 12 股，除原流通股股东外的其他股东每 10 股转增 6.914 4 股。

通过以全部资产定向回购并注销第一大股东所持股份、新增股份吸收合并东北证券、向全体股东转增股份三个步骤，S 锦六陆完成了其股改工作，东北证券也实现了借壳上市的目的，存续公司的总股份达 58 119.31 万股。

该方案的各方权益划分：①S 锦六陆第一大股东——中油锦州：获得公司全部资产、负债和人员；对价是支付 1 000 万元，并出让所持公司 53.55% 的非流通股。②S 锦六陆的其他非流通股股东合计获得存续公司 1.86% 的股权，其在原公司中的股权比例合计 3.94%。③S 锦六陆的流通股股东合计获得存续公司 26.09% 的股权，其在原公司中的股权比例合计 42.51%。④东北证券所有股东：获得了存续公司 72.05% 的股权，并在一定条件下可以上市流通。

思考题：

1. 根据案例背景理论资料，分别说明以上六个借壳上市方案各采取了买壳上市三种方式中的哪一种。

2. 总结提出个人对买壳上市的认识并对这一并购方式进行评价。

① 资料来源：http：//blog.163.com/wuchunjie126@126/。

二、作业与练习题

(一) 单项选择题

1. 最容易受到各国有关反垄断法律政策限制的并购行为是（　　）。

A. 横向并购　　B. 纵向并购　　C. 混合并购　　D. 敌意并购

2. 下列关于“自由现金流量”的表述中，正确的是（　　）。

A. 税后净利 + 折旧

B. 经营活动产生的现金流量净额

C. 经营活动产生的现金流量净额 - 投资活动产生的现金流量净额 - 筹资活动产生的现金流量净额

D. 企业履行了所有财务责任和满足了再投资需要以后的现金流量净额

3. A 公司拟以增发新股换取 B 公司全部股票的方式收购 B 公司。收购前 A 公司普通股为 1 600 万股，净利润为 2 400 万元；B 公司普通股为 400 万股，净利润为 450 万元。假定完成收购后 A 公司股票市盈率不变，要想维持收购前 A 公司股票的市价，A、B 公司股票交换率应为（　　）。

A. 0.65　　B. 0.75　　C. 0.937 5　　D. 1.33

4. 企业与在生产过程中与其密切联系的供应商或客户的合并称为（　　）。

A. 横向并购　　B. 纵向并购　　C. 混合并购　　D. 善意并购

5. 处于同一行业、生产同类产品的竞争对手之间的并购称为（　　）。

A. 横向并购　　B. 纵向并购　　C. 混合并购　　D. 恶意并购

6. 既非竞争对手又非现实中或潜在的客户或供应商的企业之间的并购称为（　　）。

A. 横向并购　　B. 纵向并购　　C. 混合并购　　D. 恶意并购

(二) 多项选择题

1. 一般认为，股份回购所产生的效果有（　　）。

A. 稀释公司控制权　　B. 提高每股收益

C. 改变资本结构　　D. 增强负债能力

E. 抵御被收购

2. 目前我国证券市场进行的国有股配售，对于涉及的上市公司来说其财务后果是（　　）。

A. 不减少公司的现金流量　　B. 降低公司的资产负债率

C. 提高公司的每股收益　　D. 改变公司的股权结构

3. 2004 年 10 月 28 日，上海汽车（以下简称“上汽”）以 5 亿美元的价格高调收购了韩国双龙 48.92% 的股权。此次收购，上汽的本意是借此迅速提升技术，利用双龙的品牌和研发实力。但并购之后主要遭遇了两个问题：首先，对并购的收益估计过高，双龙汽车虽然拥有自己的研发队伍，在技术和研发上较好，但缺少市场；其次，上汽在收购双龙之前对自身的管理能力和对方的文化认识不足，乃至于在收购后两个企业的文化难以融合，合作与企业经营拓展无法真正展开。这体现了并购失败原因中的

(　　)。

A. 支付过高的并购费用　　B. 决策不当的并购

C. 支付适当的并购费用　　D. 并购后不能很好地进行企业整合

4. 公司并购的动因可能有(　　)。

A. 多元化经营需要　　B. 实现管理协同效应

C. 获得税收效应　　D. 实现财务协同

(三) 判断题

1. 杠杆收购是收购公司完全依赖借债筹资，以取得目标公司的控股权。(　　)

2. 按照市价回购本公司股票，假设净资产收益率、市净率和市盈率不变，则回购会使每股净资产上升。(　　)

3. 在吸收合并中，原有相关企业的法人资格均会消失。(　　)

4. 经营协同效应只能通过横向并购实现。(　　)

5. 杠杆收购的并购价格支付方式可以减少并购公司前期的现金压力。(　　)

(四) 计算题

从事家电生产的A公司董事会正在考虑吸收合并一家同类型公司B，以迅速实现规模扩张。以下是两个企业合并前的年度财务资料(金额单位：万元)：

项目	A公司	B公司
净利润	14 000	3 000
股本(普通股)	7 000	5 000
市盈率	20(倍)	15(倍)

两公司的股票面值都是每股1元。如果合并成功，估计新的A公司的费用将因规模效益而减少1 000万元，公司所得税税率均为30%。A公司打算以增发新股的办法以1股换4股B公司的股票完成合并。

要求：

(1) 计算合并成功后新的A公司的每股收益；

(2) 计算这次合并的股票市价交换率。

(五) 案例分析题

1998年4月6日，在全球金融界享有盛誉的花旗银行宣布同专长于保险和投资业务的旅行者集团合并，合并涉及的资本总额达820亿美元，这是当时世界上最大的金融合并案。花旗银行与旅行者集团合并后，将新公司命名为“花旗集团”，但沿用旅行者集团的商标“一把小红伞”，因为这是美国保险服务行业最有信誉的商标之一。用花旗之名，用旅行者之商标，这样的结构安排体现出两大公司的合并是平等的合并，是“双赢”的合并。合并后的花旗集团的总资产为7 100多亿美元，年净收入为500亿美元，年营业收入为750亿美元，股东权益为440多亿美元，股票市值超过1 400亿美元。其业务遍及全球100多个国家和地区，客户达到10 000万个，全公司的雇员为162 000多名，花旗集团成为全球规模最大、服务领域最广的全能金融集团。这次合并未受到美国司法、法院和国会的反对，这对于美国银行业务范围的进一步拓展，开展实质性的混业经营具有开创性的意义，亦为不久后美国银行法的修订埋下了伏笔。

本题来源于中大网校 http：//www. wangxiao. cn，建议15分钟做完。

要求：

（1）从并购双方行业相关性角度分析上述并购属于哪种类型？

（2）简述这种并购类型的目的和优势。

（3）分析并购之后企业可能会采取的筹资方式并简述各种方式的优缺点。

第二部分　实训

财务分析

一、实训目的

通过实训，掌握公司各项财务指标的内容，利用财务报表数据对公司进行偿债能力分析、营运能力分析、获利能力分析、现金流量分析，能运用杜邦分析方法对公司进行综合分析。

二、实训内容与资料

根据以下所给资料，运用各种财务分析方法，对公司进行偿债能力分析、营运能力分析、获利能力分析、现金流量分析以及综合分析，完成案例分析报告。具体资料如下：

全聚德股份有限公司财务分析

“全聚德”（002186）为中华著名老字号，创建于1864年（清朝同治三年），“全聚德”历经多年获得了长足发展。1991年1月，“全聚德”被国家工商总局认定为“驰名商标”，是我国第一服务类中国驰名商标。1993年5月，中国北京全聚德集团成立。1994年6月，由全聚德集团等6家企业发起并设立了北京全聚德烤鸭股份有限公司。2007年4月，仿膳山庄、丰泽园饭店、四川饭店也参入全聚德股份有限公司，至此，中国全聚德（集团）股份有限公司已发展成为涵盖烧、烤、涮、川、鲁、宫廷、京味等多种口味，汇聚京城多个餐饮老字号品牌的餐饮联合舰队。经评估，“全聚德”这个商标品牌的无形资产价值在1994年1月1日是2.66亿元人民币；2004年6月28日，在世界品牌实验室和经济论坛主办召开的世界品牌大会上，全聚德品牌的评估价值上升到84.58亿元人民币；2005年8月6日，世界品牌实验室宣布全聚德品牌的评估价值为106.34亿元人民币；2007年9月，在第二届亚洲品牌盛典中，全聚德品牌荣获第320强，是亚洲餐饮行业中唯一进入亚洲500强品牌的企业。“全聚德”既古老又年轻，既传统又现代，正向着“中国第一餐饮，世界一流美食，国际知名品牌”的宏伟愿景而奋勇前进。“全聚德”的菜品经过不断创新和发展，形成了以独具特色的全聚德烤鸭为龙头，集“全鸭席”和400多道特色菜品于一体的全聚德菜系，备受各国元首、社会各界人士及国内外游客的喜爱，被誉为“中华第一吃”。公司相关财务数据见表3－1、表3－2、表3－3、表3－4、表3－5、表3－6。

表3－1　　短期偿债能力数据表　　单位：元

项目＼报告期	2009年	2010年	2011年
流动资产：			
货币资金	266 095 175.68	194 799 006.58	209 920 930.74
应收账款	29 313 562.55	39 760 613.83	27 460 322.64
预付款项	4 431 019.44	6 542 595.87	6 347 332.73
其他应收款	7 637 759.57	5 902 345.52	8 061 712.21
存货	42 212 279.72	68 215 734.51	90 244 011.14
其他流动资产	2 791 711.93	2 931 999.52	4 917 560.08
流动资产合计	352 481 508.89	318 152 295.83	346 951 869.54
流动负债合计	280 328 213.07	420 574 505.17	300 979 258.59

表3－2　　长期偿债能力数据表　　单位：元

项目＼报告期	2009年	2010年	2011年
资产总计	1 074 135 935.09	1 261 077 683.99	1 272 709 891.02
负债合计	296 389 511.27	435 354 462.62	381 316 848.73
所有者权益合计	777 746 423.82	825 723 221.37	891 393 042.29

表3－3　　营运能力财务分析数据表　　单位：元

项目＼报告期	2009年	2010年	2011年
存货	42 212 279.72	68 215 734.51	90 244 011.14
应收账款	29 313 562.55	39 760 613.83	27 460 322.64
流动资产	352 481 508.89	318 152 295.83	346 951 869.54
总资产	1 074 135 935.09	1 261 077 683.99	1 272 709 891.02
销售成本	510 144 020.27	571 444 588.78	793 690 539.19
销售收入	1 201 689 304.05	1 339 337 523.56	1 802 313 803.25

表3－4　　盈利能力财务分析数据表　　单位：元

项目＼报告期	2009年	2010年	2011年
销售成本	510 144 020.27	571 444 588.78	793 690 539.19
销售收入	1 201 689 304.05	1 339 337 523.56	1 802 313 803.25
总资产	1 074 135 935.09	1 261 077 683.99	1 272 709 891.02
股东权益	777 746 423.82	825 723 221.37	891 393 042.29
利润总额	123 638 519.00	144 441 118.00	191 922 971.00
净利润	84 405 069.00	100 285 721.00	129 175 606.00

表3-5　　　　全聚德公司比较资产负债表　　　　单位：元

项目＼报告期	2009年	2010年	2011年
货币资金	266 095 175.68	194 799 006.58	209 920 930.74
应收账款	29 313 562.55	39 760 613.83	27 460 322.64
预付款项	4 431 019.44	6 542 595.87	6 347 332.73
其他应收款	7 637 759.57	5 902 345.52	8 061 712.21
存货	42 212 279.72	68 215 734.51	90 244 011.14
其他流动资产	2 791 711.93	2 931 999.52	4 917 560.08
流动资产合计	352 481 508.89	318 152 295.83	346 951 869.54
长期股权投资	32 056 878.11	34 926 131.01	38 222 419.58
投资性房地产	6 234 485.01	4 589 060.26	4 744 167.43
固定资产	520 671 292.16	506 144 135.54	612 435 010.54
在建工程	914 600.00	108 855 110.59	2 983 805.17
无形资产	109 318 489.31	107 902 996.99	114 968 223.96
商誉	—	42 741 920.59	42 741 920.59
长期待摊费用	48 478 009.15	131 072 436.32	102 518 479.24
递延所得税资产	3 980 672.46	6 693 596.86	7 143 994.97
非流动资产合计	721 654 426.20	942 925 388.16	925 758 021.48
资产总计	1 074 135 935.09	1 261 077 683.99	1 272 709 891.02
短期借款	110 000 000.00	200 000 000.00	—
应付账款	33 667 420.91	58 900 366.14	80 298 718.70
预收账款	13 050 267.45	21 583 439.49	36 827 941.18
应付职工薪酬	22 191 007.51	19 524 372.32	26 428 475.03
应交税费	17 427 303.77	22 174 565.04	25 071 101.99
应付利息	161 438.75	139 138.89	114 808.33
应付股利	18 000.00	18 000.00	18 000.00
其他应付款	83 812 774.68	98 234 623.29	129 162 152.08
一年内到期非流动负债	—	—	1 000 000.00
其他流动负债	—	—	2 058 061.28
流动负债合计	280 328 213.07	420 574 505.17	300 979 258.59
长期借款	—	—	68 000 000.00
递延所得税负债	—	—	1 573 755.25
其他非流动负债	16 061 298.20	14 779 957.45	10 763 834.89

表3-5(续)

项目 \ 报告期	2009 年	2010 年	2011 年
非流动负债合计	16 061 298.20	14 779 957.45	80 337 590.14
负债合计	296 389 511.27	435 354 462.62	381 316 848.73
实收资本	141 560 000.00	141 560 000.00	141 560 000.00
资本公积	376 647 821.68	375 179 043.68	375 179 043.68
盈余公积	60 416 259.62	70 931 900.96	72 180 593.72
减：未分配利润	140 223 442.66	160 143 853.83	217 290 767.27
少数股东权益	58 898 899.86	77 908 422.90	85 182 637.62
归母公司所有者权益	718 847 523.96	747 814 798.47	806 210 404.67
所有者权益合计	777 746 423.82	825 723 221.37	891 393 042.29
负债和所有者权益合计	1 074 135 935.09	1 261 077 683.99	1 272 709 891.02

表3-6　　全聚德简要现金流量表　　单位：元

项目 \ 报告期	2009 年	2010 年	2011 年
一、经营活动中产生的现金流量净额	196 346 313.03	186 036 547.31	297 309 154.69
经营活动中现金流入量	1 180 788 977.50	1 390 387 006.32	1 904 110 389.51
经营活动中现金流出量	984 442 684.47	1 204 350 459.01	1 606 801 234.82
二、投资活动中产生的现金流量净额	-47 794 034.20	-264 787 582.73	-58 884 754.75
投资活动现金流入量	8 085 513.83	7 345 647.67	10 758 728.07
投资活动现金流出量	55 879 548.03	272 133 230.40	69 643 482.82
三、筹资活动产生的现金流量净额	-127 158 351.03	6 968 205.00	-223 302 475.78
筹资活动现金流入量	292 550 000.00	286 010 000.00	314 000 000.00
筹资活动现金流出量	419 708 351.03	279 041 795.00	537 302 475.78
四、现金及现金等价物净增加额	21 393 927.80	-71 782 830.42	15 121 924.16
现金流入总计	1 481 424 511.33	1 683 742 653.99	2 228 869 117.58
现金流出总计	1 460 030 583.53	1 755 525 484.41	2 213 747 193.42

三、实训基本原理与方法

主要运用财务分析理论，根据个人搜集的相关资料运用统计分析工具对指定资料进行分析和处理，对两位助手的研究报告是否符合实际情况做出分析和判断，并提出个人观点。

四、实训需要仪器设备

（1）福斯特财务管理教学软件。
（2）计算机。
（3）局域网和校园网。

五、实训组织

教师指导学生了解实训目的和实训资料等相关内容，学生以团队为单位，采取4人一组的方式，开展实训等各项工作，以小组为单位提交实训报告。

六、实训考核

（1）各组完成不少于2 000字的案例分析报告并提交，占考核成绩的50%。
（2）完成案例分析解说PPT课件一个，由本组推选的发言代表现场陈述，占考核成绩的50%。

七、分析参考指标

1. 短期偿债能力指标（见表3－7）

表3－7　　短期偿债能力指标表

报告期 项目	2009年	2010年	2011年
流动比率			
速动比率			
现金比率			

2. 长期偿债能力指标表（见表3－8）

表3－8　　长期偿债能力指标表

报告期 项目	2009年	2010年	2011年
资产负债比率（%）			
股东权益比率			
产权比率			

3. 运营能力指标（见表3-9）

表3-9 运营能力指标表

项目 \ 报告期	2009年	2010年	2011年
存货周转率（次）			
存货周转天数（天）			
应收账款周转率（次）			
应收账款周转天数（天）			
流动资产周转率（次）			
总资产周转率（次）			

4. 盈利能力指标（见表3-10）

表3-10 盈利能力指标表

项目 \ 报告期	2009年	2010年	2011年
资产利润率（%）			
资产净利率			
股东权益报酬			
销售净利率			
销售毛利率			

5. 全聚德公司比较百分比资产负债表

6. 2011年全聚德股份有限公司杜邦分析图

资本结构决策

一、实训基本原理与方法

以资本成本和最佳资本结构为基本理论，根据个人搜集的相关资料对所指定资料进行分析和处理，得出相应的结论。

二、实训需要仪器设备

（1）福斯特财务管理教学软件。

（2）计算机。

（3）局域网和校园网。

三、实训组织

教师指导学生了解实训目的和实训资料等相关内容，学生以团队为单位，采取4人一组的方式，开展实训等各项工作，以小组为单位提交实训报告。

四、实训内容

（一）中长期融资

1. 广东利华机械股份有限公司长期借款融资资料

公司董事会决定在2010年以广东利华机械股份有限公司为主体成立广东利华有限公司，公司的主营业务为机械制造、房地产、酒店服务，需要融资1亿元。企业可选择的融资方式有吸收直接投资、发行债券、银行借款三种方式。与银行初步洽谈，交通银行广州市分行所给的利率最低，基本利率为12%，上限幅度为30%，下限幅度为20%的浮动利率贷款给企业人民币1亿元，贷款期限为5年，每年年末付息一次，最后一年还本。银行的要求：①让企业用固定资产担保或是由企业最大的股东广东省国有资产投资有限公司作担保；②企业在贷款期间不得向其他商业银行申请长期贷款；③贷款期间，企业支付的股东利润不能超过贷款前所支付的利润；④贷款期间，企业的年净利润低于10 000万元，企业不得分配利润；⑤贷款期间，每半年向用户提供资产负债表、利润表、现金流量表；⑥贷款期间，企业不能给其他企业作担保或使用企业资产作抵押。企业如果发行债券，年利率可以在9.6%的利率下发行5年期的债券，债券每年年末付息一次。债券面额为1 000元。目前市场利率为8.0%。企业预计贷款筹资费用率为0.03%，发行债券的筹资费用率为3%，企业所得税税率为15%，企业在计算各种资金成本时都不考虑货币时间价值。

要求：计算企业的长期借款成本、债券成本、债券的发行价格，分析企业采取何种筹资方式较为妥当。

2. 实验结果（见表6－1）

表6－1　筹资成本计算表　单位：元

（银行贷款）长期借款融资	
项目	金额
L：长期借款筹资额	
F_1：长期借款费用率（%）	
R_1：长期借款年利率（%）	
T：所得税税率（%）	
K_1：长期借款资金成本	
发行债券融资	
项目	金额
B：债券筹资额	
F_b：债券筹资费用率（%）	
R_b：债券年利率（%）	
T：所得税税率（%）	
K_b：债券资金成本	
债券发行价格	

（二）资本成本

1. 资料

广州市先进技术科技有限公司发行面值为1元的普通股1 000万股，发行价格为5元，发行费用为发行所得的5%，第一年股利率为20%，以后每年以5%的速度增长。请利用“评价法”计算普通股资本成本率。

2. 实验结果（见表6－2）

表6－2　资本成本率计算表

普通股（万股）	发行面值（元）	发行价格（元）	取得成本率	第一年股利率	每年增长率	资本成本率
1 000	1	5	5%	20%	5%	

（三）财务杠杆效应

1. 资料

有甲、乙、丙三个公司，三个公司的总资本都是2 000万元。甲公司无负债，无优先股，全部为普通股股本；乙公司的借入资本为600万元，利率为10%，普通股股本为1 400万元，也无优先股；丙公司的进入资本为1 000万元、利率为10%，优先股股本为200万元，股息率为12%，优先股股息为24万元，普通股股本为800万元。假定预期息前税前利润为400万元，所得税税率为30%。分别计算三个公司的财务杠杆系数、税后利润、普通股股本利润率。

2. 实验结果（见表6－3）

表6－3　　甲、乙、丙公司财务杠杆系数、税后利润、普通股本利润率计算结果

名称	财务杠杆系数	税后利润	普通股本利润率
甲公司			
乙公司			
丙公司			

（四）综合资本成本

1. 资料

企业需筹集1 000万元长期资本，可以通过长期借款，发行长期债券，发行普通股三种方式筹集，其个别资本成本率已分别测定，有关资料见表6－4。

表6－4　　个别资本成本率表

筹资方式	资本结构			个别资本成本率
	方案一	方案二	方案三	
长期借款	40%	30%	20%	9%
长期债券	10%	15%	20%	11%
普通股	50%	55%	60%	15%
合计	100%	100%	100%	

2. 实验结果（见表6－5）

表6－5　　综合成本的计算

项目	综合资金成本
方案一	
方案二	
方案三	

（五）每股收益分析法

1. 资料

企业目前资本结构为：长期资本总额10 000万元，其中债务2 000万元，普通股股本8 000万元，每股面值10元，800万元股全部发行在外，目前市场价每股20元；债务利息

率10%，假设所得税税率为33%，公司由于扩大业务追加筹资3 000万元。有两种筹资方案：

甲方案：全部发行普通股，向现有股东配股，40配2，每股配股价15元，配发20万股。（利息费用为200万元）

乙方案：向银行贷款取得所需长期资本3 000万元，因风险增加银行要求的利息率为15%。（利息费用为500万元）

根据会计人员的测算，追加筹资后销售额可望达到30 000万元，变动成本率为50%，固定成本为600万元。

2. 实验结果（见表6－6）

表6－6　筹资无差别点及每股收益额的计算

项目	甲方案	乙方案
筹资无差别点（万元）		
每股收益额（元）		

（六）综合分析法

1. 资料

大华的现有资本结构为100%的普通股，账面价值2 000万元，期望的息税前利润为800万元；假设无风险报酬率为10%，市场证券组合平均报酬率为14%，所得税税率为33%。该公司认为现有资本结构不能发挥财务杠杆作用，拟通过发行债券购回部分股票的方式（假设这样做合法且无交易成本）予以调整。经调查，目前的债券利息率和普通股成本情况见表6－7。

表6－7　债券利息率和普通股成本表

债券的市场价值（万元）	税前债务资本成本（%）	贝塔值
0	0	1.20
200	10	1.25
400	10	1.30
600	12	1.40
800	14	1.55
1 000	16	2.11

2. 实验结果（见表6－8）

表6－8 综合分析法

权益资本成本（%）	股票的市场价值（万元）	公司的市场价值（万元）	加权平均资本成本（%）

五、实训考核

（1）各组完成不少于2 000字的案例分析报告并提交，占考核成绩的50%。

（2）完成案例分析解说PPT课件一个，由本组推选的发言代表现场陈述，占考核成绩的50%。

投资决策原理及实务

一、实训目的

通过实训练习项目投资决策的基本技巧，熟练掌握多项目投资决策和固定资产更新决策的决策方法，能独立进行项目投资决策分析，撰写分析报告。

二、实训内容与资料

项目一：多项目投资决策

A. 资料

背景介绍：

广东华纺股份有限公司的财务分析报告显示，该公司的资金利用率低，存在着相当多的剩余资金，公司董事长觉得这样下去也不是办法，而且企业的产品单一，有的产品的销售高峰期已过，一旦市场方面出现问题或是发生价格竞争，将严重影响企业的发展，因此企业必须开发新的项目及新的产品。

企业投资程序如下：

（1）总经理办公室提出投资报告。

（2）财务部对投资报告所涉及的投资行为进行财务分析、预测评价，对各项投资按可行性进行排序，写出分析报告，送呈总会计师。

（3）总会计师会同总经理对投资方案进行分析、筛选。

（4）提交董事会，进行决策。

（5）对通过的投资方案，由总经理办公室负责监督执行，相关部门具体执行。

（6）投资过程由财务部负责对原投资决策是否合理、执行是否恰当、资金使用是否有效性进行分析、评价。

企业 2010 年投资项目如下：

方案一：房地产项目

（一）项目背景

由于企业存在着大量的闲置资金，为了企业的长远发展，改变单一的经营模式，企业拟组建一家全资子公司——广州市利华房地产开发有限公司，注册资本为 80 000 万元，由企业一次性划拨。

企业的最大股东——广东省国有资产投资公司是经广东省政府同意设立的，经授权全面经营和管理广东省国有资产。集团注册资本为 50 亿元，目前全资、控股、参股企业有 335 家，已成为广东省建设的主力军，是一家集资产经营和管理、创业孵化器、风险投资、技术产权交易中心、过程科学研究、大学科技园建设于一体的大型国有控股公司。现其名下有一块土地，面积约80 000平方米，如果我公司组建房地产公司，会将该块地转让给房地产公司。

可行性研究报告的编制依据：

(1)《城市居住区规划设计规范》。

(2)《广州市规划管理条例》及《技术规定》。

(3)《城市居住区公共服务设施设置规定》。

(4)《住宅设计规范》。

(5)《住宅建筑设计标准》。

(6)《建筑工程交通设计及停车场设置标准》。

(7)《城市道路绿化规划及设计规范》。

(8)《高层民用建筑设计防火规范》。

（二）项目概况

1. 地块位置

琶洲大道与会展西路交汇处往南400米处。国际会展中心位于该地块东侧，南抵琶洲开发区，西紧邻广东华雅财经大学，北紧邻珠江。地块紧邻国际会展中心，不仅未来发展前景不俗，其现有的配套设施也十分成熟。周边的商场、菜场、休闲广场众多，公园、医院等公共实施也相距不远。地块周边有：广东华雅财经大学、琶洲中心广场、琶洲市场、广州市297中学、华雅附小、华雅中心小学、电信数码港、珠江乐园、琶洲新技术开发区等。

2. 建设规模与目标

土地面积：120亩（80 000平方米）。

容积率：2.6（本地块位于广州市郊区，沿会展西路大道路南行600米即达华南快速新干线。该地区是海珠区的重点开发地段，因此为了吸引众多的科技人才、白领阶层来此购房置业，企业把容积率把握在较小的数值）。

建筑面积：208 000平方米。

开发周期：5年。

土地价格：2 880万元（由广东省国有资产投资公司作为借款投入，年利率为12%，借款期为5年，一次还本付息）。

3. 周围环境与设施

（1）步行约3分钟可至地铁二号线琶洲站；步行3分钟有986、721、699等公交车；

（2）琶洲广场购物中心、富丽华超市以及琶洲大酒店等消费场所均几步之遥；

（3）广东华雅财经大学高校环绕；

（4）毗邻国际会展中心。

4. 项目投入资金及效益情况（所得税税率为33%）

项目总投资（未包括借款利息）：23 805万元。

自有资金投入：20 925万元。

住宅销售价格：3 280元/平方米起。

项目销售收入：78 246 万元。

具体明细见表 7 - 1。

表 7 - 1　　房产投资利润预算表

编制单位：广东华纺股份有限公司　　2009 年 12 月

	2010 年年初	2010 年	2011 年	2012 年	2013 年	2014 年
(1) 项目总收入	0.00	0.00	110 687 300.00	278 667 800.00	151 764 800.00	241 340 100.00
其中：一期收入			110 687 300.00	50 865 300.00	49 711 600.00	
二期收入				179 144 600.00	49 488 600.00	100 000 000.00
三期收入				48 657 900.00	52 564 600.00	141 340 100.00
(2) 项目总投资	46 405 214.92	73 197 612.65	112 092 886.23	117 604 185.52	61 103 731.50	16 650 134.30
其中：土地使用权转让金	28 800 000.00					
前期工程费	10 000 000.00	7 648 960.09				
建筑安装工程费		45 000 000.00	80 000 000.00			
基础设施费	2 000 000.00	4 000 000.00	14 500 000.00			
公共配套设施费	1 500 000.00	3 000 000.00	6 000 000.00			
开发间接费	3 925 124.92	13 234 125.56	11 278 358.23			
利息	180 090.00	314 528.00	314 528.00	314 528.00	18 090.00	
(3) 转让房产有关税金	0.00	0.00	6 087 801.50	15 326 729.00	8 347 064.00	13 273 705.50
其中：营业税		0.00	5 534 365.00	13 933 390.00	7 588 240.00	12 067 005.00
城市维护建设税		0.00	387 405.55	975 337.30	531 176.80	844 690.36
教育费附加		0.00	166 030.95	418 001.70	227 647.20	362 010.15
(4) 交纳土地增值税						63 182 248.00
(5) 交纳所得税（或预交）	0.00			15 000 000.00	15 000 000.00	60 224 660.70
(6) 税后利润						158 964 026.00
(7) 年平均税后利润						
实际净现金流	-46 405 214.92	-73 197 612.65	-7 493 387.73	130 736 855.48	67 314 004.50	88 009 351.30
累计净现金流	-46 405 214.92	-119 602 827.57	-127 096 215.30	3 640 670.18	70 954 674.68	158 964 026.20

5. 项目开发优势所在

（1）广东华纺股份有限公司的信誉良好；

（2）广东省国有资产投资公司推出大量相关优惠政策，提供充足的土地储备。

（三）市场分析

1. 广州房地产市场概况

随着 2008 年国家宏观政策对房地产市场的调控，土地出让金、地价及预售条件都有所提高，导致部分实力不强的开发商望而却步。大多数开发商，采用垫资的形式进行开发，再向银行贷款以周转资金；当初政府的土地批发量过大，一手市场供求失衡，导致部分开发商在房子建好后只能通过价格手段讨好消费者；随着房地产政策、法规的逐步完善，发展商的利润空间有进一步缩减的趋势。在此背景下，一手市场投入大，产出小，已不再对等，使得一些不具备实力的开发商纷纷转型。

2. 广州市（琶洲）住宅类建筑类型现状

●多层。作为一种最为普遍的建筑形式，多层住宅依然是市场供应量的主体，这一点在城乡结合部的郊区房地产市场尤为突出。目前市中心的多层项目越来越少，有彻底“逃离市中心”的趋势。

●小高层。目前小高层最大的特点是将其“领地”扩展到了郊区。除了在“寸土寸金”的市中心之外，小高层也出现在了离市中心较远的城乡结合部。位于金银湖片区的“丽水佳园”开盘，其一期工程推出了数栋八层带电梯的小高层，再加上户型上的重新设计，市场反映良好。此外，近期开盘的位于青山区工业二路上的“宝安·公园家”在其规划中也有数栋小高层项目。这一现象打破了“小高层只能在市中心生存”的定式。

●高层。目前广州市高层物业尴尬的现状正在被城市中心区日益增多的新一代高层住宅项目所改变。市中心几个高层楼盘的面世，为高层物业市场增添了几分亮色。福星城市花园、怡景花园等楼盘纷纷亮相，而且都以高品质来树立江城的顶级豪宅形象，使高层物业尴尬的现状有所改观。

●别墅。江城特有的丰富水资源成就了众多的别墅项目。就目前的实际情况来看，别墅市场中无论从供应量还是市场的接纳程度看，Townhouse（即联排别墅）都是最好的。究其原因：一方面是联排别墅自身的优势，即住宅功能齐全，并且位于郊区，价格相对较低，绿化率高，环境优美；另一方面是随着二次置业者在购房人群中所占的比例不断增大，要求改善生活质量的购房消费者日益增多，直接促使别墅的需求量增大。目前汀香水榭、水蓝郡和黄金海岸等楼盘的此类物业都取得了良好的市场效果。

（四）本项目建筑类型

以高层（C 型）为主干，周围点缀布局（A、B、D、E 型）多层住宅。整个小区在外观上错落有致，2.6 的容积率保证了充足的绿化面积和现代景观小品设置在住宅楼周围。

配比：

多层：A 型 4 栋、B 型 3 栋、D 型 6 栋、E 型 3 栋。

高层：C 型 7 栋。

（五）目标市场地位

项目销售目标群如下：

（1）外企、高新技术企业、金融证券信息界白领人士；

（2）高效的教师以及工作者；

（3）欲改善居住条件的置业者；

（4）政府及企业单位中层以上管理干部；

（5）外地来穗的经商者；

（6）其他。

方案二：酒店投资

（一）项目背景

企业是一家国有大型的外贸制造企业，有 45% 的产品销往南亚、东南亚，每年业务往来招待客人所发生的费用在 350 万元左右，同时企业又存在着大量的闲置资金。

为了企业的长远发展，改变单一的经营模式，企业拟组建一家全资子公司广州市华纺大酒店，注册资金为5 000万元，由企业一次性划拨。

（二）项目概况

1. 地理位置

广州大道与新港西路交会处往西400米处的华景大厦。

2. 建设规模与目标

广州市华纺大酒店以3 300元/平方米的价格购买华景大厦1～8层共7 200平方米，将其建设为集餐饮、住宿、商务、娱乐为一体的三星级宾馆。投资期为半年。

3. 周围环境与设施

（1）步行约1分钟可至地铁二号线鹭江站；步行2分钟有康乐村等公交车站；

（2）距广百购物中心、康怡超市等消费场所均几步之遥；

（3）毗邻中山大学、广州市城市职业技术学院高校、南海研究院。

4. 人员配置（见表7－2）

表7－2　部门配置及工资情况表　单位：元

部门	人数	月平均工资	年工资
餐厅	52	1 200	748 800
理发	12	1 200	172 800
洗浴中心	38	800	364 800
客房	48	1 300	748 800
前堂	9	1 400	151 200
商务中心	8	1 500	144 000
舞台	6	1 200	86 400
管理	9	400	432 000
厨房	18	3 600	777 600
保安	12	800	115 200
合计	212		3 741 600

5. 项目投入资金及效益情况（营业税税率为5%，所得税税率为33%）

项目总投资为5 000万元，自有资金投入为5 000万元，具体明细见表7－3、表7－4。

表7－3　华纺大酒店投资明细表（预算）

2009年12月

编制单位：　广东华坊股份有限公司　单位：元

项目	金额
筹办费（5年摊销）	400 000.00
购买房产	23 760 000.00

表7－3(续)

项目	金额
税金（契税）	4 752 000.00
房产总支出（30 年摊销）	28 512 000.00
购买设备（10 年摊销）	9 000 000.00
装修费（5 年摊销）	9 600 000.00
合计	47 512 000.00

表 7－4　　华纺大酒店 2010—2014 预算利润表

编制单位：广东华纺股份有限公司　　单位：元

	2010 年	2011 年	2012 年	2013 年	2014 年
客房收入	45 000 000	45 000 000	45 000 000	45 000 000	45 000 000
商务收入	600 000	600 000	600 000	600 000	600 000
餐饮收入	20 000 000	20 000 000	20 000 000	20 000 000	20 000 000
娱乐收入	4 500 000	4 500 000	4 500 000	4 500 000	4 500 000
收入合计	70 100 000	70 100 000	70 100 000	70 100 000	70 100 000
筹办费摊销	80 000	80 000	80 000	80 000	80 000
房产摊销	950 400	950 400	950 400	950 400	950 400
设备摊销	900 000	900 000	900 000	900 000	900 000
装修费摊销	1 920 000	1 920 000	1 920 000	1 920 000	1 920 000
工资	3 741 600	3 741 600	3 741 600	3 741 600	3 741 600
日常材料	28 000 000	28 000 000	28 000 000	28 000 000	28 000 000
管理费	6 000 000	6 000 000	6 000 000	6 000 000	6 000 000
营业税金	3 505 000	3 505 000	3 505 000	3 505 000	3 505 000
水电费	1 200 000	1 200 000	1 200 000	1 200 000	1 200 000
成本合计	46 297 000	46 297 000	46 297 000	46 297 000	46 297 000
利润总额	23 803 000	23 803 000	23 803 000	23 803 000	23 803 000
所得税	5 950 750	5 950 750	5 950 750	5 950 750	5 950 750
净利润	17 852 250	17 852 250	17 852 250	17 852 250	17 852 250
净现金流量	－258 09 350	21 702 650	21 702 650	21 702 650	21 702 650

6. 项目开发优势所在

广东华纺股份有限公司的固定客源。

B. 要求

分别计算上述投资的静态投资回收期、投资会计收益率、净现值、内部收益率、动态回收期。根据企业的预期内含报酬率分析企业的新项目的可行性，采用净现值法分析企业投资生产线选用哪种方案。

C. 相关用表（见表7－5）

表7－5　　房产投资项目计算分析

一、净现金流量分析						
项目	2010年年初	2010年	2011年	2012年	2013年	2014年
未来第n年	0	1	2	3	4	5
净现金流量						
未收回投资额						
二、计算静态投资回收期：						
三、计算投资会计收益率：　　%						
四、净现值分析						
项目	2010年年初	2010年	2011年	2012年	2013年	2014年
现值系数（P/F，10%，n）						
净现值						
累计净现值						
考虑时间价值的未收回投资额						
五、计算考虑时间价值的投资回收期：						
六、计算内部收益率（结果保留两位小数）						
约定：						
1. 为了使计算出的内部收益率的误差最小，我们如此约定：在测试内部收益率I_1时，如果按测试的内部收益率计算出的PV与0的差异在±2 500 000之间，我们就认定为测试的内部收益率是正确的，否则我们将认定是错误的。						
2. 由于在此只是测试内部收益率的过程，实际操作过程中一般以不含小数的百分比作为测试的内部收益率。我们约定：测试时的内部收益率采用不含小数的百分比。						
项目	2010年年初	2010年	2011年	2012年	2013年	2014年
净现金流量						
现值系数（P/F，i_1，n）（i_1＝　　%）						
净现值						
累计净现值PV1						
现值系数（P/F，i_2，n）（i_2＝　　%）						
净现值						
累计净现值PV2						
计算内部收益率（%）						

表 7-6　　　酒店投资项目计算分析

一、净现金流量分析						
项目	2010 年年初	2010 年	2011 年	2012 年	2013 年	2014 年
未来第 n 年	0	1	2	3	4	5
净现金流量						
未收回投资额						
二、计算静态投资回收期:						
三、计算投资会计收益率:%						
四、净现值分析						
项目	2010 年年初	2010 年	2011 年	2012 年	2013 年	2014 年
现值系数（P/F，10%，n）						
净现值						
累计净现值						
考虑时间价值的未收回投资额						
五、计算考虑时间价值的投资回收期:						
六、计算内部收益率（结果保留两位小数）						
约定:						
1. 为了使计算出的内部收益率的误差最小，我们如此约定：在测试内部收益率 I_1 时，如果按测试的内部收益率计算出的 PV 与 0 的差异在 ±2 500 000 之间，我们就认定为测试的内部收益率是正确的，否则我们将认定是错误的。						
2. 由于在此只是测试内部收益率的过程，实际操作过程中一般以不含小数的百分比作为测试的内部收益率。我们约定：测试时的内部收益率采用不含小数的百分比。						
项目	2010 年年初	2010 年	2011 年	2012 年	2013 年	2014 年
净现金流量						
现值系数（P/F，i_1，n）（i_1 =　　%）						
净现值						
累计净现值 PV1						
现值系数（P/F，i_2，n）（i_2 =　　%）						
净现值						
累计净现值 PV2						
计算内部收益率（%）						

项目二：固定资产更新决策

A. 资料

华纺股份有限公司现有一台生产 LHZ368L 帘子布剑杆织机的机械设备，购置于六年前。目前市场上有该类新设备，它的生产能力相当于公司现有旧设备的 1.5 倍多，但同时每台设备的保养检修费用为 1 000 元/年。如果更新，假设企业以其目标资本结构为更新资产融资，企业的目标资本结构下的加权平均资本成本为 13.90%，股东权益报酬率为 18.29%，公司所得税税率为 15%，其他资料见表 7－7。假设公司可以在 4 年后找到与现有旧设备相近的替代设备。

表 7－7　　项目决策相关数据表

项目	旧设备	新设备
原价（元）	485 000	700 000
税法规定残值（10%）	19 400	28 000
税法规定使用年限（年）	10	10
已使用年限（年）	6	0
尚可使用年限（年）	4	10
每年操作成本（元）	11 000	8 000
两年末大修支出（元）	25 000	8 000
最终报废残值（元）	8 500	18 500
目前变现价值（元）	250 000	
每年折旧额（年限平均法）	46 560	67 200
生产能力（台/年）	266	410
设备年保养检修费用（元）	3 000	10 000
代垫营运资金（元）	21 000	30 000

B. 要求

分析企业是否应当更新机械设备？（现值系数保留 4 位小数，时间（年次）保留整数，其他数据保留两位小数。）

C. 相关用表（见表 7－8）

表 7－8　　固定资产更新决策分析表

选择折现率：（　　）

A. 加权平均资本成本 13.90%；　　B. 股权资本成本 18.29%。

编制单位：广东华纺股份有限公司

项目	现金流量	时间（年次 n）	系数	现值
继续使用旧设备：				

表7-8(续)

项目	现金流量	时间（年次 n）	系数	现值
旧设备变现价值				
旧设备变现净损益纳（或抵）税				
代垫营运资金				
每年付现成本				
每年折旧抵税				
两年末大修理成本				
收回代垫营运资金				
残值变现收入				
残值变现净损益纳（或抵）税				
现金流出现值总计				
(P/A, %,)				
年平均成本				
年生成能力（台/年）				
平均生产一台产品分摊的设备成本				
更换新设备:				
设备投资				
代垫营运资金				
每年付现成本				
每年折旧抵税				
收回代垫营运资金				
残值变现收入				
残值变现净损益纳（或抵）税				
现金流出现值总计				
(P/A, %,)				
年平均成本				
年生产能力（台/年）				
平均生产一台产品分摊的设备成本				

三、实训基本原理与方法

主要运用投资决策原理，根据给定相关资料对所指定案例进行处理和分析，分组讨论，决策方案是否可行。

四、实训需要仪器设备

（1）福斯特财务管理教学软件。

（2）计算机。

（3）局域网和校园网。

五、实训组织

教师指导学生了解实训目的和实训资料相关内容，学生以团队为单位，采取4人一组的方式，开展实训各项工作，以小组提交实训报告。

六、实训考核

（1）各组根据计算结果完成不少于2 000字的项目投资方案可行性报告并提交，占考核成绩的50%。

（2）完成案例分析解说PPT课件一个，由本组推选的发言代表现场陈述，占考核成绩的50%。

短期资产管理

一、实训目的

通过实训，了解公司营运资金管理的内容及方式，能运用现金、流动资产及存货管理方法分析我国上市公司营运资金管理的特点和本质。

二、实训内容与资料

根据以下所给各项资料，运用营运资金的相关知识，分别针对每个公司开展案例分析，完成案例分析报告。具体资料如下：

【案例一】

山东鑫盛集团（下称“鑫盛集团”）是一家国有大型企业，专门生产各种橡胶制品。20 世纪 90 年代初期，鑫盛集团改制成为国有控股的上市公司，其核心产品是著名的“路飞”、“飞速”牌轮胎。而这一知名企业在 20 世纪 90 年代中后期，为了获得超高速发展，决心将原来的“落后”销售渠道模式转型为“先进”的专卖店体系。

具体做法是在鑫盛集团原有的分销商渠道之外，另外开设专卖店。每个县开设一个专卖店，每个省配置一个仓储中心（为专卖店提供分销服务），并设立办事处，行使销售分公司职能。在渠道政策方面实施抑老扶新：一方面，对专卖店实行赊销，以量返点；另一方面，对原有经销商维持老政策，任其自生自灭。

2003 年刚推行专卖店的时候，鑫盛集团的销量激增。新增的几百家专卖店，每家店里吸收了几十万个的轮胎，增加了渠道上的库存；虽然在表面上销售量增加了，但是库存并没有实际销售出去。为了完成销售额拿到返还，有些专卖店不惜亏本销售，将鑫盛轮胎品牌的销售价格一下子压了下来，使得有些规范的商家无法继续经营。与此同时，鑫盛集团原有的经销商受新的专卖店体系冲击，销售额也猛然下降。整个销售渠道很快就出现了进销价格倒挂的现象。鑫盛集团在 2003 年不仅没有完成销售目标，而且库存增加，资金沉淀。一年之内，鑫盛集团的应收账款从 1998 年年底的 3. 42 亿元上升到 8. 51 亿元，同时鑫盛集团为开设办事处和专卖店及广告支出等又花去了 2. 03 亿元。

机构猛增造成的巨额开支使这家老牌企业在第一次尝试改革的时候就完完全全地遭遇了失败的重创。当时有媒体称，在经历了种种硬伤与混乱之后，中国轮胎业这一知名国有控股上市公司积重难返。

思考题：

1. 造成鑫盛集团困境的原因何在？
2. 鑫盛集团在营运管理方面存在哪些问题？可否应对？

【案例二】

天华造纸厂是一家民营大型造纸企业，其产品销往全国各地，年销售额达千万元。2008 年年末该企业资产总额为 1 200 万元，其中，流动资产占 500 万元，非流动资产占 700 万元。负债为 1 000 万元，包括流动负债 300 万元，非流动负债 700 万元，流动负债中自发性负债 35 万元。2009 年，该企业计划扩大业务规模，需要增加价值 100 万元的生产设备，由于资金来源有限，所以资产总额将保持不变。因为资产组合发生了变化，在筹资方面，计划将临时性流动负债规模缩减为 250 万元。

思考题：

1. 该公司的营运资金指什么？2008 年的数额是多少？
2. 何为临时性负债？变动后的筹资政策属于什么类型？理由是什么？
3. 目标资金持有政策的类型？说明理由。
4. 改变资金管理政策后，会对该公司产生哪些方面的影响？

【案例三】

2003 年 12 月 31 日，四川长虹股份有限公司应收账款余额为 49.85 亿元，其中包括美国 ALY 公司代理出口 300 万台彩电约 42 亿元应收账款。2004 年年报，长虹公司披露了营运资金管理的有关情况：由于证券市场低迷，公司委托南方证券理财的资金尚有 1.828 亿元，收回的难度相当大；公司对应收账款收回的可能性进行分析，计提 25.04 亿元坏账准备，并计提 10.13 亿元存货跌价准备，导致 2004 年每股亏损 1.7 元。早在长虹之前，江苏宏图高科技股份有限公司便深受海外欠款所累。1999 年 9 月，宏图高科技股份有限公司与美国 APEX 公司签订了总额近 18 万台 DVD 机的订货协议，ALY 公司负责海外销售，并且专门设立网页在微软公司网上销售。之后，APEX 公司一直按照合同要求，完成每月在美国销售 3 万台宏图高科 DVD 的任务。但两年后，宏图高科技披露的报告显示，2001 年公司应收账款达 7.625 6 亿元，占本期公司总资产比例的 31.55%。一年后，公司的第三年季度报告显示，这个数字已经高达 8 亿多元。知情人士说，这其中就包括有 APEX 公司的应付账款。

据海关公布的最新统计数据显示，截至 2003 年 11 月份，中国出口累计 2 936.9 亿美元，比 2002 年同期增长 21.6%。2004 年进出口贸易额历史性地突破 1 万亿美元大关，但新增的欠账也非常“乐观”。据有关机构估计，2004 年新增的海外欠账高达 250 亿美元。商务部的数据也表明，中国目前约有海外应收账款 1 000 亿美元，而且每年还会新增 150 亿美元左右。有关资料显示，目前国内逾期未收到的境外账款中，拖欠 3 年以上的占应收账款总额的 10%，1 年至 3 年的占 30%，半年至 1 年的占 25%，半年以内的占 35%。据美国商法联盟调查数据显示，当逾期时间为一个月时，追账成功率为 93.8%；当逾期半年时，成功率急降到 57.8%；而当逾期两年左右时，成功率只能达到 13.5%。

思考题：

1. 上网查询四川长虹股份有限公司应收账款案例。
2. 分析四川长虹股份有限公司应收账款管理存在哪些问题？
3. 如何加强我国出口环节应收账款的管理？

【案例四】①

华基公司是一家销售小型及微处理电脑的电脑公司，其市场目标是小规模的公司，这些公司只需要使用电脑而不需要购买像 IBM 所供的大型电脑设备。公司所生产的产品质量极佳，销路很好，而且扩张迅速。关于该公司 1999—2001 年的资产负债表与利润表见表 8－1 及表 8－2。

表 8－1　　华基公司资产负债表　　单位：万元

	1999 年	2000 年	2001 年
现金	100	150	200
应收账款	1 000	2 000	3 000
存货	900	1 800	2 800
流动资产净值	2 000	3 950	6 000
固定资产净值	3 000	3 550	4 000
资产合计	5 000	7 500	10 000
应付账款	300	400	500
应付银行票据（10%）	300	1 280	2 350
应付费用	100	120	150
流动负债合计	700	1 800	3 000
长期负债（10%）	1 000	2 100	3 200
普通权益	3 300	3 600	3 800
负债与净值总额	5 000	7 500	10 000

表 8－2　　华基公司利润表　　单位：万元

	1999	2000	2001
销货毛收入	7 500	8 750	10 000
折让	80	90	100
销货净额	7 420	8 660	9 900
销货成本（销货毛收入的80%）	6 000	7 000	8 000
毛利	1 420	1 660	1 900
减：利息费用	90	250	500
信用部门及收款费用	20	30	50
呆账费用	210	330	450
课税所得	1 100	1 050	900

① 本案例资料引自王化成主编：《财务管理教学案例》，中国人民大学出版社，2001 年。

表8－2(续)

	1999	2000	2001
税款（40%）	440	420	360
净利	660	630	540

利息费用是根据每年的平均负债余额，不是根据表 8－1 所示年底资产负债表得出。负债的利率为10%，因此，1999 年平均负债余额为 900 万元，2000 年为 2 500 万元，2001 年为 5 000 万元。

2002 年年初，一些问题逐渐凸显。该公司过去的成长一向利用保留盈余、长期负债融资。不过，主要的债权人开始不同意进一步扩大债务而不增加自有资金。公司初始创建人王强和李汉两人未投入资金到公司，由于担心失去公司控制权，又不愿意出售额外股份给其他个人（两人目前拥有 60% 的股份，其余股份由一家机构投资人持有）。该公司的长期负债利率为 10%，王强及李汉非常忧虑继续保有其信用额度。该公司的销货条件为“2/10，n/60”，约半数的顾客享受折扣，但有许多未享受折扣的顾客，延迟付款。2001 年的呆账损失计 450 万元，信贷部门的成本（分析及收款费用）总计为 50 万元。该公司制造几种不同形式的电脑，但售价均为 5 000 元，销货成本约为 4 000 元。2001 年销售总计 20 000 部。销售情况在该年相当平稳，没有显著的季节变动。从生产一种电脑形式转变为另一种形式而设置的成本为 5 000 元，此项数值可视为“订货成本”。储存存货的成本估计为30%，比率较高，这是由于高技术产品如电脑的耗费很大而造成的。试分析该公司的财务状况，特别是其信用存货政策，并提出改善建议。

假设该公司在 2001 年营运之信用政策改变如下：

（1）信用条件为“2/10，n/30”而非“2/10，n/60”。

（2）该公司可利用较高的信用标准。

（3）该公司加强努力收回欠款。

如果上述措施在 2001 年实施，那么很可能引起下列的变化：

销售毛额仅为 9 800 万元，而非 10 000 万元；呆账损失减为 150 000 元；信用部门成本增加至 100 万元；平均收款期间减少至 30 天；享受折扣顾客之百分比由 50% 增加到 80%。

思考题：

这样净利、普通股之报酬率、负债比率、流动情况分别会受到什么样的影响？列出可能影响到预计方案实施的主要因素并加以讨论。

【案例五】①

苏宁电器股份有限公司成立于 1990 年年末，自成立以来一直保持着快速稳健的发展势头。2000 年苏宁在全国率先拓展信息家电，2002 年 1 月建立四大作业终端体系

① 本案例资料引自 http://www.mof.gov.cn 中华人民共和国财政部网站。

"1+3模式"，即连锁店、物流中心、售后服务中心和客服中心，要求每进入一个城市，在筹备第一家店面时就必须同时建设物流、售后和客服中心。2004年7月，苏宁电器在深圳证券交易所成功上市，募集资金4亿元，股本总额达9 316万元。目前，苏宁电器已经成为集家电、电脑、通信为一体的全国大型3C电器专业销售连锁企业。与许多传统行业扩张"赚规模不赚利润"相比，作为中国家电连锁巨头之一，苏宁电器的扩张是"既赚规模又赚利润"的典型代表。

1. 苏宁电器营运资本管理的OPM战略实践

国外零售商的盈利模式主要是"吃差价"，通过扩大网点规模和提高销售规模，逼迫供应商降低采购价格，即利用压缩成本费用的方式，来获取零差价以达到盈利目的。2007年以前，苏宁在兼顾"吃差价"的基础上，更强调"吃供应商"的盈利模式，即通过扩大网点规模和维持对消费者的低价优惠市场策略，不断提高渠道终端的市场影响力，在此基础上通过提高销售规模，以提高产品绝对销量和采购量来要求供应商加大返利力度和承担更多的通道费。

2. 营运资本管理的OPM

营运资本管理的OPM（Other People's Money，是指公司充分利用做大规模的优势，增强与供应商的讨价还价能力，利用供应商在货款结算上的商业信用政策，将被存货和应收账款占用的资金成本转嫁给供应商，用供应商的资金经营自身事业，从而谋求公司价值最大化的营运资本管理战略）。OPM战略对传统的营运资本管理提出了极大的挑战，该战略认为保持流动性并不意味着必须要维持很高的营运资本和流动比率，只要企业能够加速应收账款和存货的周转，合理安排流动资产和流动负债的数量及期限以保证它们的衔接与匹配，就可以动态地保证企业的偿债能力。营运资本管理的OPM战略是一种高风险和低成本的经营战略，属于营运资本管理中的风险性决策方法，能使公司处于较高的盈利水平，但同时也承担较大的风险。

3. 营运资本管理的OPM战略途径

在营运资本管理的OPM战略下，公司对流动性的需求和对财务风险的控制，完全依靠现金流量的超常周转来实现，加速周转是实现OPM战略的有效途径。考察营运资本周转状况的重要指标是现金周期，它是衡量公司OPM战略是否卓有成效的关键。现金周期的计算公式为：现金周期=应收账款周转期+存货周转期-应付账款周转期。现金周期越短，表明公司的营运资本管理OPM战略实施得越成功。从现金周期的计算公式中可以看出，要想缩短现金周期，减少营运资本占用，需要从对存货、应收账款和应付账款进行严格而科学的管理着手。对于存货管理，一方面要加强销售，通过销售的增长来缩短存货周转期；另一方面要确定经济订货批量，将存货占用的资金控制在最低水平。对于应收账款管理，要在信用风险分析的基础上，制定合理的信用标准、信用条件和收账政策，鼓励客户尽早付款，从而加速应收账款周转。对于应付账款管理，应努力通过扩大销售规模增强对供应商的议价能力，获取供应商在货款结算上的优惠信用条件，充分增强对供应商信用资金的使用力度。

4. 对苏宁电器的OPM战略的分析

苏宁的债务主要为短期负债，几乎没有长期负债，与国外零售商相比较，债务结构不够合理。国外零售商债务结构通常表现为短期负债与长期负债的结构比例较为均衡，财务风险相对较小。造成中外零售商债务结构存在差异的主要原因有：①相对于发达国家，我国资本市场还不完善，融资结构不合理，间接融资比例过高，股票、债券等直接融资比例相对较低。②由于融资渠道、融资成本相对较高和融资难度较大，融资成为国内众多企业发展面临的主要问题，从而为处于规模快速扩张期、资产负债率水平相对较高的零售商的发展带来严重制约。③规模扩张的加速造成国内零售商资金需求日趋强烈，但由于毛利率与净利率水平相对较低，国内零售商依托其自身利润增长无法支持其快速的规模扩张需要，因此会普遍占用供应商资金，从而导致其账面流动负债数额居高不下。

思考题：

1. 为何苏宁电器的现金周期是负的？现金周期对于苏宁电器的经营绩效有何意义？
2. 在盈利能力较好的情况下，为何有大量的资金的同时，又不及时付款给供应商呢？
3. 如果供应商集体索款，公司将面临较大的资金风险，此时如何进行风险管理？
4. 苏宁实施 OPM 战略的局限性？
5. 对苏宁 OPM 战略的评价及展望？
6. 作为供应商应该采取的防范措施有哪些？

三、实训基本原理与方法

主要运用营运资金管理理论，根据个人搜集相关资料对所指定案例进行处理和分析，分组讨论，并提出个人观点。

四、实训需要仪器设备

（1）福斯特财务管理教学软件。

（2）计算机。

（3）局域网和校园网。

五、实训组织

教师指导学生了解实训目的和实训资料相关内容，学生以团队为单位，采取 4 人一组的方式，开展实训各项工作，以小组提交实训报告。

六、实训考核

（1）各组完成不少于 2 000 字的案例分析报告并提交，占考核成绩的 50%。

（2）完成案例分析解说 PPT 课件一个，由本组推选的发言代表现场陈述，占考核成绩的 50%。

短期筹资管理

一、实训目的

通过实训，了解公司短期筹资管理的内容及方式，能运用商业信用、短期借款及金融筹资等方法分析我国上市公司短期筹资管理的特点和本质。

二、实训内容与资料

根据以下所给各项资料，运用短期筹资管理相关知识，分别针对每个公司开展案例分析，完成案例分析报告。具体资料如下：

【案例一】①

雅戈尔集团创建于1979年，现拥有净资产50多亿元，员工2万余人，是中国服装行业的龙头企业。集团综合实力列全国大企业集团500强第144位，连续4年稳居中国服装行业销售和利润总额双百强排行榜首位。主打产品雅戈尔衬衫连续9年获市场综合占有率第一位，西服也连续5年保持市场综合占有率第一位。旗下的雅戈尔集团股份有限公司为上市公司。

2001年10月，占地350亩的雅戈尔国际服装城全面竣工。该服装城集设计、生产、销售、展示、商务等于一体，被中国服装协会认定为中国最大的服装先进制造基地，形成了年产衬衫1 000万件、西服200万套、休闲服、西裤等其他服饰共3 000万件的生产能力。2003年，占地500亩的雅戈尔纺织城全面竣工投产，成为中国高端纺织面料的生产基地。

作为中国最大的服装生产企业，雅戈尔不断用高新技术和先进设备提升产业基础，完善产品品质。2004年，雅戈尔集团被评为"中国信息化标杆企业"、"中国信息化百强企业"，雅戈尔品牌被评为最受消费者喜爱的品牌之一。2008年12月30日，世界权威品牌价值研究机构——世界品牌价值实验室举办的"2008世界品牌价值实验室年度大奖"评选活动中，雅戈尔凭借良好的品牌印象和品牌活力，荣登"中国最具竞争力品牌"榜单，赢得广大消费者普遍赞誉。

2008年2月15日，雅戈尔公告称：将于2008年2月底前发行总额为18亿元人民币的短期融资券。公告中，雅戈尔这样描述发债动机：短期融资券的发行有助于公司改善负债结构、降低融资成本。

根据雅戈尔2007年第三季度季报显示，其当期负债总计约168.9亿元，资产总计约329.2亿元，资产负债率为51.3%。其中，短期借款42.2亿元，占流动负债的

① 案例资料取自：吴瑕、千玉锦著《中小企业融资——案例与实务指引》，机械工业出版社，2011年3月。

38.9%，占总负债的25%；长期借款12.4亿元，占总负债的7.3%。如果当期存在已发行的短期融资券，按照新会计准则，该短期融资券应该归到“流动负债——其他流动负债”一项；但雅戈尔2007年第三季度季报中该项空缺，说明短期融资券这一融资手段并未使用。而短期融资券的低利率也确实可以降低融资成本。国泰君安纺织服装业分析师李质仙表示，短期融资券的利率一般低于银行贷款利率1个百分点。“如果现实中银行贷款年利率为9%，那短期融资券的利率为8%左右，甚至更低，因此，融资成本相对较低。”

雅戈尔证券事务代表金松认为，18亿的短期融资券是为了丰富雅戈尔的负债结构，增加运营资金。上一次公司发行短期融资券是在2006年年初，已于当年年底归还。“目前，雅戈尔的负债结构主要包含银行贷款和短期融资券；根据规定，债券余额不得超过净资产的40%。如果18亿资金募集完整，可用于偿还部分银行借款。”

事实上，如果雅戈尔需要运营资金，手上可以变现的资产不胜枚举。根据雅戈尔2007年第三季度季报中的现金流量表数据显示，当期投资活动产生的现金流出约7.8亿元，期末现金净增加额18.7亿元，两者比率约为41.7%。

长期关注雅戈尔并与其有密切往来的上海睿信投资董事长李振宁分析，雅戈尔在近年进行了大手笔的投资，主要投资标的包括海通证券、杭州西湖附近土地、苏州工业园土地、宁波银行、广博股份等。其中，雅戈尔出资35.88亿元，认购海通证券非公开发行股票1亿股。李振宁预计，1年之后出售海通证券股权，将为雅戈尔带来近30亿元的收益。另外，杭州西湖附近土地和苏州工业园土地的利润值得重视。2004年4月，国家开始对房地产市场宏观调控，之后房价却节节攀升。雅戈尔在2004年3月购入大片土地，这部分土地价值已经升值50亿元左右。

除了公开可查的投资外，事实上雅戈尔集团有不少投资项目并未披露。李振宁还指出，雅戈尔在Pre. IPO上的投资约有8亿，相对于雅戈尔400多亿元的市值，这些投资数目较小，很多都不需要公告；这些投资还不包括数额庞大的海外投资，比如，雅戈尔占有中欧基金12%的股权等。

以广为市场所知的中信证券股权投资为例，雅戈尔投入的成本价每股不到2元。这是一个著名的投资成功案例，以至于雅戈尔的股价要依赖中信证券的股价。2009年12月3日，雅戈尔集团发行2009年度第一期短期融资券，实际发行总额180 000万元，期限365天，发行利率为3.49%。2009年12月4日募集资金已全额到账。2010年9月9日，雅戈尔集团股以股票受益权转让的方式向中融国际信托有限公司融资7亿元，回购期限最长不超过18个月；并以公司持有的13 780万股浦发银行股票作为此次融资的质押物。

思考题：

1. 雅戈尔公司进行短期债券融资的目的何在？
2. 雅戈尔的成功经验是否可以运用于中小规模企业？

【案例二】

中国移动通信集团广东有限公司（简称中国移动广东公司）隶属于中国移动通信集团公司，是中国移动有限公司在广东设立的全资子公司。

1987年11月18日，在全国六运会前夕，中国移动广东公司最早开通了第一台移动电话，首开我国移动电话的先河。1995年，公司最早开通了GSM数字移动通信服务，并先后最早在国内提供了移动互联网业务、GPRS业务和EDGE等最新的移动通信服务。

1997年10月23日，经业务和资产重组，中国移动广东公司注入中国移动有限公司，成为国内第一批在纽约和中国香港上市的电信公司。

一直以来，中国移动广东公司致力于打造有活力、有实力、有魅力的移动通信网络，网络人口覆盖率是99.24%，城区为99.71%，国道覆盖率为99.80%，城区主要道路覆盖率超过99.71%，高速公路实现100%无缝覆盖，三星级以上酒店、电梯和地下车库等重要场所实现了100%覆盖。优质的网络促进了业务的迅速发展和企业规模的快速提升。在国内省级通信运营公司之中，公司业务收入率先在2003年实现了“一天一个亿，全年收入超过365亿元”的目标，圆了几代广东移动通信人的梦想。目前，公司网络容量、客户数、业务收入、净利润指标分别占据中国移动公司的1/6、1/6、1/5和1/4，并连续5年为广东省第一纳税大户。

中国移动广东公司在发展中创新，以创新促发展。公司最早推出了“全球通”、“神州行”、“动感地带”三大品牌，并被集团采纳在全国推广；率先推出“移动梦网”商业模式，引爆了短信量的飞速增长；率先建立了“沟通100”服务营销体系和全球通VIP俱乐部，提供了“全球通易登机”和“一对一”尊贵服务，大力开展创新服务，成为社会服务业的行业标杆。此外，还推出了手机报纸、移动银行、移动蓝页、彩票投注、随e行、百宝箱、KJAVA、彩信、彩铃等一万多种增值业务，公司新业务收入比重已超过20%，引领了通信消费时尚，提高了客户的信息提供份额、生活服务份额和情感份额。

2003年，中国移动通信公司广州分公司实行了一项话费优惠活动。该项话费优惠活动实际是一种商业信用融资形式，具体是：若该公司的手机用户在2002年12月底前向该公司预存2003年全年话费4 800元，可以获赠价值2 000元的缴费卡；若预存3 600元，可以获赠1 200元缴费卡；若预存1 200元，可以获赠600元的缴费卡。

该通信公司通过这种诱人的话费优惠活动，令该公司的手机用户得到实实在在的利益，当然最重要的是，还可以为该公司筹集到巨额的资金。据保守估计，假设有一万个客户参与这项优惠活动，该公司至少可以筹资2 000万元；假设有10万个客户参与，则可以筹资2亿元。公司可以利用这笔资金去拓展新的业务，扩大经营规模。另外，该通信公司通过话费让利，吸引了一批新的手机用户，稳定了老客户，在与经营对手的竞争中赢得了先机。

思考题：

1. 中国移动广东公司所使用的是何种融资方式？

2. 结合实际情况，说明移动公司进行融资活动时应注意的问题。

【案例三】

中宏公司与友利公司之间具有长期稳定的合作关系，中宏公司经常向友利公司购买原材料，友利公司开出的付款条件为“2/10，N/30”。在某一次财务检查中，中宏公司的财务经理王洋查阅公司关于此项业务的会计账目，发现会计人员对此项交易的处理方式是，一般在收到货物后 15 天支付款项。当王洋询问记账的会计人员为什么不取得现金折扣时，相关负责人回复的是："此项交易资金成本仅为 2%，而银行贷款成本却为 12%，因此没有必要接受现金折扣。"针对此情况对下列问题进行分析：

（1）会计人员在财务概念上混淆了什么？

（2）丧失现金折扣的实际成本有多大？

（3）如果中宏公司无法获得银行贷款，而被迫使用商业信用资金（即利用推迟付款商业信用筹资方式），为降低年利息成本，你应向财务经理王洋提出何种建议？

（4）在使用该种融资方式时，还应该注意些什么？

三、实训基本原理与方法

主要运用营运资金管理理论，根据个人搜集相关资料对所指定案例进行处理和分析，分组讨论，并提出个人观点。

四、实训需要仪器设备

（1）福斯特财务管理教学软件。

（2）计算机。

（3）局域网和校园网。

五、实训组织

教师指导学生了解实训目的和实训资料相关内容，学生以团队为单位，采取 4 人一组的方式，开展实训各项工作，以小组提交实训报告。

六、实训考核

（1）各组完成不少于 2 000 字的案例分析报告并提交，占考核成绩的 50%。

（2）完成案例分析解说 PPT 课件一个，由本组推选的发言代表现场陈述，占考核成绩的 50%。

股利理论与政策

一、实训目的

通过实训，了解公司股利分配的形式、股利发放的流程，能运用股利理论分析我国上市公司现金股利政策的特点和本质。

二、实训内容与资料

根据以下所给资料，运用股利分配相关知识，确定该公司股利分配的流程、分配的方式，开展案例分析，完成案例分析报告。具体资料如下：

佛山照明公司的高派现

佛山照明（000541）是由佛山市电器照明公司、南海市务庄彩釉砖厂和佛山市潘阳印刷实业公司共同发起，于1992年10月20日在深圳交易所以定向募集方式设立的上市公司。1993年10月，公司以10.23元/股的发行价格向社会公开发行A股1 930万股，发行后总股本为7 717万股。公司的主要经营范围为：研究、开发、生产电光源产品、电光源设备、电光源配套器件及有关工程咨询服务。佛山照明公司的灯泡总产量居全国第二，是国内最大的电光源生产企业。主要电光源产品外销比例占40%，内销市场辐射全国，外销市场集中在北美、欧洲、东南亚等地。

自上市以来，公司整体发展态势良好，主营业务稳定增长、盈利能力强。1994—2000年的主要财务数据见表10－1。

表10－1　　主要财务指标

项目 \ 报告期	1994	1995	1996	1997	1998	1999	2000
每股收益	1.26	0.92	0.64	0.49	0.54	0.57	0.45
净资产收益率（%）	22	16.6	16.5	12.3	13.1	13.4	8.6
主营业务收入（亿元）	4.5	4.2	4	4.5	5	6	6.9
毛利率（%）	47	40	40	36	36	34	31
总资产（亿元）	9	13	14	14	14	15	22

该公司自上市以来，历经配股、发行B股、增发A股等，筹资规模不断扩大，总资产和股本不断扩张，具体数据见表10－2。公司的股权相对集中，截至2002年6月30日，公司第一大股东为佛山市国有资产办公室，持有国家法人股8 592.21万股，占总股本的23.97%；而第二大股东广东佑昌灯光器材贸易有限公司仅持有法人A股700

万股，占总股本的1.95%；第二至第十大股东合计持股仅5.63%。因此，公司中小股东的股权相当分散。

表10-2　　股本变化情况

项目＼报告期	1994	1995	1996	1997	1998	1999	2000
尚未流通股							
1. 发起人股份	4 490	4 490	6 734	6 734	6 734	6 734	8 839.7
国家股	4 340	4 340	6 509	6 509	6 509	6 509	8 592.2
境内法人股	150	150	225	225	225	225	247.5
2. 募集法人股	2 456	2 456	3 683	3 683	3 683	3 683	4 051.6
3. 内部职工股	1 157	14.3	0	0	0	0	0
4. 法人转配股	0	889.2	1 334	1 334	1 334	1 334	0
尚未流通股合计	8 102	7 849	11 751	11 751	11 751	11 751	12 891
已流通股份							
1. A股	3 474	5 542	8 335	8 335	8 335	8 335	14 704
其中：高管持股	14.3	16.7	25	23.3	25	25	19.3
2. B股		5 000	7 500	7 500	7 500	7 500	8 250
已流通股份合计	3 474	10 542	15 835	15 835	15 835	15 835	22 954
股份总数	11 576	18 391	27 586	27 586	27 586	27 586	35 845

佛山照明自1993年上市以来，每年派发高额现金股利，截至2001年年末，公司累计发放现金股利超过10亿元。公司的这种表现曾一度被媒体誉为“现金奶牛”，具体数据见表10-3。另外，佛山照明一面发放现金股利，总额约为10亿元，一面又在IPO以后进行再融资，总额约为11亿元，具体数据见表10-4。

表10-3　　公司派现情况

年份	派发情况	派现总额（万元）	当年净利润（万元）	现金股利支付率（%）
1993	10派3	2 315	9 472	24
1994	10派8.1	10 845	14 575	74
1995	10派6.8	12 506	16 944	74
1996	10派4.77	13 159	17 563	75
1997	10派4	11 034	13 406	82
1998	10派4.02	11 090	14 781	75
1999	10派3.5	9 655	15 837	61
2000	10派3.8	13 621	16 115	85
2001	10派6	21 507	17 335	124

表 10－4　　　　　　　　　　　公司融资情况

年份	股票种类	发行日期	发行价格（元/股）	发行数量（万股）	上市日期	上市交易量（万股）	筹资额（万元）
1993	发行 A 股	1993.10	10.23	1 930	1993.11.23	1 930	19 744
1994	A 股配股	1995.01	8	1 815	1995.02.22	481	14 520
1995	发行 B 股	1995.07	6.02（HK＄5.61）	5 000	1995.08.08	5 000	30 100
2000	A 股增发	2000.12	12.65	5 500	2000.12.23	5 500	69 575

假设你是一家证券公司的分析师，公司正在对佛山照明的财务情况进行研究，你的两位助手分别向你提交了两份研究报告，内容如下①：

助手 A：

（1）股利分配的信号传递理论认为，在信息不对称的情况下，公司可以通过股利政策向市场传递有关公司未来盈利能力的信息。一般说来，高质量的公司往往愿意通过相对较高的股利支付率把自己同低质量的公司区别开来，以吸引更多的投资者。对市场上的投资者来说，股利政策的差异或许是反映公司质量差异的极有价值的信号。如果公司连续保持较为稳定的股利支付率，那么，投资者就可能对公司未来的盈利能力与现金流量抱有较为乐观的预期，从而可以提高公司价值。至于公司股价在二级市场上却表现平平，流通股的股东似乎并不认可公司的高股利政策，这种反常现象，反映了我国广大流通股股东投资理念的不成熟。

（2）西方主流观点融资优序理论认为，公司在筹资中，优先使用内部融资（未分配利润及折旧）；内部融资不足以弥补投资缺口时，才利用外部融资。在利用外部融资时，优先使用债权融资，最后才是股权融资。其原因主要在于内部融资成本最低，而债权融资可以有税蔽的优势，并且在信息不对称的市场条件下，发行新股会向市场传递不好的信息，从而导致股价下降，因此发行股票要忍受低估股价所导致的成本。而佛山照明一面发放现金股利，总额约为 10 亿元，一面又在 IPO 以后进行再融资，总额约为 11 亿元（表 10－4）。这一点显然与"融资优序理论"不符，这一点也表明我国上市公司在财务运作方面缺乏经验，财务决策缺少理论支持，从而影响了公司价值。

助手 B：

（1）我国上市公司的股权结构存在明显的流通股和非流通股并存的特点，这主要是因为在股份制改革初期，政府将"维护社会主义公有制地位，保障国家资产不受侵害"作为改制的指导原则。因此，公司在改制后仍以国家或代表国家的公司作为最大股东。这一方面是出于保持国家股股东控股地位的考虑；另一方面也由于受到上市额度的限制。国有股或代表国家持股的国有企业，其持有的法人股不能流通，这一特殊性直接导致了不同性质的股东拥有不同构成的投资收益。流通股股东可直接享有资本利得和股利收入；非流通股（国家股和法人股）因不能流通而无法直接享有资本利得，

① 助手 A 和助手 B 的研究报告资料来源于天津财经大学网。

但国家股与法人股往往代表着更多的控制权（除了可以获得与控制权有关的收益外，还可利用控制权优势，寻求对自身较为有利的股利政策安排）。值得注意的是，这两类不同性质的股权投资成本相差悬殊：流通股股东在公司股票公开发行时按溢价后的价格申购；而国家股和法人股是按原企业上市改组时的净资产，依照一定的比例折合而成。这对投资者实质上的投资收益产生了重大影响，导致不同性质的股东对其投资回报方式有明显不同的偏好，且两类性质的股东之间也存在利益冲突。国有股权由于一般是由政府部门来代表或控制，往往有着经济利益以外的多重政策目标，此时，两类性质的股东之间的利益冲突并不十分明显。在市场缺乏对广大中小股东足够保护的情况下，中小股东的利益将被无偿侵占。

公司第一大股东为佛山市国有资产办公室，持有国家法人股 8 592. 21 万股，占总股本的 23. 97%；而第二至第十大股东合计持股仅 5. 63%。因此，公司中小股东的股权相当分散，实际上处于国有股“一股独大”的状态。而又由于两类不同性质的股权投资成本相差悬殊：流通股股东在公司股票公开发行时按溢价后的价格申购；而国家股和法人股是按原企业上市改组时的净资产，依照一定的比例折合而成，这往往会导致流通股股价数倍甚至十数倍于国有股和法人股股价。在“同股同权”下，流通股的股东与非流通股的股东每一股所获得的现金股利势必是相等的，而这将不可避免的使得流通股股东的投资收益率将仅仅是国有股股东投资收益率的几分之一甚至更低。这也就部分的解释了为什么二级市场投资者并不认同“现金奶牛”挤出牛奶的决定。

（2）另一方面据初步统计，公司第一大股东佛山市委国资办从 1993 年至 2001 年累计从佛山照明近 10 亿的派现金额中分去了 1/3，累计达 3 亿。而公司同时又在 IPO 以后进行数次再融资，总额约为 11 亿元。尽管这种选择使得公司每股收益和净资产收益率连年下降，但公司仍乐此不疲。稍加分析，我们不难发现公司的控股股东存在着套取现金的动机。因为第一大股东国资办所持的股份是非流通的，缺少明确的市场价格，通过派发高额现金股利合法“套现”，同时又避免摊薄了股份，控制权不至于丧失，从而保证了未来更大的分红收益。而又由于国资办与地方政府的关系密切，地方政府是有意从上市公司得到更多的资源，补充地方财政的，于是就出现了一边是连年发放高额股利，而另一边又是数次再融资。这种行为毫无疑问会伤害了中小投资者的利益，这也就更加印证了为什么二级市场并不认同公司的股利政策。

三、实训基本原理与方法

主要运用股利分配理论，根据个人搜集相关资料运用统计分析工具对所指定资料进行处理和分析，对两位助手的研究报告是否符合实际情况做出分析和判断，并提出个人观点。

四、实训需要仪器设备

（1）福斯特财务管理教学软件。

（2）计算机。

（3）局域网和校园网。

五、实训组织

教师指导学生了解实训目的和实训资料相关内容，学生以团队为单位，采取 4 人一组的方式，开展实训各项工作，以小组提交实训报告。

六、实训考核

（1）各组完成不少于 2 000 字的案例分析报告并提交，占考核成绩的 50%。

（2）完成案例分析解说 PPT 课件一个，由本组推选的发言代表现场陈述，占考核成绩的 50%。

参考文献

［1］王华成．财务管理教学案例．北京：中国人民大学出版社，2001.

［2］王遐昌．财务管理学：案例与训练．北京：立信会计出版社，2004.

［3］王国银．稳定现金股利政策探讨——评佛山照明股利政策．财会通讯，2005（5）.

［4］汤谷良．财务管理案例．北京：北京大学出版社，2007.

［5］周县华、吕长江．股权分置改革、高股利分配与投资者利益保护——基于驰宏锌锗的案例研究．会计研究，2008（8）.

［6］顾晓安．财务管理学——原理·应用·案例．北京：立信会计出版社，2008.

［7］荆新，王化成．财务管理学．北京：中国人民大学出版社，2009.

［8］王德武，姚树中，刘志杰．财务管理学习指导与应用案例．北京：清华大学出版社，2009.

［9］吴瑕，千玉锦．中小企业融资——案例与实务指引．北京：机械工业出版社，2011.

［10］曾爱军，温海星．我国上市公司超能力派现问题探讨——基于驰宏锌锗的案例研究商业会计，2011（12）.

图书在版编目(CIP)数据

财务管理学案例与实训教程 / 杨颖主编．—成都:西南财经大学出版社,2013.3(2014.7 重印)

ISBN 978 -7 -5504 -0963 -7

Ⅰ.①财…　Ⅱ.①杨…　Ⅲ.①财务管理—高等学校—教材
Ⅳ.①F275

中国版本图书馆 CIP 数据核字(2013)第 004480 号

财务管理学案例与实训教程

主　编:杨　颖

责任编辑:孙　婧

助理编辑:于晓丹

封面设计:墨创文化

责任印制:封俊川

出版发行	西南财经大学出版社(四川省成都市光华村街 55 号)
网　　址	http://www.bookcj.com
电子邮件	bookcj@foxmail.com
邮政编码	610074
电　　话	028 -87353785　87352368
照　　排	四川胜翔数码印务设计有限公司
印　　刷	四川森林印务有限责任公司
成品尺寸	185mm ×260mm
印　　张	14.5
字　　数	335 千字
版　　次	2013 年 4 月第 1 版
印　　次	2014 年 7 月第 2 次印刷
印　　数	2001— 5000 册
书　　号	ISBN 978 -7 -5504 -0963 -7
定　　价	29.00 元